Der Fall Grass

Wolfgang Beutin

Der Fall Grass

Ein deutsches Debakel

PETER LANG
Frankfurt am Main · Berlin · Bern · Bruxelles · New York · Oxford · Wien

Bibliografische Information der Deutschen Nationalbibliothek
Die Deutsche Nationalbibliothek verzeichnet diese Publikation
in der Deutschen Nationalbibliografie; detaillierte bibliografische
Daten sind im Internet über <http://www.d-nb.de> abrufbar.

ISBN 978-3-631-57004-3

© Peter Lang GmbH
Internationaler Verlag der Wissenschaften
Frankfurt am Main 2008
Alle Rechte vorbehalten.

Das Werk einschließlich aller seiner Teile ist urheberrechtlich
geschützt. Jede Verwertung außerhalb der engen Grenzen des
Urheberrechtsgesetzes ist ohne Zustimmung des Verlages
unzulässig und strafbar. Das gilt insbesondere für
Vervielfältigungen, Übersetzungen, Mikroverfilmungen und die
Einspeicherung und Verarbeitung in elektronischen Systemen.

www.peterlang.de

Inhalt

Vorwort	7
Einleitung	11
Vom Ankläger zum Angeklagten	11
Wen oder was klagte Grass 1965 an?	13
Jahrzehntelanges Engagement	14
Im Publikum kam es zu ‚Grass raus!'-Rufen: Opposition gegen einen Oppositionellen	18
… und eine zuvor nicht dagewesene Demonstration in Deutschland gegen ihn	20
„Auch wir sind das Volk"	23
Grass und die Waffen-SS	27
Die Tat des Helmuth Hübener (1925-1942)	27
„So wenig oder keine Alternativen"	27
„Eher werde ich die Waffen-SS als Eliteeinheit gesehen haben …"	34
Gedruckte Reaktionen auf das Eingeständnis: die Unterstützer	38
„Von einer Lebenslüge zur nächsten", oder: Was sagen die „Neidzerfressenen"?	44
Louis Begley: „Am Ende geht es nicht um Grass"	46
Seine Rolle als Autor und wie er selber sie sieht	49
Vom „Flüchtlingskind" zum Dichter – oder „Dichterdarsteller"?	49
Der Präzeptor	50
Von Weltanschauung, Utopie und Ideologie	54
Der politische Grass	61
Grass „versuchte sich plötzlich links zu definieren"	61
Opferkult	64
Nostalgie	67
Gleichsetzungen	69
Antifaschismus oder keiner?	73
Nationalismus	80
Sozialdemokratie	87

Antiamerikanismus 97
Vom Moraltrompeter zum Kriegsposaunisten 99

Grass und die Psychologie 108
Antipsychologie? 108
Oder doch eine Psychologie? 110
Frauenhaß 114
Ein „schwieriger Spezialfall 121
    Zerfahrenheit 123
    „Double-bind" 125
    Infantilismus, Projektion 127
    „Die Selbstkritik als Anklage" 130
    Projektionenkette, oder: Grass projiziert auf Karl Schiller,
        was Karl Schiller auf Kurt Georg Kiesinger 135

Zur literarischen Technik 138
Weiteres zum „Double-bind"-Gestus 138
Figurenzeichnung 143
Eigene Meinung, dargestellte Meinung anderer 145
Spezifische technische Mittel 148

Sprache 150
Wozu Sprachkritik? 150
„Einer Feldhaubitze ungeschminkte Mündung" küssen 151
Grammatik 155
Stilistik 159
Metaphorik und Vergleiche 166
Sprachliche Mißbildungen vom Autor intendiert? 171

Grass: seine Förderer, Claqueure und Kritiker 174
Institutionen 174
„Nachtigall" Grass, oder: auch die Journalistik und Germanistik
    bauten ihn auf 177
Kritiker 186

Kein deutscher Zola, sondern ein deutsches Debakel 189

Vorwort

Wie ist dies Buch entstanden?
   Die „Helle Panke" in Berlin ist eine Stiftung „zur Förderung von Politik, Bildung und Kultur", gegründet 1991. Sie veranstaltete und veranstaltet Kongresse, Tagungen, Symposien, Vortragsreihen und Einzelvorträge. Im Frühsommer 2007 lud mich ihr rühriger Leiter, Dr. Peter Welker, ein, am 1. November des Jahres einen Vortrag zu halten, um anläßlich der Feier des 80. Geburtstags von Günter Grass ein Resümée des Werks und Wirkens dieses zeitgenössischen Autors zu ziehen.[1]
   Zur Vorbereitung, so überlegte ich mir, wollte ich die seit den sechziger Jahren in meinem privaten (Keller-)Archiv vorhandenen, ihn betreffenden Materialien – z. T. bereits verblichene, vergilbte – abermals durchsehen und auswerten. Mein Ziel war es, an die Arbeit zu gehen, als wäre mir das Thema neu. (Um 1970 hatte ich mich zum ersten Male öffentlich zur Sache geäußert.)
   In den Keller abgestiegen, fand ich, daß sich jedoch eine größere Menge an Reden, Stellungnahmen, Artikeln, Interviews des Autors und von Rezensionen über seine Schriften sowie von Kommentaren über sein Wirken aufgehäuft hatte, als mir erinnerlich war. Lästige Entdeckung: als Grundlage für einen einzigen Vortrag allzu viel.
   So entstand meine Idee: künftig nicht nur den verabredeten Vortrag auszuarbeiten, sondern, parallel dazu, eine schmale kritische Schrift. Dies konnte keine Biographie werden, und ich wollte keinesfalls eine Gesamtinterpretation des Werks bieten. (Bei dessen Umfang würde dies nur in einer voluminösen Monographie möglich sein.)

---

[1] Ich hatte seit 2002 (Jahr der Veröffentlichung der Grass-Novelle „Im Krebsgang") mehrere kritische Beiträge über das Schaffen des Autors veröffentlicht, so z. B.: Hohe ästhetische Qualität, ein Zug von Genialität? Eine Grass-Kritik, in: Marxistische Blätter 5 / 2002, S. 102-105; „Leichen pflastern seinen Weg". Die Toten von Danzig und die Ertrunkenen der „Wilhelm Gustloff" in der Erzählstrategie des Günter Grass, in: Gerhard Wagner (Hg.), Zum aktuellen Umgang mit der Nazizeit. Beiträge einer multidisziplinären Geschichtswerkstatt, Berlin 2003 (Pankower Vorträge, H. 57), S. 29-46; Literarischer Kriegserotiker. Ideologische und sprachliche Verirrungen des Literaturnobelpreisträgers Günter Grass vor dem Hintergrund seiner Mitgliedschaft in der Waffen-SS, in: junge welt, 16. 8. 2006, S. 10 f.

Deshalb auch legte ich an Büchern des Autors – sehr subjektiv auswählend – lediglich drei zugrunde, dazu einen Auszug aus einem vierten Buch sowie eine stattliche Anzahl seiner Reden und Interviews.[2]

Wie man sehen wird, bediene ich mich vorzugsweise der einstmals von Kurt Hiller (1885-1972) entwickelten, von ihm so benannten „isolierenden" Analysemethode, womit der Untersuchende wesentlich auf einzelne Gedanken und Gedankenkomplexe, einzelne sprachliche Phänomene und Wortkombinationen abzielt, um den Weg zu der Beurteilung eines Gesamtphänomens zu bahnen.[3]

Spätestens im August 2006 war Grass zum ‚Fall' geworden, als er nach mehr als sechzigjährigem Schweigen spektakulär offenbarte, in seiner Jugend SS-Soldat gewesen zu sein. Nun wurde über ihn in der Öffentlichkeit, in sämtlichen Print- und elektronischen Medien aufs heftigste diskutiert, in Deutschland wie sogar auch im Ausland, und bald schon bis zum Überdruß.

Sollte die Diskussion deshalb nicht einmal abgeschlossen werden, am besten vielleicht nach Jahresfrist?

Nach Jahresfrist, das wäre im Sommer 2007. Zu diesem Zeitpunkt – ich steckte schon mitten in meiner Lektüre der Archiv-Materialien – erschien die Meldung in der Presse, daß Grass anläßlich seines 80. Geburtstags, im Oktober, hoch geehrt werden würde, kraft eines Staatsakts – mindestens ein quasi-offizieller Akt müsse es schon sein –, wobei das deutsche Staatsoberhaupt, der amtierende Bundespräsident, mitzuwirken verspreche.

---

[2] Die drei Bücher sind: Aus der Frühzeit des Autors das erste umfängliche Erzählwerk: „Die Blechtrommel" (1959) sowie ein Band mit politischen Aufsätzen (zuerst 1968) aus einer für die Bundesrepublik wichtigen historischen Phase, der Phase der Vorbereitung und Entfaltung der ‚Achtundsechziger'-Bewegung. Aus späterer Zeit die „Novelle" „Im Krebsgang" (2002). Hinzukommt ein Extrakt aus dem autobiographischen Bericht „Beim Häuten der Zwiebel".

Diese Schriften werden zitiert jeweils mit Sigle + Seitenzahl:
B   Die Blechtrommel. Roman, 5. / 6. Aufl., Frankfurt / M. etc. 1960;
P   Über das Selbstverständliche. Politische Schriften, München 1969 (= Texte aus dem Jahrfünft 1965-1969, Neuausg.);
K   Im Krebsgang. Eine Novelle, 3. Aufl. Göttingen 2002;
Z   Beim Häuten der Zwiebel. Ein exklusiver Vorabdruck in der Frankfurter Allgemeinen Zeitung, ebd. 19. August 2006, umfassend sechs (Zeitungs-)Textseiten.

Nähere Angaben zu weiteren Schriften von Grass, insbesondere zu Reden, die ich zitiere, finden sich jeweils in den Fußnoten. Die Auseinandersetzung mit der wissenschaftlichen Grass-Literatur mußte unterbleiben; sie würde zu viel Platz gekostet haben. Die Auseinandersetzung mit der Presse (Rezensionen usw.) durchzieht das ganze Buch (Angaben: siehe die Fußnoten).

[3] Von Hiller mehrfach in seinen Vorträgen erläutert, die er während seiner Altersjahre nach der Remigration (1955-1972) in der Universität Hamburg hielt.

Hatten zuvor einige Kollegen, die über mein Vorhaben im Bilde waren, belustigt gelächelt: Warum befaßt du dich noch mit einem Erledigten, einem Abgetanen, wonach kein Hahn mehr kräht, wie kommst du dazu, deine Energie an eine Sache zu verschwenden, die nichts mehr hergibt – die Äußerungen der besagten Kollegen, gestehe ich gern, verstimmten mich beträchtlich –, finde ich mich nach Eintreffen der Pressemeldung ermutigt, motiviert, bestärkt: Der Fall Grass ist dennoch ein weiteres Mal einer gründlichen Analyse wert. Weshalb?

Um ein Fazit zu ziehen.

Dabei wird unvermeidlich einiges in der Öffentlichkeit bereits Gesagte wiederholt werden, insgesamt aber doch eher selten. Vor allem wird aufzuzeigen sein, wie eine Mehrzahl von Aspekten heranzuziehen ist, weil nur eine Mehrzahl eine Aufklärung des Phänomens Grass verspricht.

Dies läßt sich – so verwirrend es auf den ersten Blick erscheinen will – dennoch erschöpfend analysieren, indessen nicht aus einer einzigen Perspektive. Es reicht nicht, des Autors ehemalige Zugehörigkeit zur Waffen-SS in den Mittelpunkt der Betrachtung zu rücken und dazu den Umstand, daß der Autor jene mehr als ein halbes Jahrhundert lang verschwieg, samt dem sehr späten Eingeständnis. Einige Kritiker verwiesen 2006 daher unverzüglich darauf, daß der Vorgang – das Verschweigen und das Eingeständnis – nur das eine sei, wie immer auch zu beurteilen, und ein anderes der Schriftsteller und sein Werk.

Allerdings wäre ein Zusammenhang zwischen dem Vorgang und der schriftstellerischen Produktion denkbar, so daß es nicht unnötig ist, ihn zu erforschen, nämlich danach zu fragen, ob nicht die Zugehörigkeit und Verzögerung des Eingeständnisses ihre Spuren im Werk hinterlassen haben ... Eine Untersuchung sollte sich also auch darauf erstrecken.

Weiterhin müßte zu ermitteln sein, inwieweit eine Abhängigkeit der durch die Analyse aufgefundenen übrigen Fakten voneinander nachweisbar ist.

Welche Aspekte – wenn denn eine Mehrzahl sich anbietet – wären es im übrigen, unter denen das Schaffen sowie das Wirken des Günter Grass in der Öffentlichkeit analysiert werden müßten? Außer seiner früheren Zugehörigkeit zur Waffen-SS sind zu benennen:

- Seine Autor-Definition, von ihm selber auf ihn selbst gemünzt, mit prinzipieller Verwerfung von Utopie, Weltanschauung, Ideologie, samt seiner Frage, ob der Autor Motive der NS-Zeit ver-

werten solle usw. Die Präzeptor-Positur: was soll sie, was lehrt ein Tonangeber, was verkündet er?
- Seine politische Grundhaltung, eingeschlossen die ‚soziale Frage'.
- Seine Einstellung zur Psychologie. Grundsätzlich verwirft er sie, aber: existiert nicht dennoch eine Psychologie seiner Figuren? Dazu, sofern möglich: die Ermittlung von Eigentümlichkeiten seiner psychischen Konstitution, wie sie sich im Werk des Autors ausdrückt.
- Sein Frauenbild.
- Seine literarische Technik.
- Die Sprache des Autors.
- Seine Förderer: Institutionen, Claqueure. Was trugen sie zu der Stellung bei, die der Autor Grass im Literaturbetrieb der Bundesrepublik seit geraumem genießt („Leitfigur")? Haben sie ihn vielleicht erst ‚gemacht', und falls ja, aus welchem Grund? Dazu: Einige Kritiker.

Darüber hinaus möchte es vielleicht gelingen, in den schriftlichen Bekundungen des Günter Grass wie in seinem vielfältigen Tun ein organisierendes Zentrum zu entdecken, welches verantwortlich wäre: nicht nur für die Beschaffenheit seiner Gedanken- und psychischen Welt, sondern am Ende auch für bedeutende Teile seiner künstlerischen Produktion.

Ich danke dem Verlag Peter Lang, insbesondere Herrn Michael Rücker, dem Leiter der Hamburger Repräsentanz des Hauses, dafür, daß diese Schrift ins Programm des Verlages aufgenommen worden ist.

Meinem Sohn, Lorenz Gösta Beutin, danke ich für freundliche Hilfe bei der technischen Herstellung der Druckvorlage.

Thurmansbang-Solla (Bayern) und Köthel / Stormarn (Schleswig-Holstein), im Oktober 2007

W.B.

Einleitung

Vom Ankläger zum Angeklagten

„Der Fall Grass". Drei Wörter als Titel eines Buchs.
Wirkt eine solche Wendung in der Gegenwart nicht sehr konventionell, altgewohnt, erinnert sie nicht an Bekanntes, an dieselbe Wortreihe ... mit freilich ausgetauschtem Namen?
Beispiel dafür: Nietzsches Schrift „Der Fall Wagner" aus dem Jahre 1888. Und in Franz Mehrings kritischem Schaffen begegnet derselbe formelhafte Titel (Namen austauschbar) nicht nur einmal: „Der Fall Holz" (1896), „Der Fall Hauptmann" (1913) ...
Zugegeben: Das Verfahren, bei der Suche nach einem Titel auf die Formel zurückzugreifen, oder mehr noch: gar einen bereits benutzten Titel wiederaufzunehmen, ist üblich in der Literaturgeschichte; bildet aber, weil legitim, auch keinen Gegenstand der Kritik. Ein Verfasser, der so vorgeht, kann damit andeuten, in welche Tradition er sich stellt.
Zu rügen ist also keineswegs die Wiederaufnahme. Zu ermitteln ist deren Zweck.
Ein Beispiel aus dem Werk von Grass: Er hielt im Sommer 1965 eine Rede, die er unter dem Titel drucken ließ: „Ich klage an" (P 58).
Damit bezog er sich auf den Offenen Brief, den einstmals der Schriftsteller Emile Zola an den Präsidenten der französischen Republik gerichtet hatte und der am 13. Januar 1898 in der Zeitung „Aurore" erschienen war, mit dem berühmten Titel: „J'accuse", „Ich klage an".
Wen oder was klagte Günter Grass seinerzeit an, welches Verbrechen deckte er auf? Was bezweckte er mit seiner Anlehnung an Zola?
Unbeschadet der Sache, um welche es ihm damals ging, hier schon einmal die Vermutung, daß er in einer bestimmten Situation für sich eine Positur wählte, die er fortan nicht mehr aufgeben sollte: die des Anklägers, man könnte sagen:
eines deutschen Zola.
Größere Teile der Öffentlichkeit der Bundesrepublik, darunter die meisten Medien, nahmen ihm diese Rolle über Jahrzehnte hinweg gläubig ab, seine Urteile akzeptierend und sorgsam kolportierend.
Es ist eine Überlegung wert: Wie viele Schulstunden füllten deutsche Lehrerinnen und Lehrer wohl mit den Einsichten des Schriftstellers Günter

Grass? (Eilfertig gaben ihnen Germanisten, Literaturwissenschaftler, Didaktiker entsprechende Unterrichtshilfen an die Hand.)

Im großen ganzen bestätigte man ihm die von ihm reklamierte Würde eines *Praeceptor Germaniae*, selbst wenn gewisse kleinere Teile der Öffentlichkeit, Politiker, Journalisten und vor allem auch ein paar namhafte Kritiker, widersprachen, seine literarischen Werke und sein politisches Tun und Treiben ablehnten, einige ihn gar mit Spott und Hohn, Ironie und Satire überschütteten. Es blieb doch über so viele Jahrzehnte dabei, daß er der Majorität seiner Landsleute als eine seine Kolleginnen und Kollegen überstrahlende Autorität galt, als der repräsentative Schriftsteller der Bundesrepublik Deutschland, repräsentativ in der zweiten Hälfte des 20. Jahrhunderts, wie es zuvor, in der ersten, im Deutschen Reich ein Gerhart Hauptmann gewesen war.

Und nicht nur in der Rolle des Präzeptors, nicht nur in der des Anklägers wollte ihn Dirk Kurbjuweit im Sommer 2006 sehen – im August des Jahres hatte Grass seine einstmalige Zugehörigkeit zur Waffen-SS vor aller Augen und Ohren eingeräumt –, sondern er schrieb dem Autor eine ausgesprochen schaurige, weil blutige Profession zu:

„Die neuentfachte Debatte hat sich ausgerechnet an einem Mann entzündet, der sich selbst zum moralischen Scharfrichter der Nation aufgeschwungen hat. Wie kaum ein zweiter verurteilte Literaturnobelpreisträger Grass jahrzehntelang andere wegen ihrer Verfehlungen und Verstrickungen im ‚Dritten Reich'. Jetzt trifft es ihn selbst."[4]

Hierin enthält der erste Satz eine Halbwahrheit, die andere Hälfte der Wahrheit fehlt. Erste Hälfte: „der sich selbst zum moralischen Scharfrichter der Nation aufgeschwungen hat"; – die fehlende zweite Hälfte …?

Daß ein solches Aufschwingen einem Autor unmöglich wäre, wenn ihm nicht unter die Arme gegriffen würde – eines hilfreichen Turnlehrers Aufgabe –, von der Nation selber nämlich oder zumindest von den literarisch Interessierten und spezifisch von denen, die deren Wünsche exekutieren, also von den *opinion leaders* (worunter nicht zuletzt Generationen von „Spiegel"-Beiträgern waren).

Ankläger, Präzeptor, moralischer Scharfrichter; der diese Positur liebt, rückte infolge seines Geständnisses im Sommer 2006 also selber in die Rolle des Angeklagten.

Wer da zu Fall kam, war der Ankläger, er wurde zum ‚Fall'.

---

[4] Der Spiegel 34/2006, S. 47

Wen oder was klagte Grass 1965 an?

Im Jahre 1965 hielt Grass seine Rede „Ich klage an". Sie begann mit der Apostrophe: „Bürger der Stadt Lübeck."

Unvermittelt folgte darauf die Frage: „Mit welchem Recht? Worauf fußend? Welch windschiefe Planke ist meine Basis?" (P 58; gemeint: die Basis seiner Anklage. Wie man seit 2006 weiß: mehr als windschief, nicht tragfähig.)

Er legte die Antwort nahe: sein Bekenntnis zur Sozialdemokratie wäre grundlegend. Ursachen für dies: u. a. eigene Erfahrungen in einem Kalibergwerk.

Zwischendurch die Erinnerung: „Meine Rede heißt: ‚Ich klage an!' Wen zuerst; der Katalog ist lang." (P 60)

Um ein Mißverständnis auszuschließen: Nein, nicht Franz Josef Strauß sei es, den er treffen wolle.

Weshalb hätte der Verdacht aufkommen können, Strauß wäre einer der Anzuklagenden? Damals lag die „Spiegel"-Affäre drei Jahre zurück, „die in Wirklichkeit eine Strauß-Affäre war."[5] Alsbald die angekündigte Liste des Günter Grass:

„Es ist Zeit zur Anklage. Es ist an der Zeit, den Mund aufzumachen. Ich klage an.

Einen Mann namens Adenauer[6] klage ich an, weil er einen Mann namens Globke während Jahren an wichtigster Stelle folgenreiche Entscheidungen hat treffen lassen. Hans Globke hat die Nürnberger Rassengesetze kommentiert.[7] Mit diesen Gesetzen begann der Mord an sechs Millionen Juden.

Ich klage an: Die Koalitionsregierung, gebildet aus den Parteien CDU, CSU, FDP, die dem damaligen Bundeskanzler diese beschämende und bis zum heutigen Tag unser Land nach innen und außen schädigende Haltung sanktioniert hat."

Einen nimmt er aus. Er klage jenen Globke nicht an, der noch „oft genug als geschlagener Zeuge vor Gericht" werde erscheinen müssen.

---

[5] Peter Borowsky, Deutschland 1945 bis 1969, Hannover 1993, S. 188-192; hier: S. 188

[6] Bundeskanzler von 1949-1963

[7] Peter Borowsky, wie Anm. 5, S. 120: „Adenauers engster Mitarbeiter, der Staatssekretär im Bundeskanzleramt, Hans Globke, hatte im ‚Dritten Reich' den offiziösen Kommentar zu den Nürnberger Gesetzen von 1935 verfaßt – worin Juden zu Staatsbürgern zweiter Klasse abgestempelt und Ehen zwischen Juden und Nichtjuden als ‚Rassenschande' strafbar wurden – und eine wichtige Position im Reichsinnenministerium innegehabt."

„Aber uns alle klage ich an, die wir es zugelassen haben, daß unseren Landsleuten in der DDR die Hauptlast des verlorenen Krieges aufgebürdet worden ist." (P 64)

Es ist unleugbar, der kommunikationsstrategische Duktus dieser Rede ist bei Zola genau abgeschaut; die argumentativ-sprachliche Struktur des Texts Imitat[8], das rednerische Pathos voll und ganz das Eigentum des Franzosen. Und doch wird man nicht das Verdienstliche des Vorgehens von Grass verkennen können, gehörte doch zu den ärgsten politischen Fehlern – um die moralische Dimension des Vorgangs unerwähnt zu lassen; sie liegt offen zu Tage – des Bundeskanzlers Adenauer, einen Globke unerachtet der unüberbietbar großen Schuld, die dieser Jurist, ein noch um Vieles furchtbarerer Jurist als Hochhuths „furchtbarer" Jurist, auf sich geladen hatte, in seine Dienste zu nehmen.[9]

Es war nicht zuletzt eine Rede wie diese (aus dem Jahre 1965), die dem Autor Grass den Ruf des unerbittlichen Anklägers, des untadeligen Moralisten eintrug. Alle Demokraten, denen nach 1945 an einer Demokratie lag, die wirklich diesen Namen verdiente, alle Antifaschisten unter den Demokraten, die den neuen Part Globkes, nun in der Regierung der Bundesrepublik, als die unerträgliche Schande werteten, die sie in der Tat war, konnten Günter Grass als einen hervorragenden Fürsprech der antifaschistisch-demokratischen Erneuerung betrachten.

Jahrzehntelanges Engagement

Das Eingreifen dieses Autors – wie einiger übriger Autoren – in die politischen Verhältnisse, die fortgesetzte Einmischung in Zustände, deren Unhaltbarkeit aufzuzeigen war, klassifizierten die Zeitgenossen in der damaligen Epoche gern mit dem Ausdruck: der Künstler – oder eine Gruppe von Künstlern – „engagiere sich". Es war das dieselbe Epoche, die in der Literatur den Streit um die „Littérature engagée" sah (unter den Beteiligten besonders:

---

[8] Vgl. Emile Zola, „Ich klage an!" In: Proklamationen der Freiheit. Dokumente von der Magna Charta bis zum Ungarischen Volksaufstand, hg. von Janko Musulin, Frankfurt / M. etc. 1965, S. 126-136; hier vor allem beachtlich der Katalog der Angeklagten, jeder Absatz beginnend mit „Ich klage ... an ..." (ebd., S. 134 ff.)

[9] Aus Berechnung, nämlich als Signal an die noch vorhandenen Millionen Mitglieder der NSDAP, die als Wähler gewonnen werden sollten?

Sartre, dazu Simone de Beauvoir, André Gide und Albert Camus, in der Bundesrepublik z. B.: Adorno).[10]

Am vorzüglichsten gelang es dem Autor Grass – wie neben ihm wenigen anderen, etwa noch Rolf Hochhuth –, sich in Deutschland als Muster eines Literaten zu etablieren, der – ob in seiner Belletristik, ob in erörternden Texten – starkes, weithin wahrnehmbares politisches Engagement manifestierte, und nicht bloß punktuell, sondern seit den sechziger Jahren alle Jahrzehnte hindurch, auf einer Fülle von Feldern und in unterschiedlichen Affären.

Hatte er sich bereits 1965 als Anwalt „unserer Landsleute in der DDR" präsentiert, so neuerlich in dieser Rolle während der Ära nach 1989, als er die gravierenden Nachteile des ‚Beitritts', die – ob gewollte oder unvorsätzliche – Benachteiligung der Bevölkerung der neuen Bundesländer durch die Politik des vereinigten Deutschlands hart und beharrlich kritisierte, eine Kritik, die ihm in den neuen Bundesländern viele Menschen bis heute danken.

Anläßlich der 60. Wiederkehr des 8. Mai, der 1945 die Befreiung gebracht hatte (nach Meinung anderer: lediglich das Kriegsende in Europa), schrieb er, die Zustände in den neuen Bundesländern beklagend: „Fünfzehn Jahre nach der Unterzeichnung des Einheitsvertrages ist zu erkennen und nicht mehr zu verschweigen oder schönzureden, daß uns die Einheit Deutschlands, trotz erbrachter finanzieller Leistungen, in ihren Grundzügen mißraten ist. ... Der Anteil der Arbeitslosen ist doppelt so hoch wie in den westlichen Bundesländern. Westdeutsche Arroganz ließ keinen Respekt vor ostdeutschen Biografien aufkommen. Die vormals befürchtete Abwanderung der Bevölkerung – weshalb überstürzt und zu früh die D-Mark eingeführt wurde – findet gegenwärtig und alltäglich statt."[11]

In den alten Bundesländern tat er sich u. a. 1967, als die ersten Regungen dessen öffentlich registrierbar waren, was damals die Zeitgenossenschaft und seither die Geschichtsschreibung unter dem Begriff „APO" (‚Außerparlamentarische Opposition') zu fassen suchten, durch gewaltige Schläge gegen den favorisierten Feind der APO, die Springer-Presse, hervor; so daß seine verbalen Attacken mit den gleichzeitigen der neu aufbrechenden Welle einer sich als radikal interpretierenden Demokratiebewegung zusammenklangen.

Zu diesem Zeitpunkt führte der Journalist Wilfried Hertz-Eichenrode in der Zeitung DIE WELT Klage über Grass und die von diesem in einer

---

[10] (Artikel:) Littérature engagée, in: Wörterbuch der Literaturwissenschaft, hg. von Claus Träger, Leipzig 1986, S. 321 f.

[11] (Artikel aus dem Internet:) Grass-Beitrag zur Ausgabe der Zeitung DIE ZEIT zum 8. Mai 2005

Sendung des Magazins „Panorama" vorgetragenen Angriffe – wobei er den engagierten Literaten als „Amateurpolitiker" disqualifizierte –:

„Machen wir einen deutlichen Unterschied: Es gibt den Schriftsteller Grass, den auch diejenigen einen Meister der deutschen Sprache nennen, die seine Bücher nicht mögen. Und es gibt den Amateurpolitiker Grass, der Ulbrichts Propagandachinesisch in einer Manier redet, die fatal an die Hetze einer vergangenen Epoche erinnert. Wer sich in dieser Pose gefällt, muß früher oder später politisch Amok laufen. Grass tat es in ‚Panorama'.

[...]

Grass verleumdete den Verleger Axel Springer, er dulde, daß sich seine Zeitungen ‚wahrhaft faschistischer Methoden' bedienten. Er beleidigte damit auch die Redakteure der zum Hause Springer gehörenden Zeitungen, die er überdies als ‚dienstwillige Journalisten' bezeichnete. Er verketzerte die ‚Springer-Presse' als ‚verfassungswidrigen Staat im Staat', der die ‚demokratische Ordnung der Bundesrepublik' verletze. Er belog ein Millionenpublikum, indem er behauptete, die ‚Zeitungen des Springer-Konzerns' schädigten zunehmend die parlamentarische Demokratie. Er redete von einem ‚um sich greifenden Meinungsterror'. Und er forderte die Leser von Zeitungen des Hauses Springer auf, ihre ‚Lesegewohnheiten zu überprüfen'."

Im übrigen war fast die gesamte Seite, worauf dieser Kommentar stand, angefüllt mit Polemik gegen Grass; man konnte lesen:

„Lemmer: Ich bin fassungslos über Grass" –

„ZDF distanziert sich von ‚Panorama'" –

„WELT-Redakteure stellen Strafantrag gegen Grass".[12]

In diese im ganzen Land beachtete Kontroverse mit dem Haus Springer verwickelt zu sein, konnte dem beteiligten Autor unter den rebellisch gestimmten Teilen der Bevölkerung Westdeutschlands nur ein sehr gesteigertes Prestige einbringen. Er bot sich damals förmlich als Bundesgenosse der APO und Studentenbewegung an, denen er mit seinen Vorwürfen gegen die ungeliebte, in Teilen der Bevölkerung verhaßte Springer-Presse die erwünschteste Munition anbot.

Noch sehr nachträglich (2005) ließ er sich herbei, die Verdienste der APO zu rühmen: „Die Protestbewegung strebte verbal die Revolution an, fand sich dann aber mit Reformen ab, für die sie, oft ungewollt, das Klima bereitet hatte; ohne sie hinge uns heute noch der Mief der Adenauer-Zeit an; ohne sie wäre die neue Deutschlandpolitik der sozialliberalen Koalition als schrittweise Annäherung der beiden Staaten nicht realisierbar gewesen."[13]

---

[12] DIE WELT, 27. 9. 1967

[13] (Artikel aus dem Internet:) DIE ZEIT zum 8. Mai 2005

Grass trat aber nicht bloß lange für „unsere Landsleute in der DDR" ein, er bemühte sich nicht nur, temporär die Anstrengungen der APO und Studentenbewegung flankierend zu unterstützen, sondern er ließ es auch an kontinuierlichem Engagement für Asylbewerber und für die Gleichberechtigung schlechter gestellter Minoritäten nicht fehlen.

Den „leitenden Köpfen einer Bank" hielt er im Jahre 2000 eine Gardinenpredigt, worin er den Umgang mit Asylbewerbern in Deutschland heftiger Kritik unterzog: „Wäre es, als wir noch, laut Verfassung, stolz einen menschenfreundlichen Asyl-Paragraphen hochhielten, möglich gewesen, nach gegenwärtiger Praxis an die viertausend Asylsuchende, die nichts Kriminelles getan haben, dennoch wie Verbrecher hinter Schloß und Riegel in Abschiebehaft zu halten?"[14]

In derselben Rede forderte er ein EU-Hilfsprogramm für „Europas größte Minderheit": „Ich spreche vom Volk der Roma, jener europäischen Minderheit, deren Angehörige auf zwanzig Millionen geschätzt werden."[15]

Als die Sozialdemokratie Deutschlands 1992 dem „Asylkompromiß" zustimmte, trat Grass aus der Partei aus.[16]

Noch in der Spätzeit des Bundeskanzlers Kohl, inmitten des Wahlkampfs 1998, bekämpfte er die gehässige Weise des Umgangs staatlicher Stellen in Deutschland mit den asylsuchenden Ausländern. Nicht diese seien es, von denen das Übel ausginge; dies gehe vielmehr von der Bundesregierung aus: „Aber nicht die hier Zuflucht, Arbeit, wenn möglich eine neue Heimat suchenden Ausländer sind die Gefahr, vielmehr ist es die Bundesregierung, die der latenten Feindseligkeit gegenüber den Fremden mit immer neuen Erlassen Auftrieb gibt."[17]

Last but not least leistete Grass gleichfalls seinen Beitrag zum Kampf gegen die Stationierung der US-Mittelstreckenraketen in der Bundesrepublik. Der „stern" druckte 2006 noch einmal eine Aufnahme aus dem Jahre 1983, worauf man den Autor sieht, wie er Hand in Hand mit dem Regisseur Volker Schlöndorff und dem Friedensforscher Alfred Mechtersheimer (wel-

---

[14] Zukunftsmusik oder Der Mehlwurm spricht, in: FAZ, 20. 10. 2000
[15] Ebd.
[16] Der Spiegel 34/2006, S. 49. – Recht hämisch klingt die Formulierung im Spiegel-Artikel: „Als die Partei Ende 1992 dem Asylkompromiss *gegen die Order von Grass* zustimmt ..." (Hervorhebung von mir, W.B.), so als sei des Autors Austrittsgrund gewesen, daß die SPD „gegen seine Order" handelte (und nicht die Menschenfeindlichkeit des Kompromisses und daß dieser eine empfindliche Verschlechterung der Verfassung darstellt).
[17] Zit. nach einer „diw." gezeichneten Glosse mit der Überschrift „Satt an Erfahrung", in: FAZ, 29. 8. 1998

cher später zur Ultrarechten abwanderte) in Mutlangen „für den Frieden" demonstriert.[18]

Im Publikum kam es zu ‚Grass raus!'-Rufen: Opposition gegen einen Oppositionellen

Das Bild, was einen höheren Grad von Zerrissenheit aufwiese, müßte erst noch gefunden werden. Die Äußerungen in der Öffentlichkeit, mit denen Günter Grass bedacht wurde und wird, lassen sich schwerlich auf einen Nenner bringen.

Er ist ein Schriftsteller, dem man doch das Zeugnis keinesfalls verweigern kann, daß er zeit seines Wirkens sein Scherflein beitrug zur Opposition gegen die Herrschenden und die herrschenden Zustände in der Bundesrepublik, – den Herrschenden war er mehr als einmal unbequem; keine Frage; kein Wunder. Deshalb nahmen sie ihn immer wieder aufs Korn, polemisierten sie gegen ihn, zeigten sie ihn an, wie es die Redakteure der WELT 1967 unternahmen, kurz: deshalb verfuhren sie mit ihm, wie das ‚Establisment' seit alters mit der rebellischen Intelligentsia zu verfahren pflegt.

Wie kommt es aber, daß sich gegen denselben oppositionellen Autor eine Opposition zusammenfand, und zwar nicht erst in seinen späten Zeiten, sondern schon recht früh, – eine veritable Opposition, nicht ausgehend von schwachsinnigen oder bierdumpfen Krakeelern, sondern von bewußt handelnden Gegnern, die sich selber im politischen Spektrum links bis sehr weit links einordneten?

Von Rudi Dutschke, einstmaligem Vordenker der APO, soll die Aussage herrühren, „die politische Bekämpfung von Grass" sei von außerordentlicher Bedeutung, wichtiger als alles andere.[19]

Wolfgang Schneider berichtet auch das Folgende: „Zu einem Eklat kam es 1971 im Zusammenhang mit der Kipphardt-Affäre. Bevor der Vorhang zur Premiere von ‚Peer Gynt' hochging, bezeugte das ‚Kollektiv' der Berliner Schaubühne ‚seine Verachtung gegenüber dem hier anwesenden Günter Grass'. Im Publikum kam es zu ‚Grass raus!'-Rufen."[20]

---

[18] stern 34/2006, S. 37
[19] Zit. bei: Wolfgang Schneider, Springen kann die Schnecke nun mal nicht, in: FAZ, 8. 7. 2003. – Dutschke betreffend äußerte sich Grass selber in seinem Interview mit dem „Freitag", 2. 2. 2001: „Dutschke hatte mich zum Feind Nr. 1 erklärt ..."
[20] Schneider: Ebd. – Zur Kontroverse Grass/Kipphardt vgl. außerdem das Grass-Interview im Freitag, 2. 2. 2001!

Über die sog. „Kipphardt-Affäre" schrieb noch 2006 wieder Wiglaf Droste: Grass sei „ein Denunziant reinsten Wassers, ein Geschaftelhuber und brüllender Opportunist, ein Gruppe 47-Intrigant, der mit dafür sorgte, daß brillante Kollegen wie Albert Vigoleis Thelen im deutschen Kulturbetrieb untergebuttert wurden, und der Heinar Kipphardt in den siebziger Jahren, auf dem Höhepunkt der RAF-Hysterie, die Polizei auf den Hals hetzte und gemeinsam mit dem damaligen Münchner SPD-Oberbürgermeister Hans-Jochen Vogel erfolgreich die Absetzung Kipphardts als Dramaturg der Münchner Kammerspiele betrieb."[21]

In einem Standardwerk aus der DDR (Auflage von 1972) wurde dem Autor Grass für seine Anfänge immerhin noch einiges Rühmenswerte zugestanden, so z. B.: daß er einen Humanismus vertreten habe, obgleich nicht als ein unbedingt aufrechter, sondern als ein „gefährdeter Humanist". Jedoch dann folgt ein längeres Sündenregister, und es wird u. a. aufgezählt:

Seither habe Grass sich als „Gegner der Revolution" bezeichnet sowie erklärt, „noch heute als ein Bernstein-Anhänger" gelten zu wollen;

in dem Stück „Die Plebejer proben den Aufstand" (1966) die Vorgänge des 17. Juni 1953 entstellend geschildert und „Brechts Haltung und Gesinnung als die eines korrupten Ästheten verunglimpft";

1967 sich gegen „Oster-, Schweige- und Friedensmärsche" ausgesprochen und die gegen die US-amerikanische Eskalation des Kriegs in Vietnam demonstrierende „törichte Jugend" verspottet usw.[22]

Im vereinigten Deutschland nahmen die Proteste gegen den Autor allmählich zu, sehr merklich seit etwa der Jahrhundert- und Jahrtausendwende, aus zwei Gründen.

Der erste: Grass, der nach 1945 die Parole „Nie wieder Krieg von deutschem Boden!" viele Male gehört haben mußte, eine Parole, in deren Zeichen die Nachfolgegenerationen aufgewachsen waren, erwies sich 1999, als die NATO und mit ihr die Bundesrepublik Deutschland über die Bundesrepublik Jugoslawien herfielen, einen völkerrechtswidrigen Angriffskrieg beginnend, als Befürworter des Kriegs. Er stellte sich auf die Seite der Angreifer, nahm eilfertig deren serbenfeindliche Propaganda-Phrasen auf und betätigte sich als Sprachrohr, das diese in der Öffentlichkeit verstärkend wiederholte.

Der zweite: Er stellte sich auf die Seite der Befürworter des Sozialabbaus.

---

[21] In seinem Artikel: Heimkehr eines Denunzianten, in: junge welt, 16. 8. 2006
[22] Günter Albrecht u. a. (Hgg.), Lexikon deutschsprachiger Schriftsteller von den Anfängen bis zur Gegenwart, 2. Aufl. Leipzig 1972, 1,283 ff.; hier: S. 284 f.

Hatte ein großer Teil der deutschen Gesellschaft ihm zuvor überwiegend gehuldigt, wenn auch sich in Ausnahmefällen von ihm distanziert, setzte jetzt ein nicht einmal gelinder Verfall seines Ansehens ein. Verschärfend kam hinzu, daß sich der intellektuelle Anspruch und das sprachliche Niveau mancher seiner Kundgaben in der Öffentlichkeit so reduzierten, daß als Rest höchstens Hemmungslosigkeit des Scheltens blieb.

Ein Beispiel: Bekanntlich gab nach eigener Aussage der – zu diesem Zeitpunkt sozialdemokratische – Politiker Oskar Lafontaine im Jahre 1999 sein Regierungsamt auf, um weder den Kriegskurs des Kabinetts Schröder-Fischer mitverantworten zu müssen noch den Sozialabbau, der in denselben Monaten eingeläutet wurde. Später im selben Jahr 1999 trat Lafontaine als Buchautor hervor. Grass reagierte hierauf mit den Worten:

„Halt's Maul, Oskar! Halt's Maul. Trink deinen Rotwein, fahr in die Ferien, such dir eine sinnvolle Beschäftigung!"[23]

Als sie von dieser Schelte erfuhren, sollen selbst einige beste Freunde des Poltrons bleich geworden sein ...

... und eine zuvor nicht dagewesene Demonstration in Deutschland gegen ihn

Am 13. Oktober 2004 erschien eine Zeitungsmeldung: „Demo gegen Günter Grass", verfaßt von Ragnar Lüttke.[24]

Sie hatte folgenden Wortlaut: „Rund 200 Menschen zogen am Montag bei der Lübecker Demonstration gegen die Arbeitsmarktpolitik der Bundesregierung zum Günter-Grass-Haus. Zu den üblichen Demo-Utensilien wie Transparenten, Fahnen und Trillerpfeifen gesellten sich alte Keksdosen, die zu Blechtrommeln umgestaltet waren – in Anlehnung an den Bestsellerroman von Grass.

Anlaß für das Demonstrationsziel war eine Anzeige von 62 Managern und Intellektuellen in der ‚Süddeutschen Zeitung' vom 2. Oktober unter der Überschrift ‚Auch wir sind das Volk'. Der in Lübeck ansässige Nobelpreisträger unterschrieb diese Unterstützung für Bundeskanzler Schröder und beteiligte sich an der 37600 Euro teuren Annonce der bisher unbekannten ‚großen Koalition der Vernunft'.

‚Sie sollten sich schämen, Herr Grass!', rief Uschi Möller, vom Lübecker Netzwerk für soziale Gerechtigkeit, ins Megaphon, empört über den

---

[23] Zit. in dem Artikel von Frank Schirrmacher: Wir haben verstanden, in: FAZ, 9. 10. 1999
[24] Neues Deutschland, 13. 10. 2004

Text der Anzeige, in der Gegner der Arbeitsmarktreform Hartz IV als ‚Demagogen, die ihre Zukunft hinter sich haben', beschimpft werden. Grass ließ sich nicht sehen. Er sei am Montag nicht da, teilte die Sekretärin mit.

Die Enttäuschung über Günter Grass sitzt tief bei vielen Demonstranten. Galt er gerade in Lübeck als politisch engagierter Mensch, als Institution, die sich einmischte. Das ehemalige SPD-Mitglied Grass sucht seit dem Jugoslawienkrieg, den er befürwortete, wieder die Nähe der Schröderpartei. Die Einrichtung des Günter-Grass-Hauses sehen viele in der Travestadt als Belohnung für seine Unterstützung."

Ein von der Mehrzahl der Beobachter zunächst nicht für möglich gehaltenes, seit Bestehen der Bundesrepublik einmaliges, erstmaliges Ereignis:

Protest in Form einer Demonstration ausgerechnet gegen denjenigen Autor, der sich über Jahrzehnte hinweg als Musterbild des ‚engagierten Literaten' selber inszeniert hatte und als solches von den überregionalen Medien inszeniert worden war.

Zu den höchst Verwunderten zählten wiederum selbst eingefleischte Grass-Bewunderer. Sie faßten es nicht: War seine Unterschrift unter der Annonce in der „Süddeutschen" echt? Grass an der Seite des Dieter Hundt, umringt von dessen Lakaien? Die Überraschung, die Grass damit seinen Fans und anderen, die zumindest *diese* Stellungnahme von ihm keinesfalls erwartet hatten, im Herbst 2004 bereitete, erweist sich aus gegenwärtiger Sicht als Vorschein der gröberen Überraschung, knapp zwei Jahre später, im August 2006, als er seine ehemalige Zugehörigkeit zur Waffen-SS eingestand.

Durch seine Unterschrift identifizierte Grass sich 2004 als Befürworter der Zertrümmerung des Sozialstaats, als Propagandist des Privatisierungswahns, der Globalisierung, der Pauperisierung der Massen. An seinem Ja zu all diesem konnte kein Zweifel mehr bestehen.

Wirklich keiner?

Zum 8. Mai 2005, als die sechzigste Wiederkehr des Tags der Befreiung gefeiert wurde, was unternahm derselbe Grass? Er veröffentlichte in der Wochenzeitung „DIE ZEIT" einen langen Beitrag, in dem die Leserschaft nun etwas kaum mehr Glaubliches vorfand: Er stellte als seine eigenen Positionen genau diejenigen hin, gegen die er im Herbst zuvor seine Unterschrift geleistet und seinen Obolus gegeben hatte; dieselben, die einige Monate davor von ihm in Gemeinschaft mit Dieter Hundt und anderen aufs heftigste attackiert worden waren.

Seinem Beitrag zum 8. Mai 2005 gab er die Überschrift: „Freiheit nach Börsenmaß." Der doppelte Untertitel verrät die Tendenz: „Die Politik ist machtlos gegen die Ökonomie. Das gefährdet die deutsche Demokratie."[25]

In dem Text findet sich eine ganze Menge von Behauptungen, deren Summe darauf hinaus läuft: In Deutschland hätten die Bosse das Heft in der Hand, nicht die Politik.

Das Parlament entscheide „nicht souverän. Es ist von den mächtigen Wirtschaftsverbänden, den Banken und Konzernen abhängig, die keiner demokratischen Kontrolle unterliegen. So macht sich der Gesetzgeber zum Gespött. So mißrät das Parlament zur Filiale der Börse. So unterwirft sich die Demokratie dem Diktat des global flüchtigen Kapitals. Wen wundert es, wenn sich mehr und mehr Bürger empört, angewidert, schließlich resigniert von solch offen zutage tretenden Machenschaften abwenden, den Wahlgang als bloße Farce werten und auf ihr Wahlrecht verzichten?"

Alles müsse der „sich ‚frei' nennenden Marktwirtschaft" dienen. „Doch dieser zum Fetisch gewordene Schummelbegriff verdeckt nur mühsam das asoziale Verhalten der Banken, Industrieverbände und Börsenspekulanten."

„Die Folgen dieser als Globalisierung verkleideten Entwicklung treten deutlich zutage, sind an Statistiken abzulesen." Er verweist auf die Zahl der Arbeitslosen, die Renditen im Export usw., um dann fortzufahren: „Wer auf diesen Mißstand und auf weitere ins soziale Abseits gedrängte Menschen hinweist, wird von alerten Jungjournalisten günstigstenfalls als ‚Sozialromantiker' verspottet, in der Regel jedoch als ‚Gutmensch' diffamiert. Fragen nach den Gründen für die wachsende Kluft zwischen Arm und Reich werden als ‚Neiddebatten' abgetan. Das Verlangen nach Gerechtigkeit wird als Utopie verlacht."

Zusammenfassend gibt er seiner Furcht Ausdruck er: „Bei aller Beschwörung einer gewiß erstrebenswerten Zivilgesellschaft formiert sich in der Bundesrepublik Deutschland die längst überwunden geglaubte Klassengesellschaft. Nicht mehr zu vermuten, festzustellen ist: Was als neoliberal plakatiert wird, erweist sich, genau besehen, als Rückgriff auf die menschenverachtende Praxis des Frühkapitalismus."

Und: Die „Ohnmacht der Politik" sei es, „derzufolge sich die Bürger schutzlos dem Diktat der Ökonomie ausgesetzt sehen."

Weshalb solche Polemik, solche Fülle von Vorwürfen?

---

[25] (Artikel aus dem Internet:) Grass-Beitrag zur Ausgabe der Zeitung DIE Zeit zum 8. Mai 2005

An dieser Stelle bloß so viel: In seinem Artikel zum 8. Mai 2005 nimmt er Partei *für* die *Kritiker* des Neoliberalismus und gegen die „alerten Jungjournalisten".

... nimmt er Partei für die Menschen, die der „Utopie" anhängen, wonach „Gerechtigkeit" die Gesellschaft prägen soll.

Wie schon erwähnt: in der Anzeige „Auch wir sind das Volk", Herbst 2004 – von alledem genau das Umgekehrte.

Und, wie noch darzulegen sein wird, sein ganzes Schriftstellerleben lang spricht er sich aus – *gegen* jegliche Utopie.

Ratlosigkeit der Leserschaft?

„Auch wir sind das Volk"

Am 2./3. Oktober 2004 erschien in der „Süddeutschen Zeitung" die Anzeige: „Auch wir sind das Volk". Unterzeichnet von führenden deutschen Managern und einigen Intellektuellen. Was bezweckte ihr Aufruf?[26]

Für die ‚Reform'politik der deutschen Regierung Stimmung zu machen.

Zu den Unterzeichnern zählen einige der damals bekanntesten Sprecher der Wirtschaft wie Dieter Hundt und Michael Rogowski sowie der Kunstszene, darunter – neben Grass – Jürgen Flimm und Marius Müller-Westernhagen, alles in allem: Vertreter des Geschäfts- und Kultur*betriebs* der Bundesrepublik Deutschland.

Dramatisierend wie der Urheber eines Schmierenstücks entwerfen sie ein trostloses Bild Deutschlands, in noch trostloserem Deutsch. Die Schlüsselbegriffe sind: Angst, Grab, Tod, Schmerz.

Predigt zum Totensonntag?

„Die unter dem Angst machenden und abschreckenden Schlagwort Hartz IV beschlossenen Änderungen" seien „überlebensnotwendig für den Standort Deutschland."

Täte es nicht „lebensnotwendig" auch? Nein, die Verfasser setzen die Präposition „über" hinzu, eine besonders verzweifelte Lage suggerierend.

Deutschland sei ein „Standort" (übrigens eine im Zivlleben deplacierte Vokabel, da mit einem Hautgout von Kommißdunst versehen) „gepflastert mit den Grabsteinen verblichener Chancen. Totengräber sind in allen Parteien zu Hause."

---

[26] Dieser ganze Absatz ist eine Reformulierung eines Kommentars von Wolfgang Beutin: Unbeirrbarer Stumpfsinn (1931 und 2004), in: Marxistische Blätter 6 / 2004, S. 21

Es habe jetzt „die Stunde der Wahrheit" geschlagen. „Solche Einschnitte tun weh wie alle schweren Operationen, aber aus Furcht vor Schmerzen nichts zu tun, wäre verantwortungslos."

In dies düstere Gemälde eingetragen, entsteht das Selbstbild der Verfasser: Verantwortlich Handelnde, die *nicht* „nichts tun". Plädierend für Radikalität: „Jetzt hilft nur noch ein radikaler Kurswechsel."

Sie reden „einer großen Koalition der Vernunft" das Wort, sich selber als Siegelbewahrer der Vernunft ausgebend.

Und schließlich, beschwörend: „Wer mutig ändert, was geändert werden muss", dem wollen sie unter die Arme greifen.

Nur leider: Ihr tristes Gemälde fälscht. Jedermann kann das wissen. Die Berliner Regierung basierte – und basiert immerfort – ihre Politik auf Zahlen, die nachweislich fehlerhaft sind. Es nicht „die Stunde der Wahrheit", die geschlagen hat, sondern die Stunde der Lüge, und die Verfasser der Anzeige unterstützen diese Lüge.

Die Wahrheit lautet aber:
- Deutschland ist – und war damals ebenso – eines der drei oder vier wirtschaftlich stärksten Länder der Erde. Der „Standort" Deutschland ist sogar der hervorragendste in der Welt. Deutschland erzielte im Vergleich mit allen anderen Ländern den größten Exportüberschuß (Summe der Exporte minus Summe der Importe), sein Export war 2004 der umfangreichste aller Länder.
- Unter der Bedingung einer *gerechten* Steuerpolitik, d. h. einer, die allen Menschen Steuern abverlangen würde in Proportion zu ihrem Einkommen, wären sämtliche Kassen – der Gemeinden, der Kreise, der Bundesländer, des Bundes – reichlich gefüllt. Aber: Deutschland zieht von den Reichen und Superreichen, gemessen an der Steuer in vergleichbaren Ländern, verhältnismäßig sehr niedrig berechnete Steuern ein.
- Alle, die Arbeit suchen, könnten eingestellt und angemessen entlohnt werden. Die Finanzmittel dafür sind vorhanden. Die notwendige Arbeit auch: Außer in der Industrie, im Gewerbe und im Dienstleistungsbereich in den Bereichen Bildung, Wissenschaft, Erziehung, Kranken- und Altenpflege, Ökologie ...
- Eine Notwendigkeit, den Sozialstaat abzubauen, besteht nur in der Irrwelt der Reichen und Superreichen. Es wäre im Gegenteil notwendig, ihn *auszubauen*.
- Wer dies verweigert, wer grundgesetzwidrig den Sozialstaat beschädigt, gar auslöscht, übt nur eines – pure Willkür.

- Der Begriff der „Lohnnebenkosten" ist betrügerisch, da es sich in Wahrheit um einen Lohnanteil handelt. Der Wegfall des ‚Arbeitgeber'anteils an den Kosten für die Sozialversicherung ist daher nichts anderes als eine Lohnkürzung (auf die es ohnehin überall abgesehen ist). Inzwischen sprechen neoliberale ‚Experten' bereits von „Lohn*zusatz*kosten"!

Das Gesamtprogramm der Exekutive und Legislative seit den neunziger Jahren ist kein ‚Reform'werk, sondern ein Werk der sozialen *De*formation, dazu bestimmt, die Unter- und Mittelschichten vor den Zeitpunkt von 1830/48 zurückzuwerfen (wie es Grass 2005 sehr plötzlich wußte), also in die Epoche, als die Bewegung für soziale Gerechtigkeit erst im Entstehen begriffen war. Was von Hundt & Co. angestrebt wird, ist ein Kolonialismus nach innen: die Bevölkerung als eine Art Kolonialvolk.

Ihr Feindbild bezeichnen die Verfasser der Erklärung mit einem einzigen Terminus: „Demagogen". Noch ein Griff ins 19. Jahrhundert. Auch damals verfolgten die Herrschenden die „Demagogen", nämlich die Demokraten wie Fritz Reuter (erst zum Tode verurteilt, schließlich „nur" sieben Jahre in den Folterhöllen der Festungen). Sie behaupten: „Nur Demagogen, die ihre Zukunft hinter sich haben, reden dem Volk nach dem Maul. Ihre Rezepte sind so simpel wie ihre Motive durchsichtig." – Merkten die Leser den Widerspruch? (Wenn schon die Verfasser ihn ignorierten ...)

Zur Erinnerung: Sie wollen „auch das Volk" sein, so heißt es im Titel ihrer Anzeige.

Und nun? Die „Demagogen" reden „dem Volk nach dem Maul" – zugleich also ihnen, die dazugehören (wollen)?

Ein ehrlicher Mensch würde den Teufel tun und ausgerechnet diesen Zeitgenossen „nach dem Maul" reden! (Ob ihnen eins drauf gebühre, würde er in einer Anwandlung von Zorn vielleicht erwägen.)

Den „Totengräbern" zeigen sie die Faust; sie verstehen darunter: die Gegner ihrer ‚Reformen'. Aber in der Realität sind Totengräber nützliche Leute, mit einem sozialen Auftrag. Diese annoncierenden Vertreter des Geschäfts- und Kulturbetriebs, sie sind keine Totengräber. Weder nützlich, noch sozial. Was wollen sie? Den Klassenkampf von oben (plötzlich, im Jahre 2005, wußte ein Günter Grass auch dies). Gegen die Mittel- und Unterschichten. Ihr einziges Ziel: die Reichenbereicherung. Lügend zugunsten der transnationalen und nationalen Konzerne, der gutsituierten Milliardäre und armen Millionäre, setzen sie ein ganzes Land dem Zwang aus, sich auspowern zu lassen, plündern und berauben sie Arbeitslose und Kranke, Rentner und

Bedürftige. Sie schädigen die Ökonomie, der sie zu dienen behaupten, sie hebeln die soziale Gerechtigkeit aus, sie verunstalten die demokratische Struktur des Landes, sie eliminieren die Kultur.

Kurt Tucholsky schrieb bereits 1931: „Der unbeirrbare Stumpfsinn, mit dem diese Kapitalisten ihre törichte Geldpolitik fortsetzen, immer weiter, immer weiter, bis zur Ausblutung ihrer Werke und ihrer Kunden, ist bewundernswert. Alles, was sie seit etwa zwanzig Jahren treiben, ist von zwei fixen und absurden Ideen beherrscht: Druck auf die Arbeiter und Export."[27]

Nach den vollkommen widersprüchlichen Stellungnahmen des Günter Grass zur Ökonomie in den Jahren 2004/05, nach so viel Wirrungen im einzelnen mag sich mancher Zeitgenosse an den Kopf fassen, fragend, welche Position der Autor denn jetzt in diesen Dingen tatsächlich beziehe. Vertritt er eine konsistente Meinung zu den Problemen, zu denen er sich äußert, oder vertritt er sie nicht und gibt sich nur seinen augenblicklichen Launen hin? – Folge ist, daß sich selbst wohlmeinende Beobachter nicht mehr auskennen und sich darauf beschränken, seine Widersprüche niederzuschreiben.

Einer von ihnen berichtete über einen Auftritt des Autors im Wahlkampf 2005. Er notierte: „Grass sprach von Fehleinschätzungen. Zu oft habe man dem Druck der Wirtschaft nachgegeben, zu leichtfertig den Versprechungen der Unternehmer geglaubt, die Lasten der Reformen zu einseitig den Rentnern, Arbeitslosen und Arbeitnehmern aufgebürdet, räumt der Nobelpreisträger ein. Von Massenarbeitslosigkeit, von Hartz IV-Protesten, von der Ausplünderung der Kommunen durch die Steuergesetzgebung, von der Zunahme der Armut kein Wort."[28]

---

[27] (Essai:) Die Herren Wirtschaftsführer, in: Gesammelte Werke, Bd. 3. Stuttgart etc. 1967, S. 912-915; hier: S. 912
[28] Lübecker Nachrichten, 7. 9. 2005

Grass und die Waffen-SS

Die Tat des Helmuth Hübener (1925-1942)

In einem Sammelwerk über den deutschen antifaschistischen Widerstand ist die kurzgefaßte Schilderung des Lebens und der Tat Helmuth Hübeners zu lesen:

„Helmuth Hübener, am 8. Januar 1925 in Hamburg geboren, war Verwaltungslehrling in der Hamburger Sozialbehörde. Zuvor gehörte er einer Jugendgruppe der ‚Kirche Christi der Heiligen der Letzten Tage' an, die unter den Unterdrückungsmaßnahmen des NS-Regimes sehr zu leiden hatte. So fanden sich Helmuth Hübener und seine Freunde bald in Opposition zur Hitler-Regierung und kamen zu der Überzeugung, daß konkrete Maßnahmen gegen die Diktatur unternommen werden müßten. Sie fingen an, Berichte und Flugblätter gegen die Nazi-Propaganda herzustellen, die in immer größeren Auflagen verbreitet wurden. Ein Büroangestellter denunzierte Helmuth Hübener bei der Gestapo, die sich kaum vorstellen konnte, daß ein 17jähriger der Kopf einer Widerstandsgruppe war. Am 11. August 1942 begann vor dem Volksgerichtshof in Berlin der Prozeß, in dem Helmuth Hübener zum Tode und die Mitangeklagten zu langen Gefängnisstrafen verurteilt wurden. Helmuth Hübener wurde am 27. Oktober 1942 enthauptet."[29]

Diese noblen Formulierungen stehen in einer Anthologie, die dem Gedenken an so viele deutsche antifaschistische Widerstandskämpfer gewidmet ist.
Sie stehen hier abermals, um an Helmuth Hübener zu erinnern. Ein Denkmal.

„So wenig oder keine Alternativen"?

Voranstehendes soll zugleich jedoch ein anderes sein: Herausforderung, eine Meinungsäußerung von Günter Grass zu überdenken, die aus dem Monat seines Geständnisses, Waffen-SS-Mann gewesen zu sein, stammt. In dem „Spiegel"-Interview, das Erwin Wickert damals mit ihm führte, gibt es den folgenden kleinen Dialog:

---

[29] Peter Altmann u. a. (Hgg.), Der deutsche antifaschistische Widerstand 1933-1945. In Bildern und Dokumenten, Frankfurt / M. 1975, S. 176

Wickert: „Sie haben später Christa Wolf verteidigt, als ihr vorgeworfen wurde, sie sei als junger Mensch mit der Stasi verstrickt gewesen. Sie haben Walter Jens und seine NSDAP-Vergangenheit verteidigt. Haben Sie da auch ein bisschen an Ihre Jugend gedacht?"

Grass: „Ja, ich wehre mich gegen diese Art von Pauschalurteil. Da ist jeder in seine Zeit hineingeboren. Und ich wünschte keinem, das er jemals in solche Verhältnisse hineingeraten würde, wo es so wenig oder keine Alternativen gab. Es sei denn, man wuchs in einem Elternhaus auf – das hat es ja Gott sei Dank bei einigen gegeben –, wo die Eltern gegengehalten haben …"[30]

Hierauf war manches zu erwidern. Leider verzichtete der Interviewer darauf.

Um an diesem Ort die Einwände nachzutragen:

Grass spricht sehr undeutlich, seine Wörter wirken verwaschen. Das beginnt beim Begriff „Pauschalurteil". In dem von Wickert und Grass erörterten *Sachverhalt* steckt überhaupt nicht „diese" oder irgendeine „Art von Pauschalurteil", denn das ist keines, wenn die Feststellung getroffen wird: Person A war Mitglied der NSDAP, Person B gehörte der Waffen-SS an. Es liegt eine schlichte, auf ein Individuum bezogene Aussage vor (dann: ein *Urteil* im Sinne von ‚Aussage').

Ein anderer Umstand ist, daß die Alliierten in Nürnberg ein *Urteil* über die Waffen-SS fällten und sie als „verbrecherische Organisation" einstuften. Hier handelt es sich um eine gerichtliche Entscheidung, die man gewiß als Pauschalurteil klassifizieren kann, weil sie den Verband als ganzen betraf. Es war jedoch auch dieser als ganzer, dem unzählige Verbrechen zur Last fallen, so daß die Verurteilung voll und ganz dem festgestellten Tatbestand entspricht.

„Da ist jeder in seine Zeit hineingeboren." Unbestreitbar.

Unbestreitbar ebenfalls: Die in die *damalige* Zeit Hineingeborenen wurden nicht zugleich auch in die Waffen-SS hineingeboren.

Unbestreitbar ebenfalls: Es kommt darauf an, was ein jeder in der ihm zugemessenen Spanne tut oder unterläßt. Zur Veranschaulichung: die Konfrontation der Lebensläufe von Helmuth Hübener und von Grass.

Die „Verhältnisse" schuld?

Abermals: Es kommt darauf an, was ein Individuum unter den gegebenen Verhältnissen unternimmt oder unterläßt.

Sicher richtig, daß es 1933-1945 „wenig" Alternativen gegeben hat.

---

[30] Der Spiegel 34/2006, S. 68

Sicher unrichtig: daß es „keine Alternativen gab" (was wiederum die Konfrontation der zwei Biographien erweist).

Das „Es sei denn …" verlagert die Schuld hinweg, vom Individuum auf dessen Elternhaus. – Im FAZ-Interview, das zuerst ein größeres Publikum mit der Waffen-SS-Vergangenheit des Autors bekannt machte, belastete Grass seine Familie: „Aber zunächst einmal paßten sich meine Eltern opportunistisch den Gegebenheiten an."[31]

Die Eltern belastet. Von Autoren-Kolleginnen und -Kollegen sich abgrenzend. Er selber, er hätte es schwerer gehabt als sie: „Ich wurde aus der Gefangenschaft in den Westen entlassen und befand mich auf freier Wildbahn. Ich mußte mir selbst etwas zusammenschustern mit all den Irrtümern und mit all den Umwegen, während Gleichaltrige meiner Generation, Christa Wolf etwa oder Erich Loest, im Osten des Landes sofort mit einer neuen und glaubhaften Ideologie versorgt waren."[32]

Die Eltern belastet, von Kolleginnen und Kollegen sich abgrenzend, eine Handvoll europäischer Länder belastend, um auf dieser düsteren Folie die „Leistung" der Deutschen hell erglänzen zu lassen: „Und sogar wenn ich im stillen dachte, jetzt ist das alles so lange her, hat uns unsere Vergangenheit doch immer wieder eingeholt. Wir haben gelernt, damit zu leben und uns dem zu stellen. Das sehe ich als eine Leistung an, auch im Vergleich zu anderen europäischen Ländern. Schauen wir nur nach England oder Frankreich, von Holland und Belgien gar nicht zu reden: Die Zeit der Kolonialherrschaft und die damit verbundenen Verbrechen sind dort wie ausgespart. Wahrscheinlich ist – auch das wieder eine Ironie der Geschichte – so etwas wie eine totale Niederlage Voraussetzung für eine solche Leistung. Ich habe das einmal an anderer Stelle gesagt: Siegen macht dumm."[33]

So kann er denn endlich noch über die alliierten Mächte von 1945 den Stab brechen: „dumm" (und ohnehin verbrecherisch). Aber gilt der Umkehrschluß: *Verlieren macht klug?* – War es klug, daß der Autor Grass, der vermeldet, daß „wir" uns unserer Vergangenheit „zu stellen" gelernt hätten, das Ergebnis seines Lernprozesses erst mehr als sechzig Jahre später verkündete?

Mit dem suspekten Elternhaus hängt sein sonderbares Verhältnis zum „Mief" zusammen. In Tel Aviv sowie in Jerusalem trug er im Jahre 1967 seine

---

[31] Unter dem dramatisierenden Titel: Warum ich nach sechzig Jahren mein Schweigen breche. (Untertitel:) Eine deutsche Jugend: Günter Grass spricht zum ersten Mal über sein Erinnerungsbuch und seine Mitgliedschaft in der Waffen-SS, in der FAZ, 12. 8. 2006, S. 33, Sp. 1
[32] Ebd., S. 33, Sp. 5
[33] Ebd., S. 35, Sp. 1

„Rede von der Gewöhnung" vor. Darin würdigte er „die Deutschen" als verträgliche Zeitgenossen, die es unter der Voraussetzung wären, daß sie in einem föderalistisch gegliederten Staatsgebilde zu leben genötigt seien und „ohne den Zwang, wider alles Vermögen und Interesse eine Nation bilden zu müssen". Dann, nur dann seien sie „verträglich und erträglich, sogar liebenswert und der Welt von Nutzen.

So mag ich sie gerne, und so gehöre ich ihnen an. Ihre Schwerfälligkeit macht mich beredt; ihr Biedersinn öffnet mir Wortkaskaden; mit Vorliebe zeichne ich den Mief ihrer kleinbürgerlichen Träume nach, ob er nun sozialistisch oder christlich, konservativ oder liberal gefärbt ist. Ich komme aus solch kleinbürgerlichen Verhältnissen und habe Anteil an diesem Mief."[34]

Wahrigs „Deutsches Wörterbuch" vermittelt uns, daß unter Mief ‚schlechte, verbrauchte Luft, Gestank' zu verstehen sei. Ist es so? – Dann lagerte der Verfasser Grass jedoch in gerade dieser Rede ein noch größeres Quantum Mief ein, als es in den Stuben des deutschen Kleinbürgertums üblich war oder ist. Dazu der Beleg.

Zuvor: In seiner Rede in Israel erwähnte er, es hätten seine lieben Deutschen in der Tat „das politische Verbrechen, alle provinziellen Ausmaße sprengend, in die Welt gesetzt". Was sei hernach geschehen? – „Doch kaum war unser Reich, das wir das Dritte nannten, zur Kapitulation gezwungen worden, suchten wir allesamt, soweit wir unsere eigene Hybris überlebt hatten, die zwar halbzerstörten, doch reparierbaren Idyllen wieder auf. So wie die Bauern im Herbst ihre Futterrüben einmieten, versuchten die redlichen Deutschen ihre Vergangenheit einzumieten."[35] – Eine Annahme, scheinbar zu seinen Gunsten, wäre, daß hier das Epitheton „redlich" ironisch, sarkastisch gemeint sein soll. Dann ist die Wendung „die redlichen Deutschen" jedoch, als Distanzierung von den in Wahrheit ‚unredlichen' Deutschen, als schwere Belastung genau dieser Deutschen, auch wieder nur die Belastung eines Kollektivs, eines solchen außerdem, von dem sich der Verfasser abgrenzt – während er doch wahrhaftig ein Bestandteil dieses Kollektivs ist, sogar ein peinlicherer Bestandteil als die meisten anderen Mitglieder –.

Er selber ist in seiner Allegorie der Bauer mit den Futterrüben!

Es fehlte ihm 1967 und fehlt ihm selbst heute noch schlicht die Courage:

sich ohne Wenn und Aber und ohne Seitenblick auf eventuell gleichermaßen oder stärker Belastete, auf Eltern oder Kolleginnen und Kollegen, auf europäische Länder oder die USA, zu seiner Schuld zu bekennen.

---

[34] FAZ, 20. 3. 1967
[35] Ebd.

Zu seiner persönlichen, individuellen, nicht abzuleugnenden Schuld. Sie ist durch kein noch so raffiniertes Manöver, durch keine gedankliche Konstruktion auszulöschen.

Auch nicht dadurch, daß eine Reihe von Kritikern sich bemüßigt fühlt, ihm zur Seite zu springen und die Schuld wegzudiskutieren: „Die materielle Schuld des jungen Grass minimiert sich bei Betrachtung der von ihm mitgeteilten Tatsachen auf nahezu null." (Gustav Seibt)[36]

Eugen Kogon schrieb in seinem Buch „Der SS-Staat": „Alle diese Schwächen, Fehler und Unterlassungen hingen mit der deutschen Autoritätssüchtigkeit, dem mißbrauchten Rechtsbewußtsein und dem allgemeinen Mangel an freiheitlichem Mut zusammen. Der Einzelne konnte und wollte mit Aussicht auf Wirkung und Erfolg nichts mehr tun, weil die anderen Einzelnen fehlten, die gleich gehandelt hätten. So wurden die höheren Pflichten der Menschlichkeit und der Bergpredigt, die jedem gegenüber gelten, der unser menschliches Antlitz trägt, allmählich überdeckt von einem angstgeborenen und angstbeherrschten Opportunismus.

Hier beginnen die nationalen Fehler *individuelle Schuld* zu werden. Was das deutsche Volk in langen Generationsreihen nicht hervorgebracht hat, kann ihm auch nicht moralisch zur Last gelegt werden. Wo die vielen Einzelnen hingegen dem Anruf ihres persönlichen Gewissens nicht Folge geleistet oder das Gewissen in sich getötet haben, und wäre es nur durch Gewöhnung, da liegt in der Tat Schuld vor."[37]

Es ist diese, die er sich unentwegt ... selber ausredet? Nein, er fingiert, er müsse sich eine solche von anderen ausreden lassen: „Selbst wenn mir tätige Mitschuld auszureden war ..." Was dann bleibt, ist etwas Minderes – so schmälert er seinen Anteil am Verbrechen –: „... blieb ein bis heute nicht abgetragener Rest, der allzu geläufig Mitverantwortung genannt wird."[38] – Seine mißmutige Beifügung: „allzu geläufig", sie könnte darauf hindeuten, daß er sogar eine „Mitverantwortung" einzuräumen verweigere.

Beim Denken daran, es könne doch wenigstens diese sein, der er sich „zu stellen" habe; oder mehr, vielleicht einer „Mitschuld", wenn nicht sogar einfach: einer Schuld – denn Ahnungen dieser Art, es ist ja nicht ausgeschlossen, überkommen ihn hin und wieder trotz ausgefeiltesten Abweisungstechniken –, windet er sich förmlich vor den Augen der Leserinnen und Leser, und seine Sprache bildet das Sichwinden vorzüglich ab: „Ich zeichne

---

[36] Süddeutsche Zeitung, 14./15. 8. 2006
[37] Der SS-Staat. Das System der deutschen Konzentrationslager, Gütersloh o. J., S. 401 f.
[38] Z, S. 3, Sp. 2

den Schattenriß einer Person, die zufällig überlebte, nein, sehe ein fleckiges, sonst aber unbeschriebenes Blatt, das ich bin, sein könnte oder werden möchte, der ungenaue Entwurf späterer Existenz."[39]

Diesem Satz könnte man etwas ablauschen wie die Einsicht, mit dem „unbeschriebenen Blatt" sei es nach dem Mittun in einer „verbrecherischen Organisation" ein- für allemal aus gewesen, obwohl er dennoch darum gerungen hätte, es künftig doch wieder zu werden und sich als solches zu gerieren … die Einsicht in einen prinzipiell nicht genau umrissenen, aber verfehlten „Entwurf späterer Existenz". Zwar mag es sein, daß das Mittun aus diesem oder jenem Blickwinkel exkulpierbar wäre – erklärbar ist es zweifellos –, aber die innigste Exkulpation vermöchte niemals aus dem einst beschriebenen Blatt jemals wieder das ersehnte unbeschriebene zu machen. Und so zu leben, als ginge dies trotz alledem, ist eben identisch mit jenem verfehlten Entwurf.

Die Grass-Rede von 1967 trägt die Überschrift: „Rede von der Gewöhnung". Es könnte einem so vorkommen, als sei diese Überschrift die bewußte Replik auf Kogons oben zitierten Satz (dem Gewissen nicht folgen oder es töten, aus „Gewöhnung" …). Hätte die Überschrift vielleicht besser gelautet: „Vom Einmieten der Futterrüben"?

Die Rede wurde in Tel Aviv und in Jerusalem gehalten. Und das macht sie in besonderer Weise vertrackt, macht sie doppelt miefig, läßt die Schuld des Günter Grass doubliert erscheinen: den Israelis, die gekommen waren, um die Worte eines – ihnen als Repräsentant eines neuen, demokratischen Deutschlands vorgestellten – vierzig Jahre alten Autors anzuhören, – ihnen servierte er das exakte Gegenteil der Wahrheit. Ihnen servierte er seinen geklitterten Lebenslauf:

„Als 14jähriger war ich ein Hitlerjunge; als 16jähriger wurde ich Soldat, und mit 17 Jahren war ich ein amerikanischer Kriegsgefangener. Diese Daten besagten viel in einer Zeit, die zielstrebig den einen Jahrgang dezimierte, den nächsten schuldig werden ließ, einen anderen Jahrgang aussparte. Mein Geburtsjahr sagt: ich war zu jung, um ein Nazi gewesen zu sein, aber alt genug, um von einem System, das von 1933 bis 1945 die Welt zuerst in Staunen, dann in Schrecken versetzte, mitgeprägt zu werden. Es spricht also zu Ihnen weder ein bewährter Antifaschist, noch ein ehemaliger Nationalsozialist, eher das Zufallsprodukt eines halbwegs zu früh geborenen und halbwegs zu spät infizierten Jahrgangs. Ohne Verdienst unbelastet, wuchs ich in eine Nachkriegszeit hinein …"[40]

---

[39] Z 4, Sp. 5
[40] FAZ, 20. 3. 1967

Da war das Wort dann ausgesprochen, mit welchem er weitere vierzig Jahre danach noch hausieren gehen sollte –
„unbelastet".
Doch die einfache Wahrheit lautet: Keiner ist unbelastet, der einer verbrecherischen Organisation angehört hat.

Die FAZ leistete sich eine Vornotiz, mit der sie den Abdruck der Grass-Rede „von der Gewöhnung" einleitete. Darin heißt es:

„Doch ist hier ein Zeugnis, wie ein Deutscher offen zu reden sich bemüht; es ist ein Versuch, zum anderen Ufer hinüberzusprechen: in einer Sache, in der es beiden Seiten, wenn sie ehrlich sind, immer noch fast die Stimme verschlägt."[41]

Läge hier tatsächlich ein Zeugnis vor, „wie ein Deutscher offen zu reden sich bemüht"? ...

Und hätte er sich denn wirklich um Offenheit bemüht, sollte es ihm nicht mißlungen sein? ...

In Wirklichkeit ist es mit der Bemühung so weit her nicht gewesen, und intensiv nur die gegenteilige Bemühung, die *Verschlossenheit* zu wahren. Beiden Seiten, „wenn sie ehrlich sind", verschlage es „immer noch fast die Stimme"? In derselben „Rede von der Gewöhnung" liest man die Phrase: „ihr Biedersinn öffnet mir Wortkaskaden"; gemeint ist der Biedersinn der „redlichen Deutschen". Vielmehr möchte es doch so sein, daß ihm der *Mangel* eigenen Biedersinns „Wortkaskaden" „öffnet" – nein, dem Autor verschlug es keineswegs die Stimme, und er konnte auch der Bedingung nicht genügen, die gestellt war: „wenn sie ehrlich sind". Sie zu erfüllen, war er nicht befähigt. „Wortkaskaden" mußten den untilgbaren Mangel verdecken.

Und hier war schon die Definition seines Lebenswerks: „Wortkaskaden" ... um einen untilgbaren Mangel zu verdecken.

Daher fällt denn die Vergleichung der Deutschen mit den Futterrübenproduzenten auch voll auf den Autor Grass zurück: „So wie die Bauern im Herbst ihre Futterrüben einmieten, versuchten die redlichen Deutschen ihre Vergangenheit einzumieten."

Um dies zu präzisieren: ... versuchte der (aber ob redliche?) Deutsche Grass seine Vergangenheit einzumieten. Bis dann der August 2006 erschien. Was passierte? Folgendes, was der Autor bereits in seiner Allegorie beschreibt, wenn auch vom Hochsommer in den Frühling vorverlegt:

---

[41] Ebd.

"Aber Futterrübenmieten werden im Frühjahr angestochen, dann stinkt es landauf, landab, und keine Idylle ist vor dem vergorenen Anhauch sicher."[42]

Wer dies liest, es noch einmal nach dem Eingeständnis von 2006 liest, muß er diesen Satz nicht auf den Verfasser selber beziehen und auf den August 2006, kann er anders? Der „vergorene Anhauch" ist dann das Aroma, das die willige Leserschaft des Günter Grass seit je mit in Kauf zu nehmen hat.

Oben hatte ich zu bedenken gegeben: Allerdings bleibt zu beachten, daß es jedoch einen Zusammenhang zwischen Details des Lebenslaufs von Grass (Zugehörigkeit, langes Verschweigen, spätes Eingeständnis) und seiner schriftstellerischen Produktion geben könnte, so daß es nicht unnötig sei, die Frage zu stellen, ob nicht der gesamte Vorgang seine Spuren im Werk hinterlassen habe ... In der Vergleichung der Deutschen mit den Futterrübenbauern liegt ersichtlich eine solche Spur vor.

Eine ganze Reihe der Schriften des Autors durchforstend, kann man sich bald des Eindrucks nicht erwehren: Die primäre Sorge des Günter Grass in der Folge der Jahrzehnte galt der Anstrengung, sein fatales Geheimnis zu kaschieren. Er mußte stets einen unverhältnismäßig starken Anteil seiner Energie darauf verwenden, es unter Verschluß zu halten. Hierdurch war er gezwungen, allzu viele sonst koordinierende Kraft einzubüßen, so daß das Resultat lautet:

übermäßige Zerfahrenheit im Gros seiner Äußerungen,

in einigen der wichtigsten (Beispiel: Erklärung „Auch wir sind das Volk" 2004 ./. Beitrag zum 8. Mai 2005) eine groteske Widersprüchlichkeit –

einmal ohne zu zögern dies behauptet, das andere Mal das Gegenteil; mal dies, mal das, und so immerfort.

Oder er stellt Überlegungen zur Theorie, auch Literaturtheorie an, und seine vorangegangenen Veröffentlichungen wie auch die folgenden offenbaren die diametral konträre Praxis.

„Eher werde ich die Waffen-SS als Eliteeinheit gesehen haben ..."

Mit dem Eingeständnis von 2006 verbinden sich gleich mehrere Mißhelligkeiten, und nicht die geringste darunter ist *die Art und Weise*, wie Günter Grass über die SS spricht. Eine Passage lautet:

---

[42] Ebd.

„Zu fragen ist: Erschreckte mich, was damals im Rekrutierungsbüro unübersehbar war, wie mir noch jetzt, nach über sechzig Jahren, das doppelte S im Augenblick der Niederschrift schrecklich ist?

Der Zwiebelhaut steht nichts eingeritzt, dem ein Anzeichen für Schreck oder gar Entsetzen abzulesen wäre. Eher werde ich die Waffen-SS als Eliteeinheit gesehen haben, die jeweils dann zum Einsatz kam, wenn ein Fronteinbruch abgeriegelt, ein Kessel, wie der von Demjansk, aufgesprengt oder Charkow zurückerobert werden mußte. Die doppelte Rune am Uniformkragen war mir nicht anstößig. Dem Jungen, der sich als Mann sah, wird vor allem die Waffengattung wichtig gewesen sein: wenn nicht zu den U-Booten, von denen Sondermeldungen kaum noch Bericht gaben, dann als Panzerschütze in einer Division, die, wie man in der Leitstelle Weißer Hirsch wußte, neu aufgestellt werden sollte, und zwar unter dem Namen ‚Jörg von Frundsberg'.

Der war mir als Anführer des Schwäbischen Bundes aus der Zeit der Bauernkriege und als ‚Vater der Landsknechte' bekannt. Jemand, der für Freiheit, Befreiung stand. Auch ging von der Waffen-SS etwas Europäisches aus: in Divisionen zusammengefaßt kämpften freiwillig Franzosen, Wallonen, Flamen und Holländer, viele Norweger, Dänen, sogar neutrale Schweden an der Ostfront in einer Abwehrschlacht, die, so hieß es, das Abendland vor der bolschewistischen Flut retten werde."[43]

Im folgenden Absatz bezeichnet er selber diese Annotationen als „Ausreden", und wiederum einen Absatz später verweist er zwar auf die „Kriegsverbrechen", aber es bleibt bei einer einigermaßen unklaren, vernebelnden, fahrigen Redeweise: „Zwar war während der Ausbildung zum Panzerschützen, die mich den Herbst und Winter lang abstumpfte, nichts von jenen Kriegsverbrechen zu hören, die später ans Licht kamen, aber behauptete Unwissenheit konnte meine Einsicht, einem System eingefügt gewesen zu sein, das die Vernichtung von Millionen Menschen geplant, organisiert und vollzogen hatte, nicht verschleiern."[44]

Es bleibt die Frage: Jene „Unwissenheit", wer „behauptete" sie (fälschlich oder wahrheitsgemäß?), und zu welchem Zeitpunkt? Damals im Kriege oder danach, sogar lange danach? Wann gewann der Berichterstatter seine „Einsicht"? Und nichts über die Entstehung des Eindrucks bei dem Sechszehn- oder Siebzehnjährigen, die Waffen-SS sei eine „Eliteeinheit", während sie doch in Wirklichkeit nichts als eine privilegierte Mörderbande war. Unkorrigiert bleibt das Ansinnen stehen, in jenem historischen Landknechts-

---

[43] Z 3, Sp. 2; vgl.: Warum ich nach sechzig Jahren …, FAZ 12. 8. 2006, S. 33, Sp. 2
[44] Z 3, Sp. 2

führer Georg von Frundsberg (1473-1528), der den törichten Ausspruch „Viel Feind' viel Ehr'" erfunden haben soll, nachträglich einen „Kämpfer für Freiheit, Befreiung" erblicken zu sollen, womöglich so, daß ein Abglanz dieses ‚Freiheitskämpfers' noch auf die nach ihm benannte SS-Division fiele. Extrem fatal dann die nächste Aussage, von der Waffen-SS sei „etwas Europäisches" ausgegangen, während sie doch nichts anderes darstellte als eine Zusammenwürfelung solcher Existenzen, die im 2. Weltkrieg auszogen, alles, was an Kulturwerten in Europa etwa noch vorhanden war, in einem Aufwasch zu beseitigen und dem Leben von ungezählten Europäern, deklassierter sog. ‚Untermenschen' den Garaus zu machen. Sie waren alles andere als ‚Freiheitskämpfer', vielmehr vom Kapital besoldete Totschläger, die auf dem Kontinent, wäre es nach ihnen gegangen, für lange Zeit die totale Unfreiheit eingebürgert hätten.

Bedenken muß zudem wecken, wie der Autor von der Begeisterung spricht, mit der die Bevölkerung in Deutschland alle Vorgänge im ‚3. Reich' aufgenommen habe. Nach Kriegsende sei es „verharmlosend" so dargestellt worden: „Es wurde dunkel in Deutschland. Es wurde so getan, als wäre das arme deutsche Volk von einer Horde schwarzer Gesellen verführt worden. Und das stimmte nicht. Ich habe als Kind miterlebt, wie alles am hellen Tag passierte. Und zwar mit Begeisterung und mit Zuspruch. Natürlich auch durch Verführung, auch das, ganz gewiß. Was die Jugend betrifft: Viele, viele waren begeistert dabei. Und dieser Begeisterung und ihren Ursachen wollte ich nachgehen, schon beim Schreiben der ‚Blechtrommel', und auch jetzt wieder, ein halbes Jahrhundert später, bei meinem neuen Buch."[45]

Der Verharmloser ist in Wirklichkeit Günter Grass. Ärgerlich stimmt die Rede von Deutschland, stimmen Ausdrücke wie: „das arme deutsche Volk", „die Jugend", als seien es einheitliche Gemeinschaften, die 1933-1945 einheitlich fühlten, einheitlich dachten, einheitlich handelten und die Ära des Faschismus ewig „mit Begeisterung und mit Zuspruch" begleiteten. Daß es auch den deutschen antifaschistischen Widerstand gab – darunter einen Jungen namens Helmuth Hübener beispielsweise; die „Edelweißpiraten"; viele Kommunisten – fällt bei Grass schlechterdings unter den Tisch.

Als Leser der späten Bekundungen dieses Autors kann ich mich des Gefühls nicht erwehren, als glimme immer noch ein Funke seiner damaligen Begeisterung in ihm.

Entsprechend soll er in der ersten Jahreshälfte 2007 bei einer Veranstaltung in St. Petersburg von der „genial" konzipierten Hitler-Jugend berichtet

---

[45] Warum ich nach sechzig Jahren …, FAZ, 12. 8. 2006, S. 33, Sp. 4

haben.⁴⁶ Zuzutrauen wär's ihm. In der Reportage stand nicht zu lesen, ob er dem russischen Publikum ebenfalls übermittelte, daß die Hitler-Jugend dazu erzogen wurde, dem Diktator zu willfahren, auf den man sie schwören ließ, so daß eine noch so „genial" ausgesonnene Struktur und eben solche Ausbildung niemals etwas anderes bezweckten, als Millionen Jugendlicher einem Verbrecher und seinem Regime dienstbar zu machen. Ob Grass jedoch darauf verzichtete, es zu sagen, oder ob er es sagte, so oder so war seine Belobigung („genial") absolut deplaciert.

Daß er bis heute nicht den Charakter der Hitler-Jugend und des „Jungvolks" durchschaut hat, verrät sich in dem Interview im August 2006. Über das „Jungvolk" sagte er als Antwort auf eine Frage des Interviewers: „Ja, es war antibürgerlich!"⁴⁷ – Sein Denken macht sich also nach wie vor an der Oberfläche eines Phänomens fest, klebt an der Welt der Erscheinungen; das Wesen der Sache zu erfassen, weigert er sich, oder er ist unfähig dazu.

Wie einige Kritiker richtig hervorhoben, erreichte Grass in demselben Interview den Gipfel des Unverstands in einem Passus, worin er seine Sicht des Rassismus offenbart. Erst in der Gefangenschaft, so sagt er, seien die gefangenen Deutschen mit den von Deutschen begangenen Verbrechen in den Konzentrationslagern bekannt geworden.

Dieser Information folgt unmittelbar die weitere, mit der simplen Konjunktion „und" angeschlossene (in ein- und demselben Satz):

„und sahen gleichzeitig" (also zur Stunde, als sie von den Verbrechen hörten),

„wie in den amerikanischen Kasernen die Weißen die in getrennten Baracken untergebrachten Schwarzen als ‚Nigger' beschimpften. Ich erwähne im Buch einen Burschen aus Virginia, ein netter Kerl⁴⁸, bißchen dumm, der sprach mit dem Truck-Fahrer, der Schwarzer war, kein Wort. Der Weiße benutzte mich mit meinem schütteren Englisch als Vermittler: ‚Tell this guy we are leaving now.' Ich hatte ihm zu sagen, daß wir jetzt abfahren, der Weiße hat nie direkt mit dem Schwarzen gesprochen. Ich will nicht sagen, daß das ein Schock war, aber auf einmal war ich mit direktem Rassismus konfrontiert."⁴⁹

Diesen Passus nahm u. a. schon Wolfgang Dreßen aufs Korn. Er schrieb:

---

⁴⁶ Zit. in der FAZ, 4. 6. 2007
⁴⁷ Warum ich nach sechzig Jahren ..., FAZ 12. 8. 2006, S. 35, Sp. 2
⁴⁸ Richtig: einen netten Kerl (= Akk.).
⁴⁹ Warum ich nach sechzig Jahren ..., FAZ 12. 8. 2006, S. 35, Sp. 3 f.

„Da war doch noch wer? Ja, die Juden. Antisemitismus, davon hat unser Nobelpreisträger nichts gemerkt."[50]

Rassistisch war der Alltag in der SS. Antisemitismus war die tägliche Luft, die Grass in der Waffen-SS einatmete. Kein „direkter" Rassismus?

Gedruckte Reaktionen auf das Eingeständnis: die Unterstützer

Der August 2006, in dem Grass mit seinem Eingeständnis aufwartete, war keine Sternstunde der (literarischen) Kritik in Deutschland, Ausnahmen abgerechnet.

So arbeiten mehrere Kommentatoren ihrerseits mit der Technik des Verschweigens.

Wie lautet die Kernaussage in der „Rede von der Gewöhnung"? – Sie lautet: „Ohne Verdienst unbelastet", und jedermann, der von ihr heute, nach dem Eingeständnis erfährt, wird sie einzuschätzen wissen als das, was sie ist. Jedermann, der von ihr heute, nach dem Eingeständnis, erfährt, wird einzuschätzen wissen, was Grass damit anrichtete, in Israel, in Tel Aviv, in Jerusalem, beim israelischen Publikum, beim israelischen Volk. Dieser Autor weiß es bis heute nicht, und manche Kritiker wissen es bis heute nicht. In der „Süddeutschen Zeitung" zitierte Volker Breidecker die Autobiographie, die Grass sich frühzeitig erklittert hatte und überall, auch in Israel, verkündete. Breidecker fuhr fort:

„In der ‚Rede von der Gewöhnung', gehalten 1967 in Jerusalem und Tel Aviv, heißt es darüber hinaus: ‚Diese Daten besagten viel in einer Zeit, die zielstrebig den einen Jahrgang dezimierte, den nächsten schuldig werden ließ, einen anderen Jahrgang aussparte'; er selbst sei ‚eher das Zufallsprodukt eines halbwegs zu früh geborenen und halbwegs zu spät infizierten Jahrgangs'. Anders als Helmut Kohl wollte Grass keine ‚Gnade' der späten Geburt in Anspruch nehmen."[51]

Dieser Schreiber macht dem Autor gar noch ein Verdienst aus seiner damaligen Rede, ohne darauf hinzuweisen, daß in ihnen eine entscheidende Kernaussage enthalten sei. Was aber fängt er mit dieser an? Er läßt sie unter den Tisch fallen.

Vergleichbar im „Spiegel" Erwin Wickert. Er fragt den Autor Grass: „Ich habe in Ihrem Gesamtwerk eine sehr wichtige Rede gefunden, die ‚Rede von der Gewöhnung', die Sie 1967 in Israel halten. Und da schreiben Sie, was

---

[50] junge welt, 19./20. 8. 2006 (Rubrik: Abgeschrieben, S. 8)
[51] Süddeutsche Zeitung, 19./20. 8. 2006

Sie ja nie verheimlicht haben, daß Sie als 14-Jähriger Hitlerjunge waren, dass Sie als 16-Jähriger Soldat wurden; mit 17 waren Sie schon Gefangener. Hätten Sie da nicht sagen können: Ich war Soldat bei der Waffen-SS?"

Antwort Grass: „Ja, hätte ich sagen können. […]"[52]

Man sieht, in wie irrealer Sphäre dies „Spiegel"-Gespräch schwebt.

Zunächst antwortete Grass keineswegs, was einzig richtig gewesen wäre: „Nein, hätte ich nicht sagen können."

Warum einzig richtig? …

Hat er nicht 2006 ein ganzes Buch vorgelegt, mehrere hundert Seiten, in denen er sich als der unerschütterliche Wahrheitssucher hinstellt? Im Wahrheitssucher aber, so ist hinzuzufügen, muß nicht immer ein Wahrheitsager verborgen sein.

Im selben Jahr im Gespräch keineswegs: „Nein, hätte ich nicht sagen können."

Doch soll man die entgegengesetzte Antwort, die er auf Wickerts Frage *tatsächlich* gab, weiterdenken: „Ja, hätte ich sagen können."

Nehmen wir an, er würde im Jahre 1967 ehrlich erwogen haben, in Israel schon damals sein Geständnis abzulegen, vierzig Jahre früher, als es dann in der Tat geschah, so wäre es ihm in der Folge unmöglich geworden, den Israelis noch seine Kernaussage zu offerieren: „Ohne Verdienst unbelastet". Das hätte ihm kein einziger Zuhörer abgenommen, das Eingeständnis und im gleichen Atemzuge die Einstufung durch ihn selber: „unbelastet". In den Augen aller Israelis wäre das Eingeständnis nichts anderes als eine außerordentlich gravierende Selbstbelastung gewesen. Konsequenz? Am selben Tag oder Abend, sehr unvermittelt jedenfalls hätte der Autor sich in einen Landstrich jenseits der israelischen Grenze versetzt gesehen. Die elende Wortkaskade wäre unterblieben.

Alles zusammen eine immer noch um ein Gran zu irreale Überlegung, denn:

Ein Grass, der entschlossen gewesen wäre, sein ihn bedrängendes Geheimnis zu lüften, hätte bei sich damals genau bedenken müssen: ausgerechnet in Israel? – Daß das nicht gelungen wäre; ein Ding der Unmöglichkeit …, konnte ihm nicht verborgen bleiben. Das mußte ihm sein politischer Verstand sagen, ohne daß er lange nachdachte. Wo dann das Eingeständnis placieren? – In Deutschland, ohne Frage. In der Bundesrepublik des Jahres 1967, wenn dies denn der Zeitpunkt war, zu dem er sich dazu hätte aufraffen können. – Aber danach wäre die Israel-Reise ins Wasser gefallen.

---

[52] Der Spiegel 34/2006, S. 67

Eines ist demnach sicher: Der Grass, der keinen Anstand nahm, nach Israel aufzubrechen, war bereits entschlossen, den Israelis die Wahrheit – *nicht* zu sagen, sie ihnen tunlichst vorzuenthalten, wie er sie ihnen und aller Welt dann weitere vierzig Jahre vorenthielt.

Die wahre Antwort auf Wickerts Frage, alles in allem betrachtet, hätte also lauten müssen: „Würde ich dort auf keinen Fall haben sagen können. Allenfalls in der Bundesrepublik. Damit wäre die Reise aber von vornherein gestorben gewesen."

Im übrigen schwiemelte die Mehrzahl der Kritiker auf der Seite von Günter Grass recht unbestimmt herum, das im biblischen Text verlangte „Ja – ja, nein – nein" geschickt oder ungeschickt vermeidend.

Sehr explizite rühmte ihn ob seines Eingeständnisses der Vorsitzende der polnischen Bischofskonferenz, Erzbischof Michalik, der versicherte, Grass sei durch es „größer" geworden. „Der deutsche Nobelpreisträger Günter Grass hat zugegeben, daß er sich selbst zur SS gemeldet hat, der schlimmsten aller Nazi-Organisationen. Heute ist er ein alter Mann, aber dennoch will er sich läutern. Ich glaube, daß er heute, wo er sich dazu bekennt und andere um Vergebung bittet, ein größerer Mensch ist. Er ist eine größere Autorität und ein größerer Schriftsteller als damals, als er den Nobelpreis erhielt."[53] Der Hierarch faßte vielleicht den Bruch des Schweigens als eine Art kirchlicher Beichte auf, und das mag ihm recht sehr gefallen haben. Darin wittert er menschliche Größe. Inwiefern Grass aber durch sein Eingeständnis „ein größerer Schriftsteller" hätte geworden sein können, müßte er bei Gelegenheit einmal begründen. Bisher kennt die Literaturgeschichte nicht einen einzigen Fall, daß ein Schreibender durch eine Beichte „ein größerer Schriftsteller" geworden wäre; auch hat niemals ein Schreibender, der auf sie verzichtete, damit an literarischer Statur verloren.

Der „Spiegel" erinnerte anläßlich des Grass-Geständnisses daran, daß ein anderer Frommer, bei Lebzeiten hierzulande zu Hause, „Spiegel"-Gründer und -Herausgeber Rudolf Augstein, den Autor einstmals in biblischer Lexik gepriesen hatte: „Grass war immer für die Mühseligen und Beladenen".[54] – Wovon sich vielleicht ein paar Hartz IV-Empfänger nicht so ganz überzeugen lassen würden, denen noch das „Auch wir sind das Volk" im Ohr (miß)klingt.

Andere kommentieren den Vorgang ebenfalls in biblischer oder ekklesiastischer Sprache: „Wer selbst ohne Sünde ist, werfe den ersten Stein."

---

[53] Zit. in der FAZ, 16. 8. 2006
[54] Nr. 34/2006, S. 5

(Walter Kempowski)[55] – „Er hat sich selbst erlöst jetzt ..." (Ralph Giordano)[56]

Der „Spiegel" führte dazu noch eine Blütenlese der Äußerungen von Kollegen oder mutmaßlichen Kennern an: „Er ist eine außergewöhnliche Kraft. Das wird nicht widerlegt durch einen Fehler, den man an ihm entdeckt." (Salman Rushdie) – „Ich kann nicht verstehen, warum jetzt von der Öffentlichkeit etwas zerstört wird. Jeder macht doch Fehler." (Ulf Linde, Mitglied der Schwedischen Akademie) – „Für mich verliert er durch diese Öffnung nicht an moralischer Glaubwürdigkeit." (Ralph Giordano) – „Grass bleibt für mich ein Held – als Schriftsteller und als moralischer Kompass." (John Irving; mit einem solchen Kompaß sich auf die See wagen, zwingt den Schiffbruch jedoch förmlich herbei!)[57] – Sprüche wie diese, eilig (am Telephon?) zusammengeklaubt, wollen sicher nicht auf die Goldwaage gelegt sein; zur Aufklärung des Falls Grass tragen sie nicht eine Unze bei.

Einige Rezensenten retteten sich, das ihnen reichlich vermint dünkende ethisch-moralische Gelände verlassend, kühnen Sprungs auf das benachbarte, das ästhetische. Als die FAZ am 19. August ihrer Leserschaft den Textauszug aus der Neuerscheinung „Beim Häuten der Zwiebel" andiente, wofür sie Hochglanzpapier wählte, um Grass gebührend glänzen zu lassen, versah sie den Abdruck mit einem Vorspann, worin es heißt: „Grass hat an der Gestaltung dieser Beilage ebenso mitgewirkt wie an der Auswahl der Textauszüge, die einen ersten Eindruck vom erzählerischen Reichtum dieses Buchs vermitteln sollen."[58] – Walter Jens steuert besinnlich bei: „Ein Meister der Feder hält Einkehr ..."[59] Christa Wolf mag dahinter nicht zurückstehen: „Er war und ist für mich ein Kollege, der ein bedeutendes Werk geschrieben hat ..."[60] – Dieter Schlenstedt fügt an Phrasen hinzu, das Werk „Vom Häuten der Zwiebel" bestünde aus „dichten Erzählungen", und sein „Problemhorizont reicht über die erzählte Geschichte weit hinaus".[61] – Für Michael Hametner ist das Buch „sattes Erzählen" (?? = was man endlich doch ‚satt kriegt'?), und er bewertet dies Erzählen als „kraftvoll, souverän und literarisch subtil", spricht auch von den „großen literarischen Momenten" des Buchs.[62]

---

[55] Süddeutsche Zeitung, 14./15. 8. 2006
[56] Ebd.
[57] Ebd., S. 49
[58] Z 1, Sp. 1
[59] Süddeutsche Zeitung, 14./15. 8. 2006
[60] Süddeutsche Zeitung, 19./20. 2006
[61] Neues Deutschland, 26./27. August 2006
[62] In der Zeitung „Freitag", 25. 8. 2006

Eine gelehrte Untersuchung zur Verteidigung des Günter Grass legte Heinz Bude 2006 vor. Er spricht darin mehrfach von der Generation der „Flakhelfer". Aber: Dies war Grass nun einmal nicht ...; eben daß er's just gewesen sei, lassen allerdings in dem ihm gewidmeten Museum zu Lübeck lügenhaft beschriftete Stellschilder und Legenden den Besucher wissen ... Weiter möchte Bude seinen Lesern die These, den Flakhelfern, ihrer Generation, komme „Einzigartigkeit" zu, im Befehlston des Kasernenhofs aufnötigen: „Diese Einzigartigkeit haben auch die Nachgeborenen zu akzeptieren ..." (Was, Euer Ehren, wenn sie's verweigern?) Und glaubt, folgern zu sollen: „Es gibt eine besondere Disposition bei den Angehörigen der Flakhelfer-Generation, die ihnen bis auf den heutigen Tag einen ungeheuren Deutungsvorteil vor den nachgeborenen Generationen sichert. Er verdankt sich ihrer Erfahrung des Systemwechsels." (Aber erlebte diesen nicht die gesamte Bevölkerung Deutschlands 1945? – Fünfzehn oder mehr Millionen ehemaliger DDR-Bürger, sollten sie 1989 nicht auch einen erfahren haben?)

Dieser Gelehrte aber steigert sich Grass-berauscht in den Hymnus hinein: „Es ist die Tatsache, daß Günter Grass das Geheimnis seiner jugendlichen soldatischen Begeisterung so lange für sich behalten konnte, die ihn zu einem echten Repräsentanten der Bundesrepublik macht. Sie verweist auf einen Komplex der Verborgenheit, der nicht nur sein Werk durchdringt, sondern auch seiner Person ihre spezifische historische Glaubwürdigkeit verleiht. Deshalb ist er ein würdiger Nobelpreisträger aus Deutschland."[63]

Wäre Grass wirklich ein „echter Repräsentant der Bundesrepublik"? Dann bliebe noch die Frage, ob dies ein Argument für oder gegen ihn und für die Bundesrepublik oder gegen sie sei. Budes erster Satz in dem letzten Passus ist *in toto* zwielichtig. Zwar erweist sich der Anfang seines zweiten Satzes – über den „Komplex der Verborgenheit", welcher das Werk von Grass durchdringe – als recht diskutabel (meine Vermutung angesichts der Allegorie von den Futterrübenbauern!), doch was er außerdem enthält – über die „spezifische historische Glaubwürdigkeit" von Werk und Person des Günter Grass, nun gerade *wegen der Verborgenheit* ...

– eine jede Leserin, jeder Leser mag sich selber fragen, ob das den Tatsachen entspreche, ebenso wie Budes Hinweis auf den würdigen „Nobelpreisträger aus Deutschland".

Bude, so erfährt man von seiten seiner Redaktion, sei Soziologe, Universitätslehrer. Friedrich Schorlemmer ist Theologe. Seine Verteidigung des Günter Grass gerät anfangs zu einer Scheltrede auf die Gegner von Grass,

---

[63] Süddeutsche Zeitung, 17. 8. 2006

anschließend zu einem Panegyrikus auf den von ihnen angeblich so schnöde mißhandelten Bekenner Grass. Die Gegner, heißt es da, bewegten sich „zum Teil auf der denkbar untersten Ebene von Ehrverletzung. Neidzerfressen ..." Sie versuchten, den Dichter zu stürzen: „Herab vom Sockel, auf den er sich angeblich gestellt habe, heruntergeblasen von alten Feinden, kleinlichen Neidern und von einer Generation, die ihn sowieso zur Mumie erklärt und politisches Engagement für obsolet hält. ... Dabei steht weithin außer Acht, daß Günter Grass sich immer zu seiner Verstrickung und seiner Mitschuld bekannt hat. ... Er hat Flagge gezeigt, Position bezogen, sprachmächtig, mutig, auch unerbittlich. ... Der Dichter, ein Staatsbürger, ein Zeitzeuge, ein Einmischer, bisweilen mit dem Gestus eines Unheilspropheten, bisweilen eines Mutmachers für realisierbare Utopien." – Das alles unter der Überschrift: „Prophet".[64] – Der Theologe hätte es besser wissen müssen.

Was auffällt: Der Chorus der Unterstützer des Günter Grass übt sich in Behauptungen und Beteuerungen – es ließe sich bei ihnen schon von einem ausgekochten Beteuerungs-Stil sprechen –, doch mangelt es in ihnen durchweg an überzeugenden Belegen. Ihre Beweisführung? Fehlanzeige. Das Manko kann auch keineswegs durch die grobe Beschimpfung der Kritiker ersetzt werden, die den Nobelpreisträger angeblich ‚vom Sockel stürzen' wollen, wie es – will Schorlemmer – von „alten Feinden, kleinlichen Neidern" unternommen werde. Gewiß, es müßte nicht jeder Kritik eine ausführliche Begründung pro oder contra beigegeben werden, so wie ja auch Nietzsche einstmals erklärte, die Gründe für seine Neigungen nicht immerfort bei sich zu führen.

Doch nimmt es schon wunder, wenn ein renommiertes Kirchenlicht die Szene betritt, um zu beschwören, Grass habe sich immer zu seiner „Verstrikkung" bekannt,

obwohl sich nachweisen läßt, daß er diese im entscheidenden Moment – 1967 in Israel – einfach unterdrückte, eisern verschwieg; und bis 2006 eisern weiter verschwieg;

obwohl inzwischen gedruckt wurde, daß Grass in Hinblick auf sein Verhalten in Israel nunmehr einräumte: „Ja, hätte ich sagen können." (Mithin: nicht gesagt hat.)

Er meinte: Er hätte in der Tat in Israel nicht das Gegenteil der Wahrheit zu sagen brauchen, was er aber wirklich getan hat. Er meinte, er hätte sagen können: eben diese.

---

[64] In der Zeitung „Freitag", 25. 8. 2006

Aber: Einzuräumen, daß er 1967 in Israel die Wahrheit hätte sagen können, war schon wieder –
das Gegenteil der Wahrheit.

„Von einer Lebenslüge zur nächsten", oder: Was sagen die „Neidzerfressenen"?

Anders als Erzbischof Michalik teilte seine Landsmännin, die frühere Beauftragte der polnischen Regierung für Deutschland, Irena Lipowicz, im Deutschlandfunk mit, die Polen seien „enttäuscht von Günter Grass".[65]

Der Österreicher Peter Handke ist ein Kollege, dem Grass übel mitgespielt hat wie einstmals dem Dramatiker und Dramaturgen Kipphardt. Von der Stadt Düsseldorf war dem Dichter Handke der Heinrich-Heine-Preis zugesprochen worden. Daraufhin erhoben sich in der Öffentlichkeit starke Proteste – Handke hatte sich gegen den Angriffskrieg auf die Bundesrepublik Jugoslawien ausgesprochen und aus seiner Sympathie für Jugoslawiens Staatspräsidenten kein Hehl gemacht. Schließlich verzichtete er auf die Entgegennahme des Preises. Grass fand das „völlig richtig" – er selber hatte sich für den Angriffskrieg ausgesprochen. Und ein paar Monate später den Literaturnobelpreis entgegengenommen. Ein Trauerspiel in zwei Akten und mit zwei Spielorten. Der eine heißt Stockholm, der andere Düsseldorf. Vielleicht sollten alle Entscheidungsgremien sich demnächst eine Satzung geben, worin der § 1 lautet: Der Preis ist ausschließlich solchen Personen der Zeitgeschichte vorbehalten, die sich dafür aussprechen, Angriffskriege prinzipiell wieder zuzulassen ...

Verständige Beobachter werden es nach alledem akzeptieren, daß Peter Handke die Vorgänge um das Grass-Geständnis 2006 kommentierte, der Nobelpreisträger sei eine „Schande für das Schriftstellertum".[66] – Rolf Hochhuth fand manches an der Vorgehensweise des Kollegen Grass „ekelhaft", „widerlich".[67]

Im Gegensatz dazu begrüßte Martin Walser die Grass-Beichte, wobei er seine bekannte Aversion gegen das „Moral-Klima" in Deutschland abermals aggressiv zum Ausdruck brachte: Das Geständnis werfe „ein vernichtendes Licht auf unser Bewältigungsklima mit seinem normierten Denk- und Sprachgebrauch. Günter Grass hat durch die souveräne Platzierung seiner Mitteilung diesem aufpasserischen Moral-Klima eine Lektion erteilt. Dafür

---

[65] Zit. in der FAZ, 16. 8. 2006
[66] Beide Stellungnahmen zit. im Grafenauer Anzeiger, 30. 12. 2006
[67] Der Spiegel 34/2006, S. 47

dürfen wir ihm dankbar sein."[68] – Seinen wenigen Sätzen vermochte dieser Dankbare wiederum sein Markenzeichen, den ungeplant erheiternden Stil aufzuprägen: „ein vernichtendes Licht", ein Klima, das sich eine „Lektion" erteilen lassen muß ...

Eine entgegengesetzte Beurteilung kam von Theweleit: „Es handelt sich um die Reklameaktion eines Publicity-Süchtigen ..."[69] – Der „Spiegel" gab bekannt, es argwöhnten etliche, „Grass habe seine Verstrickung hinausposaunt, um gut Kasse machen zu können".[70] – Im „Grafenauer Anzeiger" las es sich so: „Das späte Eingeständnis legte Grass zu einem vermarktungstechnisch günstigen Zeitpunkt ab: Unter dem Titel ‚Beim Häuten der Zwiebel' erscheint im September im Steidl-Verlag ein Erinnerungsbuch ..."[71]

Noch genauer auf den Punkt brachte es Wiglaf Droste: „Der Nobelpreisträger! Der, das verschweigt er aus gutem Grund, diesen Preis nie bekommen hätte, wenn er seine Vergangenheit nicht so kalkuliert für sich behalten hätte, wie er jetzt mit ihr hausieren geht."[72]

Aufschlußreich waren im August 2006 viele Leserbriefe in den Zeitungen. Um nur einen davon herauszuheben: Er ist von Dr. Stephanie Brecht (Aschaffenburg). Die Verfasserin endet: „Jetzt wird von einigen für Verständnis für Grass geworben. Wieso eigentlich? Sollte er nicht mit den Maßstäben gemessen werden, die er selbst so gnadenlos an andere anzulegen pflegte? Grass verdient nicht Verständnis, sondern tiefste Verachtung – nicht wegen seiner Jugendsünde, sondern weil er sich über Jahrzehnte als moralische Instanz der Nation geriert hat und sich jetzt feige von einer Lebenslüge zur nächsten flüchtet."

Der Vorwurf der Feigheit wurde auch anderweitig erhoben. Im „Spiegel" hieß es: „So hatte sich Grass mit seinem Schweigen einen Vorteil im Streit der Polemiker verschafft. Er konnte seinen Gegnern jederzeit Etiketten ans Revers pappen, ohne die passende Antwort fürchten zu müssen. Das war feige."[73]

Daß sein Eingeständnis das Aus für den Moraltrompeter der Republik bedeute, war alles in allem doch die überwiegende Meinung der Beobachter. – Grass-Biograph Michael Jürgs äußerte sich „persönlich enttäuscht", die

---

[68] Zit. in der Süddeutschen Zeitung, 14./15. 8. 2006
[69] Ebd.
[70] Der Spiegel 34/2006, S. 47
[71] Grafenauer Anzeiger, 12. 8. 2006
[72] (Artikel:) Heimkehr eines Denunzianten, in: junge Welt, 16. 8. 2006
[73] 34/2006, S. 55

neueste Enthüllung des Autors sei das „Ende einer moralischen Instanz". [74] Die „Frankfurter Allgemeine Zeitung" ergänzte einen Tag später in einem Kommentar: „Es bleibt eine Irritation, daß dieser Impuls so spät zum Durchbruch gekommen ist bei einem Mann, der so hohe moralische Ansprüche formuliert hat."[75] Joachim Fest sah es ähnlich: „Für jemanden, der alle moralisch in Acht und Bann tut, die sich nicht zu seiner Auffassung bekannt haben, ist das ein reichlich ärmliches Verhalten."[76] Es sei unerklärlich, „wie sich jemand 60 Jahre lang ständig zum schlechten Gewissen der Nation erheben kann, gerade in Nazi-Fragen – und dann erst bekennt, daß er selbst tief verstrickt war ..."[77]

Nein, unerklärlich war es keineswegs, man muß nur genauer hinsehen.

Verständlich ist die Empörung der Leserbriefschreiberin. Ihre Verachtung ist eine ehrenwerte Reaktion. Bei dem ersten Impuls aber darf es nicht bleiben. Daher: Verständnis verdient auch ein Günter Grass. Man sollte versuchen, es aufzubringen. Alles andere wäre wenig brauchbar. Aber Verständnis erforderlich ist nicht in der Weise der verständnislosen Verteidiger des Günter Grass. Ihre unverständige Verteidigung zerfällt in nichts.

Angemessenes Verständnis heißt, man suche in aller Gründlichkeit zu verstehen, wie eine Erscheinung à la Grass möglich geworden ist – welches seine eigenen Motive waren und sind und welches die Motive seiner Förderer und Gönner.

Louis Begley: „Am Ende geht es nicht um Grass"

Es wird nicht erstaunen – und ist nur allzu berechtigt –, daß in jüdischen Medien und von jüdischen Kritikerinnen und Kritikern ablehnende Stellungnahmen zum Geständnis des Günter Grass veröffentlicht wurden. So schrieb Thane Rosenbaum in „The Jewish Week": „Obwohl Romanschriftsteller, sucht er keine höhere moralische Ebene zu erklimmen und dringt zu keiner größeren Selbsterkenntnis vor als jeder kleine Bürokrat. Wie Adolf Eichmann oder selbst wie der vor kurzem verstorbene Kurt Waldheim gibt Grass an, nur Befehle ausgeführt zu haben."[78]

---

[74] Zit. in der FAZ, 14. 8. 2006
[75] FAZ, 15. 8. 2006
[76] In einem Interview mit dem Spiegel, 34/2006, S. 154
[77] Zit. in der Süddeutschen Zeitung, 14./15. 8. 2006
[78] Zit. in der FAZ, 29. 6. 2007

Die wohl entschiedenste Stellungnahme zum Fall Grass war 2006: „Günter Grass macht reinen Tisch. Lügen in Zeiten des Friedens: Hätte ich das gewußt, ich hätte die Flucht ergriffen."[79] Der Verfasser ist Louis Begley, geboren 1933 in Strij in Polen, Schriftsteller in den USA.

Seine Kommentierung läßt sich in zwei Thesen zusammenfassen:
- Es geht nicht in erster Linie um Grass. Es geht um das Leben und Sterben und die Angst der Opfer des deutschen Faschismus.
- Der Lebenslauf des Günter Grass 1945-2006 ist „ein moralisches Debakel".

Zuerst die zweite These. Begley argumentiert: „Es ist ein moralisches Debakel, daß Grass sich entschlossen hat, zweiundsechzig Jahre lang zu lügen, die erfundene Geschichte zu verbreiten, daß er Flakhelfer gewesen sei, und die Wahrheit erst jetzt zu sagen, als die Leseexemplare seiner Autobiographie verteilt wurden. Es lag auf der Hand, daß er für sein Bekenntnis auf den würdigen Rahmen eines Interviews angewiesen war: So ließ sich zwar nicht der Skandal vermeiden, aber Grass konnte bis zu einem gewissen Grad die Bedingungen der Debatte bestimmen. Das Debakel wurde verschlimmert dadurch, daß er keinen kohärenten Grund für den Aufschub angeben konnte. Zum Beispiel etwas ungefähr in dieser Güte: ‚Ich habe meine SS-Uniform weggeworfen, wie mein Freund, der Obergefreite, mir riet, und als ich aus dem Gefangenenlager in den Westen entlassen war, *mich auf freier Wildbahn befand und mir selbst etwas zusammenschustern mußte*, beschloß ich, nicht damit herauszukommen. Die Folgen wären zu schmerzhaft gewesen und hätten mich zu viel gekostet.' Ein schmerzhaftes Eingeständnis? Ohne Zweifel, aber besser, als dem Problem auszuweichen wie Grass, und eleganter als der Versuch, das Schreiben seiner Autobiographie als Rechtfertigung seines Schweigens und seiner Lügen zu benutzen."

Im Anschluß hieran analysiert Begley die Winkelzüge, die Grass in seinem Eingeständnis braucht: „Man hätte hoffen können, daß Grass während seines demütigenden Bekenntnisses die Rolle des Moralapostels ablegen würde, für die er nur allzu bekannt ist: Ich denke dabei an die schockierend absurde Anekdote, mit der er unterstellt, daß er zum erstenmal mit direktem Rassismus konfrontiert gewesen sei, als er hörte, wie weiße amerikanische Soldaten ihre schwarzen Kameraden ‚Nigger' nannten. Hat Grass im Ernst erwartet, daß irgend jemand, der einen Funken Menschenverstand besitzt und schon einmal etwas von der deutschen Rassenpropaganda vor und im Krieg gehört hat, ihm das glauben würde? Mit mehr Einsicht und etwas Be-

---

[79] FAZ, 21. August 2006

scheidenheit hätte Grass sich diesmal auch seine üblichen Seitenhiebe auf Adenauer versagt sowie den nostalgischen Blick auf die DDR, wo Christa Wolf und Erich Loest zum Ersatz für die Hitler-Verehrung *sofort mit einer neuen und glaubhaften Ideologie versorgt waren*, und er hätte sein rührseliges Selbstmitleid gedämpft. Grass als Flüchtling!"

Zum „Schlenker", den sich Grass in seinem Interview erlaubt, „um England und Frankreich und vor allem Holland und Belgien wegen ihrer Kolonialpolitik ins Gebet zu nehmen", merkt Begley an: „Am Kolonialismus gibt es viel zu kritisieren, aber keine dieser Kolonialmächte setzte sich Genocid zum Ziel."

Zur ersten These: Begley reflektiert über die Lage im von Deutschen besetzten Polen während des 2. Weltkriegs, besonders der jüdischen Familie seiner Herkunft, und seine eigene, und er berichtet ferner über die Zeit nach 1945: „In all den Jahren ist mir, soviel ich weiß, nie ein ehemaliger SS-Mann begegnet. Ich bin überzeugt, wenn das passiert wäre, hätte ich die Flucht ergriffen. Das meine ich ganz wörtlich. Nie wieder im Leben habe ich – und andere in meiner Lage auch – so viel Angst gehabt wie vor den SS-Uniformen, mit einer Ausnahme: Gestapo-Uniformen oder Männer in Zivilkleidung, an deren Verhalten man merken konnte, daß sie zur Gestapo gehörten. Sie waren das Böse in Person, die Gewalt, fest zusammengerollt und bereit, ihr Opfer zu verschlingen, unvorstellbare Grausamkeit."

Am Schluß seines Artikels stellt Begley die Optik richtig, die für den Fall Grass die einzig übergeordnete sein muß: „Am Ende geht es nicht um Grass. Er ist fast achtzig; wie man weiß, wird er an seinem achtzigsten Geburtstag mit Ehrungen und Ovationen überhäuft werden. Es geht um die Ermordung und Folterung von Millionen und um die Angst, die seine Waffenbrüder in der SS und Gestapo harmlosen Menschen eingejagt haben, mir und anderen, alles in allem unschuldigen Menschen, die noch am Leben sind. Eine lähmende Angst, die uns nie loslassen wird."

Man wird nicht erfahren, wie viele Leserinnen und Leser das Grass-Interview in der FAZ (sowie sein Buch „Beim Häuten der Zwiebel") auf der einen Seite und den Artikel von Begley auf der anderen in derselben Zeitung gelesen haben, und vor allem: ob sie den Vergleich zogen.

Wer ihn zog, müßte eigentlich den Unterschied bemerkt haben.

Bemerkt haben müßte er, daß eine der beiden Veröffentlichungen von vorbildlich nobler Gesinnung geprägt ist ...

Seine Rolle als Autor und wie er selber sie sieht

> „Lernen wir auch diesen wunderlichen Kostgänger an der Tafel des Daseins genauer kennen," sagte er sich. „Die Menschen stellen sich im Verkehr mit den Menschen nur zu häufig auf den falschen Standpunkt."
> *Wilhelm Raabe, Wunnigel, 4. Kap.*
>
> Wo die Einsamkeit aufhört, da beginnt der Markt; und wo der Markt beginnt, da beginnt auch der Lärm der großen Schauspieler und das Geschwirr der giftigen Fliegen.
> *Friedrich Nietzsche, Also sprach Zarathustra*

Vom „Flüchtlingskind" zum Dichter – oder „Dichterdarsteller"?

Begley verwies in seinem Artikel zum Geständnis des Günter Grass auf dessen darin reichlich bekundetes „rührseliges Selbstmitleid": „Grass als Flüchtling! Der seine Schulzeugnisse verloren hat! Der mit den wenigen Fotos auskommen muß, die seine Mutter aufbewahren konnte!"

Im originalen Wortlaut bei Grass liest sich das noch um einen Grad weinerlicher – sowie getroster –: „Als Flüchtlingskind – ich bin mittlerweile fast achtzig und nenne mich immer noch Flüchtlingskind – hatte ich nichts. … Ich bin also in einer benachteiligten Situation gewesen, die sich dann aber doch beim Erzählen als vorteilhaft erwies."[80]

„Vorteilhaft": die Situation animierte ihn zum Erzählen, das Erzählen verschaffte ihm Ruhm und Einkommen; so legte er unverhofft den Weg vom „Flüchtlingskind" zum „Leitbild" in Deutschland zurück.

Benachteiligung als tröstlicher Vorteil, das läßt sich aber am Ende umkehren: Vorteil als arge Benachteiligung; denn der Vorteil, repräsentativer deutscher ‚Dichter' zu sein, verwandelte sich ihm mit der Zeit allerdings in einen spürbaren Nachteil, und wenn schon nicht er den Wandel wahrnahm, seine Zeitgenossen registrierten diesen sehr wohl. So schrieb ein Anonymus in der Monatszeitschrift „konkret":

„Früher war der Dichter ein Trachter, heute ist er ein Mahner. War er einst Künder, so ist er heute ein ‚Bürger' (jedenfalls laut Grass-Biograph Michael Jürger, pardon: Jürgs). Überhaupt ist er heute kein Dichter mehr, sondern ‚Moralist', selbstredend ‚kritisch' und ‚unbequem' und sowieso ‚engagiert', einer, der sich ‚einmischt' und ‚sich zu Wort meldet': Und deshalb ist Grass punktgenau ‚einer der wenigen deutschsprachigen Autoren von Weltrang' (DTV-REKLAME) oder vielleicht doch nur eine der vielen deutschen Quatschtüten, die schier in jedes Mikrofon hineinquarken. Zu jedem die

---

[80] Warum ich nach sechzig Jahren …, in: FAZ, 12. 8. 2006, S. 33, Sp. 1

Runde machenden Thema vermag Günter Grass inzwischen irgendeinen Senf zu fabrizieren: Zuletzt, Anfang Februar, gab er irgendeine Dutzendmeinung über die fragwürdige Forderung nach deutschen Elite-Universitäten zu Papier ..." – Der „konkret"-Beiträger schließt hier nun noch einen ganzen Katalog von Themen an, über die Grass mittlerweile seine eigene Meinung ventiliert habe, nicht nur in Deutschland, sondern rund um die Erde, also ubiquitär, nicht zuletzt im Jemen, wo er – als hätten die Jemeniten selber keine gewichtigeren Sorgen, welche ihnen mehr Kopfzerbrechen bereiten – sich die Klage entschlüpfen ließ, „daß in Deutschland keine einzige Schule nach ihm benannt sei".[81]

Die Überschrift, die der Anonymus seiner Glosse gab, lautet: „Der Dichterdarsteller".

Nur zu bereitwillig läßt sich der Dichter oder Dichterdarsteller in allerlei Inszenierungen anderer einspannen, die, wenn man den Schaden bei Lichte besieht, dem Ruf eines genuinen Künstlers nur abträglich sein können. Im Frühsommer 2007 wurde er zusammen mit dem US-amerikanischen Autor Norman Mailer auf das Podium des ‚Celeste Bartos'-Forums in der New York Public Library gesetzt.

„Im Saal nun die Blüte der städtischen Intelligenz, die zur Einstimmung den kostenlosen Champagner ebenso genießt wie Beethovens Neunte, leider nur vom Band. Die Organisatoren, unter ihnen das New Yorker Goethe-Institut und die ‚Paris Review', können zufrieden sein, sie haben für das Ereignis nicht nur der Woche gesorgt.

Als es ernst wird, erklingt auch noch Straussens Zarathustrafanfare, worauf sich das Titanenrendezvous eigentlich nur noch antiklimaktisch gestalten kann." Folgten Lesung, Diskussion. „Anschließend Fotos für die Nachwelt, wieder Zarathustrafanfare, wieder Champagner. Im Voraus signierte Bücher sind am Ausgang zu haben."[82]

Der Präzeptor

Das „Flüchtlingskind" hätte nicht von Anfang an diese Zukunft erwarten können: Autor-Karriere, Höhenflug, Flug nach New York (dorthin, wo ein Gönner des Günter Grass einen Sitz hat, ein andauernder, nämlich vierzig Jahre lang für Grass tätiger Förderer: das deutsche Goethe-Institut), Betei-

---

[81] konkret 4/2004, S. 40
[82] FAZ, 29. 6. 2007. – Was will der Ausdruck „antiklimaktisch" besagen? – Daß hier ein Ereignis ‚vom Stärkeren zum Schwächeren' fortschreite ...

ligtsein am „Titanenrendezvous", Dichterlesung, zweimal Zarathustrafanfaren (plus Beethovens IX.), klirrende Champagnergläser zur kirrenden Musik vom Band oder von der CD. „So leben wir, so leben wir, so leben wir alle Tage"?

Anderer Blick auf dieselbe Karriere: Vom „Flüchtlingskind" zum Dichter – vom Dichter (unter der Voraussetzung, daß er dies je gewesen war) zum „Dichterdarsteller"– der „Dichterdarsteller" endlich sich mausernd zum grimmigen Moralisten und großmächtigen Präzeptor Deutschlands, eine moderne Wiederkehr des „Doktor Allwissend" („Kinder- und Hausmärchen" der Brüder Grimm, Nr. 98): „Der Mann weiß alles."

Und abermals erhebt sich die Frage: Etablierte er sich selber als solcher, oder wurde er etabliert? Und wurde er etabliert: von wem, zu welchem Zweck?

Daß der Mann keineswegs alles wissen konnte und kann, auch nicht alles wissen mußte und muß, hätte jeder selber rasch herausfinden können, wer sich einmal daransetzte, des Autors Verlautbarungen in den Medien und die schriftlich niedergelegten Erkenntnisse in seinen Büchern zu überprüfen. Eine obligatorische Aufgabe der Literaturkritik, wenn die Literaturkritiker ihr Metier konsequent ausüben. Doch weil in Deutschland längst der beteuernde Stil zu großen Teilen die Beweisführung ersetzt hat, verzichteten sie gemeinhin darauf, ihre Aufgabe zu erfüllen.

Dabei halten in so manchen Fällen, wo Grass sich den Anschein gibt, mit konkreter Information aufzuwarten, diese bei weitem nicht immer der Überprüfung stand. Um eine beliebige wahllos herauszugreifen:

Was ist dazu zu sagen, wenn er einmal die Namen von Künstlern auflistet, die von der NS-Regierung „aus unserm Land getrieben worden sind", und darunter den des Komponisten Alban Berg? (P 40)

Dieser – das hätte dem Autor ein schneller Blick ins Lexikon oder sein Lektor sagen müssen – war ein Österreicher. Er lebte in Wien von 1885 bis 1935 und starb auch dort. Niemals wurde er aus dieser Stadt getrieben, schon gar nicht „aus unserm Land". Oder ist Österreich für Grass dies?

In anderen Fällen verbreitet er zwar keine Fehlinformation, doch jongliert fahrlässig mit Begriffen, über die er sich keine Klarheit verschafft hat.

Beispiel eins. Er spricht von sich als einem „gottlosen Katholiken" (schon bedenklich), um anzufügen: „In ihm einen versteckten Atheisten zu vermuten, hieße, ihm eine andere Religion zuzuschreiben."[83] – Man soll glauben gemacht werden, Atheismus = auch nur eine Art Religion. Jeder

---

[83] Z, S. 4, Sp. 6

Atheist aber, der dies aus Überlegung sein will, wird hiergegen Protest erheben.

Ein zweites Beispiel. „Daß die Linke mit ihrer Verachtung des Weimarer Staats kräftig geholfen hat, für Hitler den Weg frei zu machen, diese Einsicht ist das Fundament von Grass' staatsbürgerlicher Vernunft."[84] – Da wäre es höchste Eisenbahn, daß Grass sich nochmals seine eigene Frage (1965) vorlegte: „Welch windschiefe Planke ist meine Basis?" Wer nämlich nicht darlegt, welche Kräfte von rechts vor allem dem Diktator den Weg frei machten, welche Parteien, welche Wirtschaftsverbände usw., sondern damit beginnt, „die Linke" zu bezichtigen, hat die erforderliche Basis nicht, um die Vorgänge zwischen 1918 und 1933 zu verstehen, einmal abgesehen davon, daß ein Kollektiv namens „Die Linke" nur das Konstrukt eines falschen Denkens ist und in der Geschichte der Weimarzeit nicht aufgefunden werden kann, weil es damals nicht existierte.

Beispiel drei. Die Zeitung „Neues Deutschland" berichtete am 1. April 1999, also während des NATO-Kriegs gegen Jugoslawien: „Grass äußerte Respekt vor jedem konsequenten Pazifisten, fügte aber hinzu, daß er kein solcher sei." Um seine Einstellung zu begründen, verweist auf die Kriegspolitik Hitlers (1938 und Folgejahre). – Was er so manifestiert, ist: daß ihm überhaupt eine Theorie des Pazifismus fehlt, vor allem die Differenzierung zwischen „Absolut-" und „Zielpazifismus". Im ersten Falle werde ich selbst dann keine Gegenwehr leisten, wenn ich angegriffen bin, oder: Tolstoianertum; im zweiten leiste ich, falls angegriffen, energisch Gegenwehr, halte jedoch am Ziel fest, den „ewigen Frieden" à la Kant auf Erden zu verankern.

Etwas sehr Sonderbares aus dem Deutschland unserer Gegenwart: Dem Autor Grass wurde von der Ernst-Toller-Gesellschaft der Ernst-Toller-Preis des Jahres 2007 zugesprochen. Die Begründung: „Mit seinem Werk, so die Jury, habe der Schriftsteller ‚in gesellschaftliche Debatten eingegriffen', er teile mit dem Namensgeber des Preises, dem humanitären Sozialisten und ersten Vorsitzenden der Münchner Räterepublik, die ‚pazifistische Grundhaltung'."[85]

Es wird so getan, als lägen aussagekräftige Beweise für des Autors Pazifismus vor.

Aber in Wirklichkeit liegen die aussagekräftigen Beweise für seine Unterstützung des NATO-Angriffskriegs gegen die Bundesrepublik Jugoslawien vor, liegt der Öffentlichkeit sein Bekenntnis vor, daß er „kein solcher"

---

[84] Zit. in der FAZ, 8. 7. 2003
[85] Meldung in der FAZ, 27. 12. 2006

(konsequenter Pazifist) sei ... Wo wären also die Beweise für eine „pazifistische Grundhaltung" des Bekenners Grass?

Es steht sehr bedenklich um das präzeptorale Tun des deutschen Literaturnobelpreisträgers.

Aber damit ist nicht nur die Frage nach der Qualität des Präzeptors Grass aufgeworfen, sondern die wichtigere auch: Wie kommt er zu einer solchen Rolle, wie wird so einer eigentlich Präzeptor?

Für ihn fand Peter Rühmkorf vor dreißig Jahren eine Formel: eine „zur Institution aufgeblasene Privatperson".

Derselbe versuchte auch, die Entwicklung des Schriftstellers zu einer solchen Institution nachzuzeichnen:

„Er, der von Anlage, Milieuschäden und Temperament her eigentlich zum Anarchismus neigte (seiner persönlichen Auflehnungsform gegen kleinbürgerlichen Stickmief) versuchte sich plötzlich links zu definieren, was freilich aus Mangel an tieferer Geschichts- und Bücherkenntnis nur bis zum Godesberger Programm reichte. Mit dem Sprung auf den Paukboden der Politik begab er sich nun auf eine Bühne, wo andere die bessere Ausbildung, den schärferen Perspektivblick, auch entschiedenere Zielvorstellungen besaßen, eine Konkurrenz, der er mit zunehmend unerträglicher werdendem Besserwissertum begegnete. Seiner kleinbürgerlichen Einzelhändlerdenkungsart gemäß war die nachgodesbergische Sozialdemokraterei das Äußerste, was er sich an politischer Grundlagenforschung zumuten mochte. Seiner an sich löblichen Verhaftung an den Teppich, d. h. dem haushälterischen Blick auf das wirklich und praktisch Erreichbare, gesellte sich, wertmindernd, eine fast kindlich-perspektivische, eine naive Oskar-Optik, die bloße Phänomene für gesellschaftliche Triebkräfte und Verpackungsgewichte für politische Inhalte hielt. Aber auch was die Einschätzung seiner eigenen Kreationen anging, wußte er bald nicht mehr, wo die Politik anfing und die Kunst aufhörte bzw. wo die öffentlichen Dinge radikal im argen lagen und das Subjekt seine Grenzen hatte. Schließlich griff das magische Denken (die Verwechslung von Wunsch und Wirkung) so mächtig Platz in seinem Bewußtsein, daß die zur Institution aufgeblasene Privatperson ernsthaft zu glauben schien, sie hätte goldene Hände, die schlechthin allem, was sie berühren (Bau, Steine, Erden, Druck und Papier und selbstverständlich Politik) den Stempel der Allgemeinverbindlichkeit aufdrückten."[86]

---

[86] Die Jahre die Ihr kennt. Anfälle und Erinnerungen, Reinbek 1972 (Reihe: das neue buch), S. 134

Von Weltanschauung, Utopie und Ideologie

Über die Jahre hinweg gibt es einen augenfälligen verbindenden Grundzug in den *literaturtheoretischen* und *politischen* Äußerungen des Günter Grass. Das ist seine stetig wiederholte Verwerfung jeglicher Weltanschauung, Ideologie und Utopie.

Vor Zeiten konzipierte er ein Buch: „Heiter bis wolkig. Mäßig schwankende Kurse. Albern wechselnde Moden. Schulen so viele, daß Blödbleiben Kunst wird. Reformen und Wohlfahrt. Solide, etwas farblose Sozialdemokratie. Und kein Gedröhne mehr und Schicksalsgeraune. Nie mehr Kreuzzüge und über Gräber vorwärts. Ohne den alten Schuh Weltanschauung. Auch ohne Elitegeist und abendländische Überheblichkeiten. Das wäre ein Buch. Anmutig, voller Gelächter. Streitbar im Kampf um die Grünanlagen. Unerbittlich, wenn es um Spesenabrechnungen geht. Es ließen sich Revolutionen entfesseln, die dem heruntergekommenen deutschen Hotelfrühstück zu Leibe rückten. Es ließe sich Alltag erzählen, direkt, ohne Rückblende und ohne den immer noch abfärbenden Hintergrund: Tausendjähriges Reich." (P 20)

Abgesehen davon, daß die Zusammenballung von so viel Disparatem die Verständlichkeit der Sache nicht erhöht, scheint es sich um ein modernes Konzept zu handeln, ein im Ton frisch, ein bißchen frech vorgetragenes. Aber es empfiehlt sich, auf den Busch zu klopfen, um herauszufinden, wie es sich mit alledem in Wirklichkeit verhält.

Sortiert man die Angebote im Gemischtwarenladen des Kleinhändlers, findet man am Grunde die Ordnung, und zwar in Form einer kompakten Antithese: hie Alltägliches, Freundliches, Gedämpftes, Ruhiges, da Überspanntes, Pathetisches, Heroisches.

Auf der einen Seite: Kreuzzüge, Gräber, Elitegeist, Überheblichkeiten, Revolutionen, NS, Weltanschauung, Schicksal.

Auf der anderen: Das bißchen Kapitalismus (Kurse), Reformen, Wohlfahrt, Sozialdemokratie, Grünanlagen, Spesenabrechnungen, Hotelfrühstück. Deutlich wird, für welche Alternative der Verfasser plädiert, deutlich jedoch auch, gegen welche.

„Weltanschauung" nennt er hier einen „alten Schuh".

An anderer Stelle ermahnt er „Utopisten und Sektierer": „Darum fort mit allem geistigen Hochmut und dünkelhaften Elitegeist! Ihr Utopisten und Sektierer in Eurem schönen, windstillen Gehäuse: Tretet vor die Tür! Stoßt Euch Knie und Stirn wund an unserer Realität! Genie wohnt nicht mehr im holden Wahnsinn, sondern in unserer nüchternen Konsumgesellschaft." (P 45)

Die Abwendung von der Utopie – wie die Ablehnung aller Weltanschauung, aller Ideologie – blieb ein kontinuierlicher Bestandteil der Gedankenwelt von Grass, so wie er denn 1998 in den Wahlkampf zog, „unverdrossen, ohne Utopie im Gepäck, aber satt an Erfahrung".[87]

Weltanschauung, Utopie, den „ideologischen Ballast" verabscheut er ein- für allemal, und er schildert, wie er dazu kam: 1946/47 arbeitete er als Neunzehnjähriger in einem Kalibergwerk.

„Mit unseren Karbid-Lampen saßen wir ohne Strom 900 m unter Tage in irgendeinem Schacht, auf irgendeiner Fördersohle. Eine buntgewürfelte Gesellschaft. Kleine harmlose Nazis, die unter Tage Schutz suchten vor der Fragebogen-Epidemie, verbitterte Kommunisten und Altsozialdemokraten, die gradlinig von Bebel bis Schumacher dachten. Ich hörte zu und lernte viel. Zum Beispiel, wie rasch sich die kleinen harmlosen Nazis und die verbitterten Kommunisten einigten, wenn es den trockenen Sozialdemokraten ans Zeug gehen sollte. Das hat sich bis heute nicht geändert. Die ‚Deutsche National-Zeitung und Soldaten-Zeitung' und das SED-Organ ‚Neues Deutschland' schießen, jeder mit verschiedenem Kaliber, auf ihren eingeschworenen Gegner, auf die Sozialdemokratie. Weiter lernte ich dort im Kalibergwerk, ohne Ideologie zu leben. Noch hatte ich die Morgenfeiern der Hitlerjugend im Ohr, diese sonntäglichen Vereidigungen auf die Fahne, aufs Blut und den Boden natürlich, und schon lockten die Kommunisten mit ähnlich verstaubten Requisiten aus den Rumpelkammern ihrer Ideologie. Als gebranntes Kind hielt ich mich vorsorglich an meine wortkargen Sozialdemokraten, die weder vom Tausendjährigen Reich noch von der Weltrevolution faselten, die damals schon, 1946, neunhundert Meter unter dem Licht, restlichen ideologischen Ballast mit dem Rollgut hoch in die Steinmühle geschickt hatten und fortschrittlicher waren als ihre Parteispitze. Damals schon, bei Stromsperre, wurde von Altsozialdemokraten ein Programm skizziert, das erst Jahre später – und beinahe zu spät – ans Licht kommen sollte: Das Godesberger Programm." (P 59)

Was beabsichtigt er mit seiner kleinen Erzählung? Will er schildern, will er lehren, will er agitieren? Will er lehren, was ist der Lehre Inhalt? Will er agitieren, wofür und wogegen? Im Stenogramm ist der Inhalt dieser:

- Die Entnazifizierungsbemühungen der Alliierten („Fragebogen") sind unheilvoll wie eine Seuche („Epidemie").

---
[87] Zit. nach einer „diw." gezeichneten Glosse mit der Überschrift „Satt an Erfahrung", in: FAZ, 29. 8. 1998

- Kommunisten („verbitterte" Leute!; hätten es nicht einmal nach zwölf Jahren faschistischer Herrschaft sein dürfen?) schließen sich alsbald mit „kleinen harmlosen" Nazis („harmlos" vielleicht als Ironie zu verstehen?) zusammen, als Kampfgemeinschaft gegen die Sozialdemokraten („die gradlinig von Bebel bis Schumacher dachten"). (Abwandlung der Rot = Braun-Formel.)
- Die ,Deutsche National- etc. Zeitung' und das „SED-Organ" ,Neues Deutschland' haben beide denselben „eingeschworenen Gegner". (Abwandlung der Rot = Braun-Formel.)
- „Morgenfeiern der Hitlerjugend" ähneln den „verstaubten Requisiten aus den Rumpelkammern" der Kommunisten. (Rot = Braun-Formel.)
- Faseln vom Tausendjährigen Reich = Faseln von der Weltrevolution. (Rot = Braun-Formel.)

Während er all diese Absprengsel seiner aus dem Kalibergwerk mitgebrachten Gedankenwelt dem gläubigen Publikum anbietet, rühmt er sich vor diesem zugleich selbst, er habe im Schacht gelernt, „ohne Ideologie zu leben"; gelernt, daß man den „restlichen ideologischen Ballast" in die Steinmühle zu versenden habe.

Was sind aber jene Absprengsel, wenn nicht – *Ideologeme*?

Auch in Hinsicht auf den Begriff „Ideologie" vermochte er sich keine Klarheit zu verschaffen, wie in bezug auf manch anderen Begriff.

Er entlarvt sich als wahrhaftiger Springinsfeld – das Feld ist aber das der philosophischen Terminologie –, der unbekümmert um vorhandene Definitionen und überall aufzufindende Beispiele mit improvisierten Deutungen aus dem Handgelenk (sonst auch: Vorurteilen) daherschlendert.

In der „Rede von der Gewöhnung" erklärte er vor dem israelischen Publikum: „Cortéz, Berija und Eichmann sind austauschbar, wie die Ideologien austauschbar sind, in deren Namen Verbrechen begangen wurden."[88] – *Das* über Cortéz, Berija, Eichmann ... von demselben Autor, der bekanntlich weiß – und sein Wissen ausspielt, wenn es um die Verteidigung seiner Vergangenheit geht –: „Da ist jeder in seine Zeit hineingeboren."

An dieser Stelle soll der Satz keinesfalls gelten, sondern etwas vollkommen anderes gilt, je nach dem Belieben des Günter Grass und wie es sich für seinen aktuellen Zweck ziemt.

---

[88] FAZ, 20. 3. 1967

Nein, sie sind niemals austauschbar, diese historischen Gestalten. Für was standen sie in ihrer jeweiligen historischen Epoche?

Für den Conquistadoren-Katholizismus / den sowjetischen Kommunismus-Stalinismus / den deutschen Faschismus.

Sind wenigstens derlei Ismen austauschbar?

Wiederum: Sie sind es nicht, da ein jeder Ismus in seiner eigenen Zeit, in einem eigenen Land wurzelt, mit eigentümlichen, nur ihm gehörenden Zügen ausgestattet war. Austauschbarkeit somit Fehlanzeige. – Oder um andere Beispiele zu wählen: Christus und Mohammed sind nicht austauschbar, Christentum und Islam sind es nicht, Burke und Heine sind es nicht, Konservatismus und Liberalismus sind es nicht, Moltke und Bertha von Suttner sind es nicht, Bellizismus und Pazifismus sind es nicht, Krieg und Frieden sind es nicht, Stümper und Genie sind es nicht, Wahrheit und Lüge sind es nicht. Mit dem Schnellschuß „Austauschbarkeit" ist es daher nicht getan, er kann die philosophische oder historische Reflexion über die obige Terminologie nicht ersetzen.

Die Untersuchung sei hier vernachlässigt, ob die Behauptung, einer verzichte auf jedwede Weltanschauung, Ideologie, Utopie, nichts von alledem wäre seiner Literatur inhärent, nicht ihrerseits eine ideologiehaltige, eine ideologische Aussage wäre.

Erweislich ist: Die Buchkritik und Literaturwissenschaft haben dem Autor Grass seine Behauptungen in der Regel kritiklos abgenommen – ungeachtet der Lehre, die bereits den Studienanfängern vom Proseminarleiter vermittelt wird: was Autoren über sich und ihr Schaffen aussagen, sei niemals ungeprüft zu übernehmen! –.

Was las man in einem literaturwissenschaftlichen Handbuch 1974? „Die naive und unerschrockene Froschperspektive, der Verzicht auf jegliche Art von Ideologie und die Ablehnung allen Moralisierens ..."[89]

Solch ‚Forschungs'resultat geht dann nicht so leicht unter, konnte seither nicht revidiert werden; es erhielt sich durch die Zeiten. Dreißig Jahre später konstatiert ein anderer Verfasser: „Die antiideologische Konstante blieb ..."[90]

---

[89] Wilfried F. Schoeller, DIE BLECHTROMMEL, (Art.) in: Hauptwerke der deutschen Literatur. Darstellungen und Interpretationen, hg. von Manfred Kluge und Rudolf Radler, München 1974, S. 471 f.; hier: S. 471 – Stilkritisch gefragt: Was wäre eine erschrockene und was ist eine unerschrockene -perspektive?

[90] Volker Neuhaus, in: Grass, Günter, (Art.) in: Metzler Autoren Lexikon. Deutschsprachige Dichter und Schriftsteller vom Mittelalter bis zur Gegenwart, 3. Aufl., Stuttgart etc. 2004, S. 242 ff.; hier: S. 243

Derselbe meint auch, während der achtziger Jahre sei Grass „einer tiefen Skepsis" verfallen. Er habe daher in dem Roman „Der Butt" „das Ende aller positiven Zukunftsperspektiven" gestaltet.[91]
Des Autors Grass Variante der Rede vom Ende aller Utopien?

Sie blieb wirklich, die „antiideologische Konstante", doch blieb sie wirklich nur als Ambition, als pure Prätention, als täuschender Habitus des Gegenwartsautors.

Sein Werk, das belletristische wie das erörternde so unvoreingenommen wie sorgfältig analysiert, ergibt sich, daß es von nichts anderem kräftiger geprägt ist als – von *Ideologie*.

Die zitierte Kalibergwerk-Passage ist nur ein einzelner Beweis dafür, einer von unzählbar vielen.

Ein kurz zuvor zitierter Satz soll hier noch einmal stehen: „Es ließe sich Alltag erzählen, direkt, ohne Rückblende und ohne den immer noch abfärbenden Hintergrund: Tausendjähriges Reich."

Sein Schrifttum indes ist ein neuerlicher Beleg dafür, wie leichtfertig er Behauptungen dieser Art vorträgt, mal eben diese oder jene Vermutungen aufstellt, Äußerungen tätigt, ohne hernach je daran zu denken, Konsequenzen daraus zu ziehen, Gefordertes in Praxis umzusetzen, sich an seine von ihm formulierten Vorschriften zu halten.

Zwar erzählt er vielfach emsig *vom Alltag*, doch allzu oft *mit* Zuhilfenahme der „Rückblende", doch allzu oft *mit* dem „Hintergrund" der NS-Ära, wie es seine Belletristik von der „Blechtrommel" (1959) bis zum „Krebsgang" (2002) erweist.

Allzu oft, soll heißen gemessen an seiner Versicherung: „... ohne Rückblende und ohne den immer noch abfärbenden Hintergrund: Tausendjähriges Reich."

Alles in allem erweist der Umgang des Autors Grass mit den Kategorien „Weltanschauung, Ideologie, Utopie" die Richtigkeit des von Rühmkorf ausgesprochenen Verdikts:

Grass „versuchte sich plötzlich links zu definieren, was freilich aus Mangel an tieferer Geschichts- und Bücherkenntnis nur bis zum Godesberger Programm reichte. Mit dem Sprung auf den Paukboden der Politik begab er sich nun auf eine Bühne, wo andere die bessere Ausbildung, den schärferen Perspektivblick, auch entschiedenere Zielvorstellungen besaßen ..."

Die literaturwissenschaftliche Forschung weiß von der Verbindung Peter Rühmkorfs mit Kurt Hiller. Rühmkorf war für eine Spanne auch Mitglied

---

[91] Ebd.

in Hillers „Neusozialistischem Bund", und selber bekannte er noch 1998, daß „ich mein weiteres literarisches Leben lang mit viel Emphase Hiller-Thesen vertreten habe ..."[92]

Es liegt nahe, daß er bei seiner Grass-Kritik die Kategorien Hillers nicht vergessen hatte; wenigstens der Terminus „entschiedenere Zielvorstellungen" läßt dies vermuten, kann als ein Indiz gelten, war Hiller doch einstmals der Herausgeber der Jahrbuch-Reihe „Das Ziel", eines der Hauptdokumente des Expressionismus in dessen aktivistischer Phase.

1922 veröffentlichte Hiller im Kurt Wolff Verlag sein Thesenbuch „Der Aufbruch zum Paradies", und eine Aphorismenfolge hierin liest sich exakt wie eine vorweggenommene Auseinandersetzung mit dem Anti-Utopisten Grass, der die alten Schuhe „Weltanschauung, Ideologie, Utopie" zu Fausts Urväterhausrat wirft, sprich: zum Sperrmüll.

Wie anders, wie verwegen-brillant einstmals in Deutschland über eben diese Kategorien hat philosophiert werden können, zum Beweis die Texte Nr. 233-236 aus Hillers stupender Schrift:

233
Es ist zwar nutzlos, auf dem Papier ideale politische Systeme zu entwerfen, ohne sich darum zu kümmern, ob und wie die politische Wirklichkeit ihnen angepaßt werden könne (: *ideologische Politik, Akademismus*); aber es ist schimpflich, sich der politischen Wirklichkeit anzupassen und, unter Verzicht auf leitende und unbedingte normative Ideen, der wechselnden geschichtlichen Situation die Regel des politischen Verhaltens zu entnehmen (: *Realpolitik, Opportunismus*). Worauf es ankommt, ist: der politischen Wirklichkeit die normative Idee in ihrer Reinheit entgegenzustellen und zugleich die Mittel zu studieren und nach Kräften in Anwendung zu bringen, die geeignet sind, die Wirklichkeit dem von der Idee gebotenen Zustand zuzutreiben (: *Realisierungspolitik, Aktivismus*).

234
Der Realpolitiker ist ohne Idee und will was. Der Ideologe ist voll von Idee und will nichts. Voller Idee sein und sie wollen –: Stigma des *Realisierungspolitikers* (des Aktivisten).

---

[92] In: Ein Brief, abgedruckt in: „Zu allererst ANTIKONSERVATIV". Kurt Hiller (1885-1972), hg. von Wolfgang Beutin und Rüdiger Schütt, Hamburg 1998, S. 82 ff.; hier: S. 84

235
Die Ideologie von vorgestern ist die Platitüde von heute; die Selbstverständlichkeit von übermorgen: das, was Stillstandsköpfe heute als Utopie belächeln.

236
Wir weigern uns, der polemischen Idiotenphrase „Utopie!" fortab die Eigenschaft eines Einwands zuzubilligen. Topisches, das heißt: Schonvorhandenes, bedarf ja nicht erst der Schöpfung! Alles Solldenken zielt ab auf Zuständlichkeiten, die noch un-sind; nur utopisches Denken hat Bedeutung und Würde. Jedes Denken, das nicht seinem Wesen nach utopisch wäre, ist unanständig – weil hinnehmend.[93]

---

[93] Kurt Hiller, Der Aufbruch zum Paradies. Ein Thesenbuch, (gegenüber der 1. Aufl. von 1922 nahezu verdoppelt umfangreiche Aufl.) München 1952, S. 126 f.

Der politische Grass

Er „versuchte sich plötzlich links zu definieren"

In den literarischen Debatten der Vergangenheit wie in gegenwärtigen war und ist die Bestimmung dessen, was unter „links" in der Politik zu verstehen sei, sehr schwierig; allemal strittig, was ein linksstehender Mensch, spezifisch ein links angesiedelter Autor sei.

Als erstes, sehr vages Kriterium wird gelten können, daß ein linker Autor, eine linke Autorin sich nicht damit begnügt, über einzelne Menschen, auf sich allein gestellte Individuen, persönliche, oft private Verhältnisse, Zustände und Probleme Erörterndes zu schreiben und sie in Dichtungen zu veranschaulichen, sondern daß er oder sie die *gesellschaftlichen* Verhältnisse, Zustände, Probleme zugleich mit ins Visier nimmt. In der Tat ein vages Kriterium, denn auch ein sich bewußt „rechts" definierender Autor, bis hin zu dem faschistischen, wird das gesellschaftliche ‚Engagement' nicht verschmähen, sondern im Gegenteil, er nimmt es gleichermaßen für sich in Anspruch. Für ein wahrhaft linkes Engagement müssen also konturierte *inhaltliche* Faktoren hinzutreten, damit es vom rechten sorgfältig unterschieden werden kann.

In seiner oben zitierten Analyse des Entwicklungsgangs von Grass benannte Peter Rühmkorf auch die intrinsischen Hindernisse, die dem Analysanden bei dem Versuch, sich eine genuin linke Auffassung von „Gesellschaft" anzueignen, im Wege lagen: „Er, der von Anlage, Milieuschäden und Temperament her eigentlich zum Anarchismus neigte (seiner persönlichen Auflehnungsform gegen kleinbürgerlichen Stickmief) …" – „Seiner kleinbürgerlichen Einzelhändlerdenkungsart gemäß …", über die er schlecht hinwegspringen konnte, hatte Grass es schwer, eine wirklich begründete Vorstellung oder Theorie von Gesellschaft, von gesellschaftlichen Kräften, gesellschaftlichen Aufgaben und Zielen zu entwickeln. Noch heute ruft es bei Gastgebern und Hörerschaft des Autors, der sich gern von einem literarischen Zirkel begleiten läßt, bestehend aus jüngeren Autorinnen und Autoren, Verwunderung, ja Befremdung hervor, daß diese sämtlich, also Grass und seine Begleitung, „nur individuelle Perspektiven" zu kennen scheinen, ganz entgegen dem Prestige, mit welchem sie angereist kommen. So heißt es in einer Reportage von Sabine Kebir aus dem Jemen:

„Für die jüngeren Autoren im Grass-Gefolge war es befremdlich, sich als Staatsgäste behandelt und stets von umfangreichen Polizeieskorten umgeben zu sehen. Judith Herrmann, Ingo Schulze und Kathrin Röggla waren zur ersten Lesung angetreten, die überhaupt je vor Germanistik-Studenten in Sana'a stattfand. Obwohl es im Nordjemen nie eine Verpflichtung zum Sozialistischen Realismus gab, zeigte sich ein Großteil des Publikums erstaunt, daß die vorgetragenen Texte ‚nur individuelle Perspektiven' zu entwickeln schienen, statt ‚das gesellschaftliche Ganze' anzusprechen.

Während Ingo Schulze, DDR-erfahren, nicht zögerte, das Publikum unter Ideologieverdacht zu stellen, äußerte Judith Herrmann angesichts der Einforderung des ‚Gesellschaftlichen' vornehm ihre Ratlosigkeit."[94]

Es ist eine recht magere Antithese, die hier aufscheint, so als gäbe es auf der einen Seite „nur individuelle Perspektiven", auf der anderen ausschließlich den „Sozialistischen Realismus". Dabei kann man dahingestellt sein lassen, ob lediglich die Reporterin das Denken und Disputieren in Sana'a auf den Nenner dieser Antithese brachte oder ob die jemenitischen Studierenden die dürftige Alternative, das kahle Entweder-Oder ins Gespräch einführten. Die Gegenwart der Literatur und deren Geschichte – seit der europäischen und altorientalischen Antike – sind um Vieles reichhaltiger, sie kennen eine Fülle produktiver Ansätze und Methoden, und es war keineswegs der Sozialistische Realismus allein, der es verstand, „das gesellschaftliche Ganze" mit in die Schilderung hineinzunehmen oder es zu deren Grundlage zu machen. In seinen „Englischen Fragmenten" stellte Heinrich Heine das gesellschaftliche Leben Englands in den zwanziger Jahren des 19. Jahrhunderts dar, und er tat dies unter keiner sozialistischen Perspektive – deren Erfindung noch bevorstand –, sondern unter der des klassischen Humanismus. Das böse Wort vom „Ideologieverdacht" aber scheint erahnen zu lassen, daß Günter Grass einmal mehr mit seiner notorischen Ideologiefeindschaft dazwischengefunkt hatte.

Um eine sinnvolle Bestimmung dessen zu geben, was nun aktuell als „links" bezeichnet werden kann, vor allem auch, was das sei, eine linke Autorin oder ein linker Autor, müßte über das Engagement für „das gesellschaftliche Ganze" hinaus eine Handvoll näherer Bestimmungen angeführt werden. Wohl sicher, daß eine linke Autorin oder ein linker Autor eine Reihe von Selbstverpflichtungen übernehmen würde, und als vordringliche darunter:

– tatkräftig einzugreifen oder wenigstens zu agitieren „für die Mühseligen und Beladenen", mitzuhelfen bei der Lösung der „sozialen Frage" (Marx hätte diesen Begriff durch den des „Klassen-

---

[94] Süddeutsche Zeitung, 20. 1. 2004

kampfs" ersetzt), um jene „Mühseligen und Beladenen" zu entlasten und auch ihnen ein Leben in Wohlstand und Menschenwürde zu ermöglichen;[95]
– energisch beizutragen zur Sicherung der Demokratie und zur Erfüllung der damit verbundenen Forderungen (Freiheit, Gleichheit, Brüderlichkeit-Geschwisterlichkeit) und zur Unterbindung faschistischer Anschläge auf die Demokratie und das Leben der Menschen;
– Ausbildung, Bildung und Teilhabe an den Errungenschaften der Kultur allen Erdbewohnern zu ermöglichen;
– ständig einzutreten gegen den Krieg im Sinne der Konzeption Kants, nämlich indem immer das Ziel: der „ewige Friede" angestrebt wird; kompromißlos tätig zu sein im Sinne der Parole von Wolfgang Borchert: „Dann gibt es nur eins: Sag NEIN!"
– Beizutragen zur Bewahrung der Natur und damit zum Überleben allen Lebens auf dem Planeten, also der Pflanzenarten, der Tiere und der Menschengattung.

Oder in Kürze – wenn man lieber Schlagwörter möchte –: soziale Gerechtigkeit (auch: ‚demokratischer Sozialismus'), (antifaschistische) Demokratie, Chancengleichheit, Pazifismus, Umweltschutz. Es ist nicht selten vorgeschlagen worden, diese Schlagwörter-Pluralität in dem einen einzigen Begriff zu vereinigen: „Humanismus". Thomas Mann fand die erweiterte Formel: „all dieser über die bürgerliche Demokratie hinausgehende soziale Humanismus, um den das große Ringen geht".[96]

Betrachtungen über die Frage, was links sei; welche besonderen Verpflichtungen ein sich links einrangierender Autor oder eine linke Autorin einginge; mit welchen Schlagwörtern – gegebenenfalls mit welchem einzigen Schlagwort – Linkssein umrissen werden könnte, dürfen allerdings stets nur vorläufige, mit Umsicht anwendbare Auskunftsmittel sein, um in der literarischen Diskussion und Kritik, falls notwendig, eine rasche Verständigung über den Standpunkt oder die politische Philosophie von Autorinnen oder Autoren zu erzielen. Einen Maßstab dafür, um Aschenputtels Anweisung

---

[95] Der Sozialphilosoph Heleno Sana (geb. 1930) beantwortete die Frage: „Was ist links?" sehr einfach: „sich auf die Seite der Gedemütigten zu schlagen, der Arroganz der Macht zu widersprechen" (Neues Deutschland, 14./15. 9. 1998).
[96] Thomas Mann, Politische Reden und Schriften, 3. Bd., Frankfurt / M. etc. 1968 (Thomas Mann, Werke: Das essayistische Werk, TaBu-Ausg.), S. 177

um so leichter befolgen zu können, geben sie nicht ab: „Die guten ins Töpfchen, / Die schlechten ins Kröpfchen."

Jedoch wird man so viel sagen müssen: Ein Autor, der sich „links definiert", eines Tages aber unverfroren als Propagandist eines Angriffskriegs ins Rampenlicht tritt, auch zusammen mit den Oberherren der Wirtschaft und Industrie ein Bündnis schließt, um die Kritiker von deren massenfeindlicher Politik verbal niederzustrecken, erweckt zumindest Zweifel an der Einstellung, die er als die seinige ausgibt.

Opferkult

Als zwar nicht originelles, aber unübersehbares, große Teile der Schriftstellerei von Grass charakterisierendes Merkmal läßt sich *der ubiquitäre Opferkult* bezeichnen.

Ihn erkannten die Kritiker – solche, die es dem Begriff gemäß sind – sowie die Claqueure alsbald. Nur verbuchten sie das Faktum meistens allzu arglos, ohne es einmal energisch in Verbindung mit der vom Autor beanspruchten Freiheit von Ideologie zu reflektieren.

Rüdiger Bernhardt schrieb über die „Novelle" „Im Krebsgang" in der Theorie-Zeitschrift der Deutschen Kommunistischen Partei, „Marxistische Blätter": „Er erinnert an die deutschen Verbrechen und gedenkt der deutschen Opfer."[97] – Der Rezensent bemerkte nicht die Zweideutigkeit seiner Formulierung!

„Deutsche Verbrechen" müßten die von Deutschen begangenen Verbrechen sein; parallel dann „deutsche Opfer" = Opfer der Deutschen, d. h. Menschen, die von Deutschen zu Opfern gemacht wurden? Zu meinen scheint er aber doch: Deutsche Verbrechen sind die von Deutschen begangenen, „deutsche Opfer" – Opfer deutscher Nationalität? Nur: die letztgenannte Redeweise ist abermals fatal, weil abermals uneindeutig: denn selbst hohe und höchste NS-Täter konnten zu Opfern werden – ihrer eigenen Tätigkeit und ihrer Taten; Hitler z. B. ein Opfer seiner verbrecherischen Politik.

„Leichen pflastern seinen Weg" ist der Titel eines älteren Westerns, worin *el loco* (spanisch: ‚der Verrückte'), ein Kopf(geld)jäger, gespielt von Klaus Kinski, die von ihm gejagten und erlegten Opfer auf seinem Pferd als Trophäen davonschleppt, sie hinter dem Sattel festbindend.

---

[97] Rüdiger Bernhardt (Rez.), in: Marxistische Blätter 3 / 2002, S. 99-104; hier S. 102

Grass betreibt ein analoges, ebenfalls sehr makabres Geschäft, im Unterschied zu *el loco* allerdings auf dem bedruckten Papier. Doch während dieser die Toten umstandslos an der Gerichtskasse abládt, endet die Befassung des Autors mit den seinigen häufig erst mit Schilderung ihrer Beisetzung.

Er läßt seinen Blechtrommler Oskar kommentieren: „Begräbnisse! Ich habe Sie schon auf soviele Friedhöfe führen müssen, sage auch an irgendeiner Stelle: Begräbnisse erinnern immer an andere Begräbnisse ..." (B 449; die andere Stelle: B 334.)

Den im Kriege Gefallenen und von Erschießungspelotons in Danzig und anderswo Getöteten wird leider allenfalls ausnahmsweise eines zuteil, einmal indes immerhin in der Nähe des Friedhofs.

Die einunddreißig im Oktober 1939 ermordeten Polen „nahm", wie Grass formuliert, „der lockere Sand hinter der Mauer des verfallenen, ausgedienten Friedhofes Saspe" „auf" (B 202).

Es wird viel begraben in dem Roman „Die Blechtrommel", und gestorben noch mehr: Oskars Mutter stirbt und wird beigesetzt (B 131 f.).

Oskars „mutmaßlicher" Vater Matzerath stirbt, von einem russischen Soldaten (einem „Kalmücken") erschossen (B 327), und der Leichnam wird beigesetzt (Folgeseiten) usw.

Um nochmals an Rüdiger Bernhardts Satz anzuknüpfen: „Er erinnert an die deutschen Verbrechen und gedenkt der deutschen Opfer."

Wenn damit gemeint wäre, er kultiviert die Erinnerung an die „deutschen Opfer": richtig. Ob jedoch außerdem diejenige an die „deutschen Verbrechen"?

Seine Erzählerfigur in der „Novelle" jedenfalls wünscht die letztere schlechterdings wegzuspülen.

Ein affirmativer Kritiker vermöchte nun aber einzuwenden: Das sei nicht einem Wunsch des Autors gleichzusetzen, nicht Grass wolle sie weggespült wissen. Dieser pflege sehr wohl samt der Erinnerung an die „deutschen Opfer" die an die „deutschen Verbrechen".

Indessen: Wie soll sich die Leserschaft hier durchfinden, selbst eine literarisch nicht unerfahrene, wie soll sie ausfindig machen, wer in dem Text jetzt wessen Meinung prononciert präsentiert, welches davon die vom Autor propagierte wäre, die der Leser akzeptieren, und welches die vom Autor denunzierte, gegen die der Leser Einspruch einlegen soll?

Der Effekt der Figurenrede an dieser Stelle beim wenig instruierten Leser müßte sein, daß als Moral von der Geschichte (der „Novelle") herauskommt: Wegspülen die Vergangenheit, soweit sich mit ihr die Erinnerung an

„deutsche Verbrechen" verbindet, verstärkte Betroffenheit, soweit sich mit ihr die Erinnerung an „deutsche Opfer" verbindet.

Bereits in den Reden und Aufsätzen von Grass aus der Spanne 1965-1969 herrscht ein penetranter Opferkult.

Hier gedenkt er allerdings nicht ausschließlich der „deutschen Opfer", sondern zudem der Menschen, die von Deutschen zu Opfern gemacht wurden. Beschworen werden:

„die Toten und Überlebenden der Konzentrationslager Auschwitz und Treblinka, Sobibor und Chelmno, Theresienstadt und Buchenwald" (P 9)
26 Tote unter 38 Schülern (P 15)
„unsere großen Toten" (Verfasser zählt auf: Döblin, Klee, Max Beckmann und Else Lasker-Schüler; P 18)
Grass erzählt von Thomas Mann, „dem großen Toten" (P 72)
weigert sich, „von den Millionen Ermordeten, Verhungerten und sinnlos Gefallenen" zu sprechen (womit er aber ihre Zahl andeutet), handelt statt dessen „von jenen über dreißig Siebzehnjährigen", deutschen Kriegern, die am ersten Tag ihres Einsatzes fielen (P 91)
fragt, wie „wir der gefolterten, ermordeten Widerstandskämpfer, der Toten von Auschwitz und Treblinka gedenken" sollen (P 100)
und wie „eines Julius Leber, eines Carlo Mierendorff" (P 102)
Er verweist auf die „Ungeheuerlichkeit": „Die Deutschen haben, indem sie es taten, indem sie es zuließen, sechs Millionen Menschen ermordet." (P 129 f.)

Daß die pauschale Anschuldigung im Zitat hiervor fehlerhaft war, hätte er damals sicher wissen können, wissen, daß nicht „die Deutschen" schuldig wurden, sondern *die und jene bestimmten Deutschen*, z. B. nicht die Deutschen jüdischer Herkunft, die Deutschen im Widerstand und in den Konzentrationslagern, deutsche Mitkämpfer in der Roten Armee, im Nationalkomitee Freies Deutschland, in der französischen Résistance usw. Er beklagt

die „Gefallenen von damals" (P 143)
auch mehrere hunderttausend in der Gegenwart (der sechziger Jahre) ermordete Kommunisten in Indonesien (P 132)

Er schaut 1967 bereits voraus, daß künftig in Vietnam, wie zuvor, allerlei Opfer zu zählen sein werden:

> Schon nimmt in Vietnam der um sich greifende Krieg immer erschreckendere Ausmaße an; ohne Zweifel wird die Bilanz an Toten wieder einmal mehrstellig sein; ohne Zweifel wird die Gewöhnung an abstrakte Zahlen auch dieses Verbrechen bemänteln und erklären, fotografieren und besingen, in die Historie verweisen. (Ebd.)

Zur Denkstilkritik: Jedoch nicht „der um sich greifende Krieg" verursacht die Verluste an Menschen, bewirkt das Elend und Leid, sondern die politische und militärische Führung des Angreifers, der Vereinigten Staaten. Auch das ist ideologische Rede: Taten zu beweinen, ohne den Täter zu identifizieren, wenngleich er identifizierbar wäre; Taten zu beweinen, ohne die Politik zu kennzeichnen, aus welcher sie resultieren; eine Wirkung zu beweinen, ohne die Ursache aufzudecken, obschon sie aufdeckbar ist. Und war es statthaft, die Toten der einen Seite zu denen der anderen zu addieren, um eine Gesamt„bilanz" zu halluzinieren? Von den Kombattanten hatten im Vergleich zur US-Armee die vietnamesischen vollkommen ehrenhafte Motive (und dabei die viel größeren Menschenverluste).

Wer hier genau liest, wird zudem Sprachkritik üben: Die „Gewöhnung" kann keine Tätigkeiten ausüben, nicht bemänteln, erklären, fotografieren, besingen und „in die Historie" verweisen.

Auffällig prägt der Opferkult die hier herangezogenen belletristischen und erörternden Schriften, wobei ihr Autor oft nicht vermerkt, in welchen geschichtlichen Perioden und welchen politischen Zusammenhängen die Menschen zu Opfern gemacht geworden sind, wer ihre Opferung veranlaßte, wer sie vollzog und wer sie sich zunutze machte. Die historischen Konturen sind generell verwischt.

Besorgt er die Hervorhebung bestimmter Gruppen von Opfern und einzelner Opfer, oder geht es ihm um die Tatsache schlechthin, daß Menschen Menschen ermorden, geht es ihm um – mit Goethes Formulierung – die „Menschenopfer unerhört"[98]?

Nostalgie

Was außer dem Totenkult die belletristischen wie erörternden Schriften des Günter Grass sichtlich prägt, ist die Nostalgie.

---

[98] In der Ballade „Die Braut von Korinth".

Die Nostalgie ist ausgesprochene Danzig-Nostalgie, ist die Erinnerung an die Stadt seiner Herkunft.

Daß die ehemals deutschen Provinzen jenseits von Oder und Neiße verloren sind, weiß er zwar und bekräftigt er (P 34). Doch dezent oder nicht, vom Geburtsort, eben Danzig, macht er gern und frequent Gebrauch in den Reden, indem er darauf verweist (z. B.: P 91); sogar extremen Gebrauch in den Erzählungen und Romanen, wo er eine Inflation von Danziger Motiven verursacht – gewiß nicht der geringste Umstand, der zum Erfolg des Autors bei der Kritik und im Publikum beitrug.

Bereits ein früher Lobredner, einer von denen, die am stärksten den Ruhm des Günter Grass erzeugten, Hans Magnus Enzensberger, wußte davon und prägte die Formel: „Die große Danzig-Saga".[99]

Das also ist das emotionale Substrat in den belletristischen wie erörternden Schriften des Günter Grass: Totenklage und Danzig-Nostalgie.

Um es unter Zuhilfenahme einer Erkenntnis von Pierre Bourdieu zu formulieren: Auf dem beschriebenen nekrologischen Grund ruht im Schrifttum des Autors Grass „das System der gemeinsamen Schemata" auf, welches die Gemeinplätze emaniert, „die gemeinsame ideologische Matrix", die des Autors Verbundenheit mit einem relevanten Ausschnitt des „Zeitgeistes" verbürgt.[100]

Die dazugehörigen „fundamentalen Gegensätze", wodurch die Gedankenwelt des Autors strukturiert wird, sind u. a.:
- Opfer / Täter (diese oft gar nicht oder selten bezeichnet; z. T. fälschlich nominiert);
- Danzig / übriges Deutschland;
- Sozialdemokraten / Extremisten;
- Realismus bzw. Revisionismus versus Weltanschauung, Ideologie, Utopie;
- Vaterland versus übrige Welt, darunter Amerika;
- Nation versus „Herrschende" in den beiden Teilen des (damaligen geteilten) Deutschlands.

---

[99] Nach Karlheinz Deschner, in seinem Enzensberger/Grass-Verriß, in: Talente, Dichter, Dilettanten. Überschätzte und unterschätzte Werke in der deutschen Literatur der Gegenwart, Wiesbaden 1964, S. 367

[100] Pierre Bourdieu, Die politische Ontologie Martin Heideggers, Frankfurt / M. 1988, S. 33

Gleichsetzungen

Eines ist das Denken des Autors Grass, das sich unablässig in Dualismen vollzieht.

Ein anderes seine unüberbietbar einfältig angewendete Gleichsetzungsmechanik. Gebetsmühlenmäßig erklingt sie überall bei ihm, erklingt sie bis zum Überdruß:

- Rot = Braun,
- Linksradikalismus = Rechtsradikalismus,
- Kommunisten = Nazis usw.

Eine Anzahl Gelehrter in der Bundesrepublik sieht ein derartiges Egalisieren als wissenschaftlich an, als Methode findet es in ihren Forschungen Verwendung.

Es ist ein Kennzeichen der Totalitarismus-Theorie.

Über deren wissenschaftliche Brauchbarkeit muß an dieser Stelle nicht entschieden werden.[101]

Grass variiert die Gleichsetzung vielfach, aber immer so, daß die Antithese Rot = Braun zugrunde liegt und erkennbar bleibt.

Andeutung, die Bundesrepublik werde „von ganz links" oder „von ganz rechts untergraben" (P 91)
Frage, ob „Linksradikale wie Rechtsradikale" ihre „Ressentiments" austauschen wollten (P 92)
Behauptung, die FDJ passe sich „mehr und mehr der Hitlerjugend" an (P 116)
die Sprache der BILD-Zeitung färbe auf die Sprache „linksextremer Studentengruppen" ab (P 174)
Goebbels finde „brillante Schüler ... heute im Lager der westeuropäischen radikalen Linken" (184).
November 1968: Grass versucht sich an einem umfassenden Vergleich des „Rechts- und Linksradikalismus" (P 188)
fragt, „inwieweit der Faschismus heute im extrem linken Lager produktiv ist" (P 193).

---

[101] Hier nur die Versicherung des Autors des vorliegenden Buchs, daß er sich von ihr distanziert und sie in seinen Schriften nicht verwendet, sondern negiert. Dabei entsprechen seine Gründe denjenigen, die er bereits in dem Kapitel *Von Weltanschauung, Utopie und Ideologie* (s. o.) dargelegt hat.

> sagt aus, im Kampf gegen die Sozialdemokratie seien sich die ‚Deutsche National-Zeitung und Soldaten-Zeitung' „und das SED-Organ ‚Neues Deutschland'" einig (P 59).

Mit seiner Egalisierungsmethodik versimpelt er wichtige historische oder aktuelle Tatbestände rigoros. Er verzichtet dabei allemal auf geschichtliche Differenzierungen, auf Beweise ebenso großzügig.

Diese Verfahrensweise des Günter Grass, mag sie auch von Gelehrten goutiert werden, die selber der Totalitarismus-Theorie anhängen, lenkt wiederum auf die Frage zurück, ob man hier nicht ein weiteres Grundelement einer Ideologie vor sich habe ... im Schrifttum eines, der auszog, sein Publikum das Fürchten vor jeglicher Weltanschauung, Ideologie, Utopie zu lehren.

In seinem Interview vom 12. August 2006 hißte er wie eine Parole den apodiktischen Satz – oben schon erwähnt –: „Siegen macht dumm."

Indirekt äußerte er damit den Wunsch, der Umstand, daß er 1945 zu den Verlierern zählte, möchte ihn alles andere gemacht haben, nur nicht dumm.

Aber wollte er späterhin proklamieren, wirklich sei er jetzt klug geworden und gehöre zu den Belehrten der Geschichte, dann hätte er sich besser nicht darauf geworfen, der Öffentlichkeit seine verbiesterte Gleichsetzungsmechanik zu offerieren. Ausgerechnet darauf warf er sich aber. Wirft sich darauf bis in seine jüngsten Bekundungen. So wähnt er sich bevollmächtigt, mit ihrer Hilfe eine Geschichtslegende zu konstruieren – oder, weil andere sie vor ihm konstruiert hatten – wieder aufzuwärmen, um ein weiteres Mal die Kommunisten in die Nähe der deutschen Faschisten zu rücken:

2006 greift er neuerlich auf seine Jugendzeit zurück: er habe seine „ersten politischen Erfahrungen ... ein Jahr nach Kriegsende als Arbeiter im Kalibergwerk gemacht". „Im Buch beschreibe ich, wie unversöhnlich sich dort drei verschiedene Gruppierungen von Arbeitern gegenüberstanden: alte Nazis, Kommunisten und Sozialdemokraten. So habe ich erlebt und später dann verstehen können, woran die Weimarer Republik zugrunde gegangen war: natürlich vor allem an den Nazis, aber auch daran, daß die Nazis und die Kommunisten gemeinsame Sache gemacht haben. Das war die Folge eines Komintern-Beschlusses, aus Moskau, der nicht die Nazis, sondern die sogenannten ‚Sozialfaschisten', die Sozialdemokraten also, zum größten Feind erklärt hatte."[102]

---

[102] Warum ich nach sechzig Jahren ..., FAZ, 12. 8. 2006, S. 35, Sp. 1

Kommunistische Wortführer gestanden längst ein – und die internationale Geschichtsforschung wies es nach –, daß die „Sozialfaschismus"-These ein gravierender Fehler war. Während der Zeit, als die faschistische Gefahr drohte und stetig anstieg, hätten die Kommunisten Gemeinsamkeiten mit der Sozialdemokratie suchen und alle Linken sich verbünden sollen. Doch ist die Weimarer Republik gewiß nicht an einem Beschluß der Kommunistischen Internationale zugrunde gegangen. Auch machten „die" Kommunisten nicht mit den „Nazis" gemeinsame Sache. Deshalb ging die Weimarer Republik 1933 keinesfalls an einem Zusammenwirken der Nazis und „der" Kommunisten zugrunde. Auch angesichts der hohen Zahl von Menschenopfern, die vom kommunistischen Widerstand im Kampf gegen den Faschismus gebracht wurden, ist die Behauptung des Günter Grass ein Unrecht. Schon aus diesem Grund wäre eine vollkommen andere Sprache über Kommunismus und Kommunisten angemessen. Vorbildlich war z. B. ein Redestil, wie ihn Gustav Heinemann seinerzeit fand.

In seinem Wirken betrachtete er als vornehmste Verpflichtung die antifaschistische. Niemals bloß in dem oberflächlichen Sinne, daß man den Widerstand gelten läßt, womöglich unter Ausschließung des Beitrags der Kommunisten, als wäre er eine Strömung unter anderen. Für ihn bildete Antifaschismus den primären Maßstab, an dem die Geschichte und Gegenwart der Bundesrepublik zu messen seien. Im Gedenken an die Opfer sagte er:

„Sie alle handelten und starben für eine bessere Welt, für Recht und Gerechtigkeit. Der Hamburger Arbeiterführer Fiete Schulze, auf dessen Namen die DDR übrigens eines ihrer Schiffe getauft hat, schrieb vor seiner Hinrichtung im Juni 1935 in einem Abschiedsbrief an seine Schwester: ‚Du haderst mit den Verhältnissen, die Dir den Bruder nehmen. Warum willst Du nicht verstehen, daß ich dafür sterbe, daß viele nicht mehr einen frühen und gewaltsamen Tod zu sterben brauchen? Noch ist es nicht so, doch hilft mein Leben und Sterben es bessern.' Solches Vermächtnis stellt uns vor die immerwährende Aufgabe des demokratischen Rechtsstaates. Die Widerstandskämpfer, die nur mit einem Anschein von Justiz einfach niedergemacht wurden, fragen uns, ob wir gegen antidemokratische Geistesrichtungen immun bleiben, ob wir den Geist der ruhigen Vernunft in der Politik bewahren, ob wir Recht und Gerechtigkeit gegen jedermann obwalten lassen."[103]

Nun das Frappierende:

Wie wir den Autor Grass kennen, wird er allerdings an anderer Stelle wahrscheinlich nicht zögern, die Gleichsetzung „Rot = Braun" energisch zu

---

[103] *Bulletin* Nr. 96, 22. 7. 1969 (Rede zum 25. Jahrestag des 20. Juli 1944)

bestreiten und ihre Berechtigung zu dementieren. In seiner Rede „Radikalismus in Deutschland" ist es so weit, und die Leserschaft wird es einigermaßen verblüfft registriert haben.

Darin steht: „Um dies vorweg zu sagen: Rechts- und Linksradikalismus unterscheiden sich ideologisch grundsätzlich ..." (P 188)

Dann aber rafft der Verfasser sich zu so etwas wie einem Generalvergleich auf, indem er fortfährt – nun wieder dem Egalisierungstaumel verfallend – : „... gleichen sich in der Intoleranz";

erneut Trennendes einflechtend: „schließen einander in der Zielsetzung aus",

um endlich alles zu einem Zopf zusammenzudrehen: „wollen einander nach der Machtübernahme jeweils liquidieren, doch der Hauptgegner beider auf Umbruch, Staatsstreich oder Revolution setzenden Bewegungen ist immer der gleiche: die Sozialdemokratische Partei Deutschlands. Weil Rechts- und Linksextremisten in dieser Partei den Hauptgaranten der Parlamentarischen Demokratie sehen, wollen sie ihn schwächen und – am Ende – zerschlagen.

Die Sozialdemokratie steht dem rechten Staatsstreich wie der linken Revolution im Wege. Wie schon der Nationalsozialist Joseph Goebbels und der Kommunist Walter Ulbricht im Berlin der dreißiger Jahre gemeinsam einen Streik gegen die Sozialdemokraten organisierten, so sind auch heute die verfeindeten extremen Flügel bereit, sich unabgesprochen zu verbünden, wenn es darum geht, die SPD zu schädigen." (Ebd.)

Wenn so grundsätzliche Unterschiedlichkeit in der Lehre, wenn so grundsätzliche in der Zielsetzung, wenn demzufolge Todfeindschaft zwischen beiden – wie kann es dann sein, daß „Rechts- und Linksextremisten" selbst heute noch darauf warten, sich miteinander zu „verbünden"?

Dieser Frage geht Grass nicht nach. Um sie zu beantworten, reicht es nicht aus, mit dem Vorwurf „Intoleranz" zu operieren, Staatsstreichs- und Revolutionsideen zu erwähnen und Gegnerschaft gegen die SPD sowie die Namen Goebbels und Ulbricht einzuwerfen. Es müßte sehr viel mehr erklärt werden, darunter z. B.:

Wie kommt es, daß der kommunistische Widerstand im Reich gegen das NS-Regime zahlenmäßig der stärkste war und die Zahl seiner Toten bei weitem die höchste?

Wie kommt es, daß die „entscheidende Front", an der in den ersten Kriegsjahren der Bestand der Sowjetunion verteidigt und in der Folge das faschistische Herrschaftssystem zu Einsturz gebracht wurde, mit Eroberung von dessen Hauptstadt Berlin, im europäischen Osten verlief und Kommunisten (wie Marschall Shukow) sie befehligten?

Wer nachdenkt, wird sich der Einsicht nicht versperren, daß die Gleichsetzung schließlich nichts als Werkzeugcharakter besitzt, um den Kommunismus niederzumachen – dadurch, daß er in den besseren Köpfen diffamiert wird. Seine Gleichsetzung mit dem Faschismus ist ein Musterbeispiel von Diffamierung. Das Gleichsetzungstheorem ist also ein Element des Antikommunismus; es wird kaum als ein Element des Antifaschismus Verwendung finden.

Nicht auszudenken, daß ein Antifaschist daherkäme und propagierte: Ich bekämpfe den Faschismus, indem ich ihn dem Kommunismus gleichsetze. – Das wäre ein Ding der Unmöglichkeit.

Grass redet von Thomas Mann, „dem großen Toten". Thomas Mann aber schrieb: „Trotzdem kann ich nicht umhin, in dem Schrecken der bürgerlichen Welt vor dem Wort Kommunismus, diesem Schrecken, von dem der Faschismus so lange gelebt hat, etwas Abergläubisches und Kindisches zu sehen, die Grundtorheit unserer Epoche."[104]

Antifaschismus oder keiner?

In Zeitschriften linker und antifaschistischer Vereinigungen in Deutschland kann man immer wieder einmal finden, daß darin Beiträge erscheinen, deren Verfasser sich bemühen, den Autor Grass für den Antifaschismus zu vereinnahmen.

So versicherte Raimund Gaebelein in dem Blatt „Der Bremer Antifaschist"[105] nach dem Erscheinen des Buchs „Im Krebsgang": „Günter Grass ist keineswegs in die Ecke von Kriegsbefürwortern und Ewiggestrigen einzuordnen." – Wäre aber Grass dies beides nicht, weshalb kommt eigentlich der Mitarbeiter eines antifaschistischen Blattes in die Verlegenheit, das eine wie das andere abzustreiten? – Er streitet beides ab, weil es in der Öffentlichkeit geäußert wurde. Aus welchem Grund? Weil im Jahre 2002 allgemein noch in Erinnerung war, mit welcher Verve sich der Autor 1999 für den Krieg der NATO in Jugoslawien ausgesprochen hatte.

Zu den Gründen, mit denen Gaebelein seinen Versuch der mühsamen Weißwaschung unternimmt, zählt der Hinweis auf das Buch „Im Krebsgang". Was sei dies nämlich? „Günter Grass' Novelle ‚Im Krebsgang' ist ein

---

[104] Im Aufsatz: „Schicksal und Aufgabe", in: wie Anm. 96, S. 130-145; hier: S. 142
[105] Ausgabe vom Mai 2002

Plädoyer für eine Aufarbeitung der Geschichte aus dem Blickwinkel der Opfer." – Opfer und Opfer aber ist zweierlei. Erstens gibt es die Opfer, die der deutsche Faschismus und seine Kriege in den angegriffenen Ländern forderten, nicht zuletzt unter der jüdischen Bevölkerung Europas, Opfer auch im eigenen Land: unter den Widerstandskämpfern. Zweitens die Opfer auf seiten der deutschen Truppen und der deutschen Bevölkerung. Der flüchtigste Blick in die „Novelle" von Grass erweist nun, daß in dieser einzig und allein die Opfer auf der letztgenannten Seite beklagt werden, vor allem die Ertrunkenen der „Wilhelm Gustloff".

Angeklagt wird der sowjetischee U-Boot-Kommandant Marinesko, der das Schiff versenkte, weil er in ihm nur den Truppentransporter zu erkannte. Ein Plädoyer „aus dem Blickwinkel der Opfer"? Gewiß. Aber es wäre derselbe Blickwinkel, aus dem die erwähnten „Ewiggestrigen" die Vorgänge ebenfalls betrachten.

Um nochmals auf eine Äußerung von Grass im Interview mit Wickert zurückzugreifen: „Und ich wünschte keinem, daß er jemals in solche Verhältnisse hineingeraten würde, wo es so wenig oder keine Alternativen gab." – Die gemeinten „Verhältnisse" sind die von 1933-1945 in Deutschland. Der Hinweis „oder keine Alternative" bezieht sich darauf, daß ein Deutscher damals kaum oder gar nicht anders konnte, als sich für den Eintritt in die (Waffen-)SS zu entscheiden.

In den Büchern der Geschichte steht etwas anderes verzeichnet. Dort steht zu lesen, daß es gar nicht so wenige einzelne Deutsche gab (Georg Elser!), die Widerstand leisteten, und daß es Gruppen von Deutschen gab, die Widerstand leisteten, einen oftmals keineswegs ineffektiven. Diese Möglichkeit scheint in dem Grass-Interview nicht einmal auf.

Aus dem „Blickwinkel" der Widerstandskämpfer wäre aber eine Erklärung etwa dieses Inhalts sinnvoll gewesen: „Und ich wünschte keinem, daß er jemals in solche Verhältnisse hineingeraten würde, wo es so wenig Alternativen gab, allerdings darunter die eine, in den Widerstand zu gehen." Eine Überlegung, die womöglich fortzusetzen war: „... was aber ständige Todesgefahr bedeutete; eine Situation, die auszuhalten nicht jeder sich zumuten konnte. Sie erforderte einen heroischen Mut, wie ihn ein Mensch nur sich selber abverlangen darf; kein anderer durfte ihn von einem anderen verlangen. Und keiner kann nachträglich fordern, daß sich jeder Deutsche für den Widerstand hätte entscheiden müssen."

Nach alledem wäre eine Erklärung dieser Art aus dem Munde des Autors nicht falsch gewesen: „Es gab Alternativen, gewiß, wenn auch nicht viele, aber meiner Herkunft und politischen Einstellung gemäß kam für mich damals nur eine, der Eintritt in die Waffen-SS, infrage."

Grass war nicht irgendeinem Zwang ausgesetzt, im Interview zu erklären – und erklärte nicht –: „Ich hätte Widerstand leisten sollen."

Er war aber während der Jahre 1933/45 auch keinem Zwang ausgesetzt, sich verblenden zu lassen, wie er es suggeriert. – Das Wort „Widerstand" kam ihm in dem Zusammenhang „Eintritt in die Waffen-SS, oder gab es eine eine Alternative?" jedenfalls nicht zufällig *nicht* über die Lippen. Denn folgt man seinen Ausführungen in der „Blechtrommel", so hatte das Wort „Widerstandskämpfer" für ihn niemals einen guten Klang. Aus zwei Gründen: Der Begriff sei allzu „modisch" geworden; und es hätten sich viele mit dem Begriff geschmückt, denen er in Wahrheit gar nicht zustand. Daher rückt Grass es in einen einigermaßen suspekten Kontext. Sein Oskar Matzerath reflektiert: Sei er selber ein „Widerstandskämpfer"?

Der Text: „Heute, als Privatpatient einer Heil- und Pflegeanstalt, da das alles schon historisch geworden ist, zwar immer noch eifrig, aber als kaltes Eisen geschmiedet wird, habe ich den rechten Abstand zu meinen Trommeleien unter Tribünen. Nichts liegt ferner, als in mir, wegen der sechs oder sieben zum Platzen gebrachten Kundgebungen, drei oder vier aus dem Schritt getrommelte Aufmärsche und Vorbeimärsche, nun einen Widerstandskämpfer zu sehen. Das Wort ist reichlich in Mode gekommen. Vom Geist des Widerstandes spricht man, von Widerstandskreisen. Man soll den Widerstand sogar verinnerlichen können, das nennt man dann: Innere Emigration. Ganz zu schweigen von jenen bibelfesten Ehrenmännern, die während des Krieges wegen nachlässiger Verdunklung der Schlafzimmerfenster vom Luftschutzwart eine Geldstrafe aufgebrummt bekamen und sich jetzt Widerstandskämpfer nennen, Männer des Widerstandes." (B 100)

Ein ernsthaft diskutabler Passus? Gegen ihn einzuwenden ist: Der Terminus „innere Emigration" meinte in Wirklichkeit etwas anderes, als es an dieser Stelle scheint.[106] – Wie in zahlreichen anderen Passagen, gibt Grass in dieser ebenfalls ein Rätsel mit einem Epitheton auf: in der Wendung von „den bibelfesten Ehrenmännern"; was haben mangelnde Verdunklung und Bibelfestigkeit miteinander zu tun? – Sicher gab es den Mißbrauch des Be-

---

[106] Vgl. Günther und Irmgard Schweikle, Metzer Literatur Lexikon. Stichwörter zur Weltliteratur, Stuttgart 1984, S. 209: (Art.) *Innere Emigration*. Darin der Hinweis: „... von Frank Thieß 1933 geprägte, besonders nach 1945 öffentlich diskutierte Bezeichnung für die politisch-geistige Haltung derjenigen Schriftsteller, die während des Dritten Reiches in Deutschland ausharrten und mit den ihnen verbliebenen literarischen Möglichkeiten *bewußt* gegen den Nationalsozialismus Widerstand leisteten."

griffs „Widerstandskämpfer" durch manche; sicher war es temporär ein vielgebrauchter Begriff (wenn auch kein modischer). Beides muß aber nicht dazu führen, ihn zu bespötteln.

Wie wenig legitim das ist, sieht man sofort, wenn man die Zeugnisse aus dem Leben von bibelfesten Widerstandskämpfern liest, die Widerstandskämpfer in der Tat – und mit der Tat – gewesen sind. Auch hier wieder nur ein einziger Name: Dietrich Bonhoeffer.

Des Autors Grass besondere *Aversion* gilt der von den Alliierten in Deutschland initiierten *Entnazifizierungpolitik*. Und damit wiederum verbindet sich eine zweite Aversion, die derjenigen gegen den Begriff des „Widerstandskämpfers" vergleichbar ist, jedenfalls was den Grad der Ablehnung anlangt. Grass schreibt:

„Was ist das, ein Antifaschist?

Wer immer dieses Klischee erfunden hat: es gab und gibt Leute, die es, wenn nicht im Briefkopf, so doch permanent auf der Zunge führen. Ist das Wort ‚Antifaschist' ein Gütezeichen? Da ein Klischee nichts und alles Unmögliche sagt, sind gleichzeitig Walter Ulbricht und Karl Jaspers, Herr v. Thadden und Pastor Niemöller Antifaschisten. Verzichten wir auf diese Plakette. Sie läßt sich allzu leicht nachmachen; schnell gestanzt ist ihre Zahl Legion. Auch Kurt Georg Kiesinger ist ein Antifaschist. Wir haben es erlebt, wie er nicht unelegant zögerte, als ihm neben dem Amt des Bundeskanzlers die ach, so schwere Aufgabe zugemutet wurde, das deutsche Volk (etwa Faschisten und Antifaschisten?) zu versöhnen. Kurt Georg Kiesinger fühlte sich frei von Schuld, und da er, wie ich gern glaube, in der Tat nie ein überzeugter Nationalsozialist, vielmehr ein opportunistischer Mitläufer gewesen ist, wird ihm der Freispruch in eigener Sache nicht schwergefallen sein.

Unsere Gesetze belangen den Täter. So traf der bis heute wirksame Blödsinn der Entnazifizierung nur den kleinen Blockleiter, den SS-Untersturmführer, den Kolonialwarenhändler von der nächsten Ecke. Vor Gericht reduzierte sich Auschwitz auf Fälle wie Boger und Kaduk. Denn die verinnerlichten Antifaschisten, wie Hans Globke und Kurt Georg Kiesinger, hatten, auf Grund ihrer größeren Befugnisse und Möglichkeiten, den Persilschein für alle Fälle parat." (P 119 f.)

Zunächst trifft auf diese Absätze über den Begriff „Antifaschist" zu, was über den des „Widerstandskämpfers": Es gab den Mißbrauch des Begriffs durch manche; es war temporär ein vielgebrauchter Begriff (wenn auch kein modischer). Beides muß aber nicht dazu führen, ihn als „Klischee" und „Plakette" zu diskriminieren, als eine Terminologie, die wegfallen sollte. Unterläßt Grass die Definition des Begriffs „Antifaschismus", um nur noch müde abzuwinken: „Klischee", welches „nichts und alles Unmögliche sagt", tut er hiermit sogar dem Klischee (als linguistisch-ideologischem Usus) Unrecht; selbst Klischees können durchaus ihren Sinn haben. Und wie wenig ein Umgang mit dem Antifaschismus-Begriff à la Grass legitim ist, sieht man sofort, wenn man die Zeugnisse aus dem Leben von Antifaschisten liest, die dies in der Tat – und mit der Tat – gewesen sind. Auch hier wieder nur ein einziger Name: Lorenz Knorr.[107]

Es kommen gehörige Widersprüche und Absurditäten hinzu, die in den zitierten Absätzen stecken.

Kiesinger war „nie ein überzeugter Nationalsozialist"? Zählte jedoch zu den „verinnerlichten Antifaschisten"?

„So traf der bis heute wirksame Blödsinn der Entnazifizierung ..." – Sie insgesamt wäre also Blödsinn, etwa deswegen – und deswegen abzulehnen –, *weil* sie „wirksam" war? – Nein, in der Geschichtsforschung gibt es erhebliche Zweifel an ihrer Wirksamkeit: Die Entnazifizierungskampagne der Alliierten zog sich Kritik zu wegen ihrer partiellen Unwirksamkeit, d. h., sie erfüllte ihre Bestimmung allenfalls zum Teil.

Und die Redeweise des Sprachkünstlers Grass von den „verinnerlichten Antifaschisten"? – Erneutes Rätsel! Was für Leute könnten das wohl sein? – Analysiert man das Lexem genau, so dürfte die Bedeutung nur sein: ‚Antifaschisten', die von anderen Menschen aufgesogen wurden, inhaliert, interiorisiert. Erraten läßt sich hingegen: Grass meint solche Zeitgenossen, die sich als Antifaschisten lediglich ausgaben, obwohl sie es nicht waren, die aber selber bald glaubten, es zu sein.

Das eine ist die verderbte sprachliche Form. Ein anderes, was an dieser Stelle bereits festgehalten werden kann: eine Eigentümlichkeit seines Denkstils.

Einerseits: Die Namen von Nazis. Grass nimmt die Positur eines ein, der es denen ‚aber so richtig gibt' – einem Hans Globke, einem Kurt Georg Kiesinger.

Anderseits – im selben Moment –: Augenblinzeln ins Publikum, daß es mit seinem ‚Engagement' *gegen* den Faschismus so weit her nicht sei. Nichts ganz ernst gemeint! Daher: Verwerfung der Begriffe „Widerstandskämpfer", „Antifaschist", „Antifaschismus", alles nur Klischees, Plaketten, modischer Kram.

Entnazifizierung, um auch sie in schiefes Licht zu rücken, was wäre sie anderes gewesen als – Blödsinn?

---

[107] Vgl. Lorenz Knorr, Aufklärung, Frieden, Antifaschismus. Ausgewählte Reden und Schriften, hg. von Lorenz Gösta Beutin, Köln 2006

In dieselbe Rubrik gehört des Autors Anprangerung der „Fragebogen-Epidemie" (P 59).

Der Fragebogen diente der Entnazifizierung. Die Angaben, die darin einzutragen waren, sind, wie auch anders, vielfach gefälscht worden. Sicher ist, daß das Vorhaben seitens der Alliierten aber nicht ohne ihn hätte initiiert werden können. Ohne ihn wären die Spruchkammern an die für die Urteilsfindung notwendigen Daten kaum herangekommen. – Welche Kritik aber man an ihm jedoch auch üben wollte, gerechterweise würde ein Nachdenklicher niemals zu dem Ergebnis gelangen: Eine Epidemie.

Vielmehr ein – wahrscheinlich eher naiv ausgestaltetes – Instrument zum Zweck eines politischen Heilungsversuchs.

Dessen Fehlschlagen wird auch dadurch bewiesen, daß der ‚repräsentative' deutsche Autor der Epoche nicht anders als mit Hohn darauf reagiert.

Nur zu konsequent ist es nach alledem, daß Günter Grass sich von dem Ausdruck „Tag der Befreiung" – für: den 8. Mai 1945 – distanziert, ihn für sich ablehnt, obwohl andere nicht im Unrecht seien, ihn für sich gelten zu lassen:

„Ich kam mir übrigens bei Kriegsende keineswegs befreit vor, ich war geschlagen. Vom Tag der Befreiung können nur jene sprechen, die wirklich unter dem System gelitten haben."[108]

„Wenn sich also Mal um Mal der 8. Mai jährt und in wohlgesetzten Reden als Tag der Befreiung gefeiert wird, kann nur eine nachträgliche Einsicht gemeint sein, zumal wir Deutsche wenig bis nichts für unsere Befreiung getan haben."[109]

Die zweite Äußerung nimmt sich wie eine Korrektur der ersten aus, die auch sehr angebracht wäre: Nicht nur diejenigen, die unter dem deutschen Faschismus gelitten hatten (prototypisch: die Häftlinge in den Konzentrationslagern), konnten den 8. Mai als definitiven „Tag der Befreiung" empfinden. Als „Tag der Befreiung" ermessen werden ihn unter den Späteren auch alle diejenigen, die im Faschismus die in der Geschichte einmalige und einmalig zerstörerische menschheits- und menschheitskulturbedrohende Gewalt erblicken, die in ihm tatsächlich gegeben war und von der am 8. Mai 1945 feststand, daß die alliierten Armeen in Europa sie endgültig besiegt hatten (was man unter der von Grass erwähnten „nachträglichen Einsicht" verstehen kann).

---

[108] Warum ich nach sechzig Jahren ..., FAZ, 12. 8. 2006, S. 35, Sp. 2
[109] (Artikel aus dem Internet:) Grass-Beitrag zur Ausgabe der Zeitung DIE ZEIT zum 8. Mai 2005

Immer und überall dieses Autors fortgesetzte Kollektivbezichtigungen, sein Begriff „wir Deutsche": „zumal wir Deutsche wenig bis nichts für unsere Befreiung getan haben". – Ständig unterschlägt er so, was deutsche Widerstandskämpfer, Antifaschisten, Angehörige des Nationalkomitees Freies Deutschland, Wehrdienstverweigerer, Deserteure und auch nur ‚einfache' Leute im Alltag, die vielleicht unter Lebensgefahr jüdische Mitbürger bei sich versteckten und bis zum 8. Mai 1945 ernährten, zur Niederlage des Faschismus und zur Vereitelung seiner Absichten beigetragen haben. All dies zusammen soll wenig gewesen sein?

Eine von einem ehemaligen Mann der Waffen-SS vorgetragene Aussage – unstatthaft! War es wirklich wenig, dann hat es mit an ihm gelegen, lag es an ihm und seinesgleichen.

Hat sich Grass nicht während seines – von ihm erwähnten – langwierigen Lernprozesses etwas Grundlegendes einprägen können? Nein?

Nachsitzen! – Dreißigmal aufschreiben: Ich soll die pathetische Kombination *„wir Deutsche"* – wie auch die weniger auffällige Form: *„wir Deutschen"* – , prinzipiell vermeiden. Begründung:

In der Wendung gehen alle diejenigen Deutschen unter, die sich – als Widerstandskämpfer, Antifaschisten, Angehörige des Nationalkomitees Freies Deutschland, Wehrdienstverweigerer, Deserteure, einfache Leute – *„uns Deutschen"* einstmals unter Lebensgefahr entgegensetzten.

Zur Erinnerung: Am 4. Dezember 1980 gab die Kultusministerkonferenz der Bundesländer eine Empfehlung heraus, in der zur „Behandlung des Widerstandes in der NS-Zeit im Unterricht" aufgefordert wurde. Hier sei daraus ein Absatz ziziert, um anzudeuten, daß über den antifaschistischen Widerstand der Jahre 1933-1945 auch vollkommen seriös gesprochen werden kann und daß über ihn in der Geschichte der Bundesrepublik von hochgestellten Vertretern der Exekutive auch wirklich seriös gesprochen worden ist.

Seriös, darunter verstehe ich hier: ohne in alberner Weise eine Verbindung zwischen ihm sowie den Schlafzimmerfenstern vorgeblich „bibelfester" Ehrenmänner (Ehemänner?) zu stiften.

Der Absatz:

„Die Behandlung des Widerstandes gegen die nationalsozialistische Gewaltherrschaft in Schule und politischer Bildung hat das Ziel, Erinnerungen wachzuhalten, geschichtliche Grundkenntnisse zu vermitteln und das politische Urteil zu schärfen. Dadurch soll sie bei jungen Menschen demokratische Werthaltungen befestigen und entsprechende Verhaltensweisen aufbauen. Die Untersuchung des Widerstandes soll die Achtung vor den Menschenrechten, die politische und moralische Verantwortlichkeit und das Eintreten für eine Ordnung stärken, in der verschiedene politische und weltanschauliche Richtungen im demokratischen Verfassungskonsens nebeneinander und miteinander bestehen können. In den Kräften des Widerstandes, so verschieden sie waren, zeigt sich ein gemeinsamer Wille zur moralischen Selbstbehauptung auch in einer aussichtslosen politischen Lage. In der Vergegenwärtigung des Widerstandes im Unterricht und in politischer Bildung liegt daher ein Schlüssel für die Zukunft unserer demokratischen Ordnung."[110]

Was aber, falls eine Lehrerin oder ein Lehrer auf die Idee kommen sollten, in einem so konzipierten Unterricht auf die kuriosen Velleitäten des Günter Grass zurückzugreifen?

Sie oder er müßte dann gewarnt werden, daß damit keineswegs der geeignete „Schlüssel" gefunden sei.

Nationalismus

> Es ist in allen Stücken mit dem bloß
> Nationalen nicht mehr viel anzufangen.
> Thomas Mann, *[Essai: Die Aufgabe des Schriftstellers]*

> *(Autor findet „verwerflich":)* den organisierten
> Massenmord, der zwar mit Massengräbern, aber auch mit
> Orden, Ehrenzeichen und blankem Golde gepaart geht und
> gleichfalls mit Liebe etwas zu tun hat: der krankhaften,
> der zum „Vaterlande".
> Albert Vigoleis Thelen, *Die Insel des zweiten Gesichts*

Zur nationalistischen deutschen oder Reichsideologie, wie sie nach Gründung des zweiten Deutschen Kaiserreichs etabliert wurde, gehörte als ein zentraler Terminus: „Vaterland".

Ursprünglich war dies ein Begriff in oppositionellen, vor allem liberalen Strömungen im Vormärz (1815-1848), deren Vorkämpfer ihn benutzten, um mit ihm die Einheit der deutschen Territorien anzumahnen, die nur im Streit gegen die dynastischen Ambitionen der deutschen Fürstenhäuser errungen werden konnte. Eine der wichtigsten Quellen für ihn in diesem Sinne war das Gedicht von Ernst Moritz Arndt: „Des Deutschen Vaterland" aus der Zeit von 1812/13. Dessen 1. Strophe lautet:

> Was ist des Deutschen Vaterland?
> Ist's Preußenland, ist's Schwabenland?

---

[110] Siehe Abdruck in der Wochenzeitung „die tat", 24. 4. 1981

> Ist's, wo am Rhein die Rebe blüht?
> Ist's, wo am Belt die Möwe zieht?
> O nein! nein! nein!
> Sein Vaterland muß größer sein.[111]

Nach der Reichsgründung von 1871 fügten beflissene Ideologen dem Ausdruck eine semantische Komponente von besonderer Aggressivität hinzu: das deutsche Vaterland mußte allen übrigen Ländern an innerem Wert überlegen sein (Parole z. B.: „Deutsche Treue, welsche Tücke"). Diese Überlegenheit sollte sich in der Folge auch politisch ausdrücken – zuletzt (offiziell so erklärt 1897) in der „Weltpolitik".

Mit solch friedensfeindlicher Bedeutung aufgeladen, hielt der Begriff seinen Einzug in ungezählte Reden, Zeitungsartikel, erörternde und belletristische Texte aller Gattungen. 1917 wurde gar eine „Deutsche Vaterlandspartei" gegründet, deren Leitung der Herzog Johann Albrecht zu Mecklenburg und Admiral v. Tirpitz übernahmen. Sie existierte allerdings nur ein Jahr, bis 1918. Endgültig nach dem 8. Mai 1945 schien sich die „Vaterländerei" (ein Neologismus Goethes!) erschöpft zu haben, der Begriff pensioniert zu werden.

Bis 1965 ein damals achtunddreißigjähriger deutscher Schriftsteller kam, der ihn reaktivierte. Er schrieb in einer Rede, die er damals während eines USA-Aufenthalts ausarbeitete:

„In Maryland, USA, an der Atlantikküste wurde im Juni diese Rede konzipiert. Sie werden sich fragen, hatte der Mensch nichts Besseres zu tun, als zwischen Dünen, Reklametafeln und leeren Strandhotels über westdeutsche Verhältnisse nachzudenken? Warum blieb er nicht beim Leisten, beim üblichen Geschichten-Ausdenken? Warum hat er nicht springende Delphine und den ewig besoffenen Horizont besungen? – Man mag es mir nachsehen: so sehr mich die leeren Bierbüchsen im Seesand zu kühnen Metaphern verführen wollten, es kam mir unser armes, reiches, liebliches und mürrisches, gemütliches und gehetztes, unser krumm und lahm geschlagenes und eigentlich noch so junges Vaterland nicht aus dem Sinn." (P 13) – Möchten wir ihm seinen „ewig besoffenen Horizont" denn nachsehen – der Verdacht liegt sehr nahe, das Besoffensein werde hier auf den Horizont nur übertragen, sei eigentlich dasjenige einer Person gewesen –, aufgestört wird man doch erheblich durch den Lobgesang (im Jahre 1965!) aufs „Vaterland".

---

[111] In: Fremdherrschaft und Befreiung. 1795-1815, bearbeitet von Robert F. Arnold, in: Deutsche Literatur / Sammlung ... in Entwicklungsreihen, R. Politische Dichtung, Bd. 2, Leipzig 1932, S. 135

Der Schriftsteller, der ihn anstimmte, hieß: Günter Grass.

Im Sommer 1965 verfaßte derselbe zudem eine politische Rede unter dem Titel: „Was ist des Deutschen Vaterland?" (P 32 ff.)

... also, wie man sieht, unter Verwendung des Titels des Gedichts von Arndt. Sie fängt an: „So heißt meine Rede, und mit dieser Frage beginnt ein Gedicht, das ich Ihnen nicht vorenthalten möchte." (P 32)

Es folgt ein Abdruck des Poems, das ihm im Folgenden dann die Ausgangsbasis für allerlei Spekulationen bietet.[112] – Immerhin räumte er ein, die deutschen Ostgebiete – Schlesien, Hinterpommern, Ostpreußen – seien „vertan, verspielt, eine Welt herausfordernd verloren" (34). Nicht erforderlich sei es jedoch, deshalb „die Heimatverbände aufzulösen und jene Provinzen, die einmal des Deutschen Vaterland gewesen sind, zu vergessen. Gewiß, Schluß mit den kostspieligen und Funktionäre mästenden Flüchtlingstreffen. Aber an ihrer Stelle fordere ich die ernsthafte Erforschung aussterbender Dialekte und – ich fürchte nicht das Lächeln der Oberschlauen – die Gründung von gutgeplanten, durchaus lebensfähigen und nicht nur musealen Städten, die Neu-Königsberg, Neu-Allenstein, Neu-Breslau, Neu-Görlitz, Neu-Kolberg und Neu-Danzig heißen mögen.

Laßt uns Stadtgründer sein! Wir haben Platz in der Eifel, im Hunsrück, im Emsland und im Bayerischen Wald. ... Wer sagt da Utopie? Nichts davon. Hier wird die Frage: ‚Was ist des Deutschen Vaterland?' realistisch beantwortet." (P 37)

Doch, genau das war es, *es war eine Utopie*, Utopie im schlechten Sinne, eine niemals zu verwirklichende und zu Recht niemals verwirklichte. Wäre es denn jemals gelungen, in Mittelgebirgen Städte, geschweige Großstädte aus dem Boden – der Täler – zu stampfen? Und hat er zuvor die Emsländer befragt, ob sie nicht mit ihren Mittel- und Kleinstädten auskämen, ob sie wünschten, sie durch Neugründungen zu vermehren?

Die Frage nach „des Deutschen Vaterland" konnte auch die *„nationale Frage"*, *vulgo* – mit einem damals vielgebrauchten Terminus – die *„gesamtdeutsche"* heißen. Mit der von ihm favorisierten Bildlichkeit aus dem Bereich Verdauung-Ausscheidung konstatiert Grass: „Und alle paar Jahre wird unsere gesamtdeutsche Verstopfung mit dem Europa-Klistier behandelt." (P 152)

---

[112] Der Abdruck ist nicht vollständig, denn von den 10 Strophen fehlt eine (worin der Dichter die deutschen Fürsten belastete): „Was ist des Deutschen Vaterland? / So nenne mir das große Land! / Ist's, was der Fürsten Trug zerklaubt? / Vom Kaiser und vom Reich geraubt? / O nein! o nein! / Das Vaterland muß größer sein." – Vielleicht enthielt die von Grass benutzte Vorlage nicht den kompletten Text?

Er betrachtet zustimmend die (mit seinem Wort): „aufklärende und bahnbrechende" Schrift „Vom deutschen Nationalgeist" des Friedrich Karl Moser (1723-1798), die, wie er es sich zurecht legt, „den deutschen Nationalgeist konstituierte" (P 46). – Aber die Möglichkeit, daß eine einzige Schrift ihn konstituierte, müßte bestreiten, wer gewohnt ist, historische Vorgänge wissenschaftlich zu erforschen.

Er schilt den Mangel an Bildung der (damals) in Bonn regierenden Christdemokraten, ein Manko, das „nationale Schamröte hervorrufen sollte" (P 46). – Vermutlich versuchte der nationalgesinnte deutsche Schriftsteller sich in deutscher Sprache auszudrücken. Sein Pech: daß eine Schamröte sich weder als „national" noch als „international" qualifizieren läßt. Also verdeutschen wir: ‚als Reaktion der Nation Scham hervorrufen' oder ‚den Angehörigen der deutschen Nation die Schamröte ins Gesicht treiben sollte'? Dramatisierend schreibt er:

„Mit Entsetzen stellen wir fest, daß wir Männern die Regierungsverantwortung übertragen haben, deren Machtwille zwar groß ist, deren Bildung jedoch nationale Schamröte hervorrufen sollte. Denn weder unserem Innenminister, Herrn Höcherl, noch dem Bundeskanzler Erhard hat jemals das Feuer der Aufklärung geleuchtet. Kleine Geister tragen zu große Verantwortung. Wollte ihnen jemand mit der Sprache Lessings heimleuchten, sie verstünden ihn nicht und würden ihm, der unser kritisches Bewußtsein geprägt hat, mit landesüblichen Kommunistenbeschwörungen antworten." (Ebd.) – Aber ob gerade der Verfasser dieser Sätze beanspruchen darf, sich in die Tradition der Sprachkunst eines Lessing einzureihen und von ihr gelernt zu haben?

Noch einmal kommt Grass auf den bereits zitierten Moser zurück: in seiner Rede zur Verleihung des Büchnerpreises 1965. (Überhaupt erklomm er in diesem Jahr einen vorläufigen Gipfel seines Ruhms.) Mit einem Ausdruck Mosers mahnt er darin – zweihundert Jahre später – in Deutschland die „Nationaldenkungsart" an! (P 78) Es habe „der schwäbische Pietist Friedrich Karl Moser über den mangelnden Nationalgeist des gemeinen deutschen Mannes" geklagt, „der nur den Strich Erde, worauf er geboren und erzogen sei, für sein wahres und alleiniges Vaterland halte."

Grass gibt Mosers Äußerung über das Nationalgefühl wieder: „Es ist vielleicht nie stark genug dagewesen oder doch schon allzu lang erloschen, als daß man auch bei dem gemeinen[113] Deutschen eine solche Nationalden-

---

[113] Alte Wortbedeutung: ‚der nicht einem höheren Stand angehört' (vgl. engl. „common").

kungsart, eine allgemeine Vaterlandsliebe suchen sollte, wie man sie bei einem Briten, Eidgenossen, Niederländer oder Schweden usw. antrifft."
Anschließend kommentiert er Mosers Betrachtung: „Seitdem hat sich in Sachen ‚Nationaldenkungsart' in unserem Land nicht viel getan ... Wie anders ließe sich sonst die von Jahr zu Jahr tiefer begründete Teilung Deutschlands erklären?" Die Regierung der Bundesrepublik habe „Wert darauf" gelegt, „ohne jede Not Brücken abzubrechen, Kontakte, von denen wir nichts zu fürchten hatten, zu unterbinden und auf jenem Stück Erde, das uns geblieben ist, einem vordergründig ideologisierten Wohlstands-Separatismus zu leben." (P 78 f.) – Erneut eine ganz rätselhafte Sprachschöpfung, wenn vom „vordergründig ideologisierten Wohlstands-Separatismus" spricht. Womöglich in der Bedeutung: es sei ein Separatstaat geschaffen worden zum Zwecke, hierin breiteren Schichten ein Leben im Wohlstand zu sichern, und die Verantwortlichen schufen als Begleitmusik dazu die rechtfertigende Ideologie.

Abermals liefert Grass selber ein Bespiel für konzentrierte Ideologie. Die Überwindung der deutschen Teilung hätte in den Jahren 1949-1989 niemals durch Revitalisierung einer noch so energischen „Nationaldenkungsart", wie Moser sie konzipierte, vonstatten gehen können; dazu wären vielmehr an Voraussetzungen mindestens erforderlich gewesen:

die Veränderung der weltpolitischen Konstellation (wie dann 1989 geschehen);

Auflassung des Kapitalismus oder Sozialismus in dem einen oder anderen Teilstaat (ebenfalls à la 1989).

Er rügt, niemals habe die Wirtschaftspolitik, selbst eine nicht, von der in einem Teil Deutschlands ein bedeutender Wohlstand hervorgebracht worden sei, einen „Ersatz für die Lösung unserer nationalen Aufgabe" bieten dürfen (P 80). Und abermals kommt er der Leserschaft mit seiner Sprachartistik – für deren unfreiwilligen Humor er keine Ader hat? –, wenn er ein Bild für den Aufstieg der Bundesrepublik kreiert:

„Georg Büchners Huhn im Topf des Bauern hat sich zum überquellenden Eisschrank ausgewachsen." (P 79)

Wäre hier eine neue Art erfunden worden, einen Eisschrank zu produzieren? So hätte man dessen Produktion fortan der Landwirtschaft überlassen sollen. Im übrigen ist inzwischen der Eisschrank des Günter Grass offenbar dabei, zu Büchners Huhn zurückzuschrumpfen!

Die „nationale Frage" hat er dann noch viele Male gestellt. U. a. in seiner Rede vor dem Presseklub Bonn, 1967: „Die kommunizierende Mehrzahl". Darin kündigt er, der alte Frundsberger, zu Beginn ein großes Vorhaben an, kündigt es mit einem sozusagen frundsbergisch-trotzigen „Viel Feind' viel Ehr'" an:

„Ich werde versuchen, einer Unzahl etablierter Antworten gegenüber, die nationale Frage zu stellen. Nicht, daß ich vorhabe, revolutionäre Thesen an diese oder jene ehrbare Tür zu schlagen; Selbstverständliches soll zur Sprache kommen, wenn sich auch nicht verhindern läßt, daß das Selbstverständliche dem einen oder anderen Ohr revolutionär klingt." (P 149) – Immerhin, eine hehre Verpflichtung ist es, die er auf sich nimmt, wenn er sich auch ein wenig scheut, in die Fußtapfen eines Martin Luther zu treten (kein Thesenanschlag).

Was also wäre das Selbstverständliche, das einigen womöglich revolutionär Klingende?

„Wir konzentrieren uns auf die nationale Frage.

Bilden die Deutschen eine Nation? Sollen die Deutschen eine Nation bilden?

Zwar verfügen wir über viele mutige bis halbherzige Vorschläge zur Deutschlandpolitik und, dank Hans Magnus Enzensberger, über einen ‚Katechismus zur deutschen Frage', zwar gibt es von Rüdiger Altmanns Utopie ‚Der Deutsche Bund heute am 1. November 1976' über Wilhelm Wolfgang Schütz' Versuch, das Sackgassendenken des Kuratoriums umzuleiten, bis zum Gaus/Wehner-Gespräch eine Menge Ansätze, die einseitig westlichorientierte Außenpolitik der Bundesrepublik zu revidieren, aber die Grundlage für diese Versuche, nämlich die Vermittlung des nationalen Selbstverständnisses, fehlt noch. Selbst Enzensbergers schroffer Katechismus verzichtet auf diese Basis." (P 150 f.)

Also stand er 1967 immer noch bei seiner Behauptung, die primäre Aufgabe der Deutschen sei die Aneignung einer „Nationaldenkungsart". Demnach hatte er auch bis zu diesem Zeitpunkt nicht begriffen, wie wenig damit getan sein konnte und daß weder Politiker noch Schriftsteller in Deutschland sich damals ein vaterländisches Gewächs auf der flachen Hand wachsen lassen konnten. Unverdrossen aber sinnt er über Mittel und Möglichkeiten nach, wie man sie gegenwärtig neuerlich erschüfe. Ein Weg eventuell:

„Es wäre jetzt an der Zeit, das altmodische, oft mißbrauchte und gleichwohl treffende Wort ‚Vaterland' zu definieren, zumal sich das ‚Vaterland' zwanglos den konföderierten Ländern überordnen ließe. Aber der nationalistische Verschleiß dieses Begriffes, von der ‚vaterländischen Gesinnung' bis zum ‚Europa der Vaterländer', bereitet uns Sprachschwierigkeiten; wie überhaupt verworrene Terminologie geschwätzige Sprachlosigkeit belegt, sobald die Frage nach der Nation gestellt wird." (P 157)

Die Unzahl von Äußerungen des Günter Grass, der für die politischen Schäden der damaligen Zeit – vor vierzig Jahren – fast nur dies eine Heilmittel anzubieten hatte: Nationaldenkungsart, Vaterlandsliebe, „belegt" sie vielleicht Klareres als eine „verworrene Terminologie", Beredteres als „geschwätzige Sprachlosigkeit" und nicht gerade diese?

„Belegt" sie etwa eine konzise Gedankenführung, eine überquellende Ideenfülle, konzeptionelle Energie, unbändige Kraft des Entwerfens?

Oder wenn schon nichts von alledem, aber eines mit aller Bestimmtheit doch: der politische Grass tat sich zu diesem Zeitpunkt als deutscher Nationalist hervor.

Persönliche Bemerkung des Verfassers des vorliegenden Buches: Immer, wenn ich früher oder selbst noch in letzter Zeit gegenüber Freunden und Kollegen, die im allgemeinen politisch gut im Bilde sind, diese Tatsache erwähnte, sahen sie mich mit ungläubigem Staunen an. Nicht einmal Grass-Zitate halfen mir, sie zu überzeugen. So fest war in ihnen das in den Medien erzeugte Bild eines ‚linken' Autors namens Grass verankert! (Obwohl der niemals existiert hat.)

Es gibt aber nicht den geringsten Zweifel: Der ranzigste Nationalismus bildet das basale Element der synkretistischen Ideologie des Günter Grass.

Nur wird der Sachverhalt dadurch kompliziert, daß er immer wieder einmal querschießt und seine eigene Gedankenwelt unerwartet in Trümmer legt. (Das zählt zur Symptomatik des in der Psychiatrie bekannten „double-bind"-Phänomens, worüber unten zu handeln sein wird.)

Da sein Gedankengut zu keiner Zeit der offensichtlichen, von ihm allerdings kaum bemerkten Widersprüchlichkeit ermangelt, kommt er auch in seiner Rede von 1967, worin die Vaterlandsideologie ihre Triumphe feiert, zu dem Schluß, daß es schließlich mit allem Nationalismus dennoch nichts sei – weil „wir" eine Nation weder „bilden können" noch „bilden sollten":

„Meine These heißt: Da wir, gemessen an unserer Veranlagung, keine Nation bilden können, da wir, belehrt durch geschichtliche Erkenntnis – und unserer kulturellen Vielgestalt bewußt – keine Nation bilden sollten, müssen wir endlich den Föderalismus als einzige Chance begreifen." (P 160) – Damit wirft er implizite die Frage auf: Wozu denn aber überhaupt eine Mosersche „Nationaldenkungsart"-Begeisterung implantieren wollen, wenn auf die einheitliche Nation ohnehin verzichtet werden muß?

Die Überraschung der Mitglieder des Günter-Grass-Fan-Klubs ob dieser vollkommen verdutzenden These von Grass – die, will er, das „Selbstverständliche" sei – kann eigentlich nicht gering gewesen sein.

Kaum etwas im Text hatte zuvor darauf hingedeutet, daß es auf sie hinauslaufen sollte.

Wer hätte schon vermuten mögen, daß der Autor, statt nur wieder auf „Was ist des Deutschen Vaterland", also auf Vaterländerei, auf Nation und Nationaldenkungsart zurückzukommen, urplötzlich die Parole „Staatenbund, Föderalismus" ausgeben werde? Auf einmal war nicht mehr Moser angesagt, sondern – das Freundespaar Schiller und Goethe. Es mußte zur Begründung der These des Redners herhalten; eine ihrer bekanntesten Xenien machte er seinem profanen Zweck dienstbar:

> Deutscher Nationalcharakter
> Zur *Nation* euch zu bilden, ihr hoffet es, Deutsche, vergebens;
> Bildet, ihr könnt es, dafür freier zu Menschen euch aus.
> (Zit. bei Grass, P 162)

Sozialdemokratie

Wie es sich so ergibt, spricht Grass auch gelegentlich „vor den leitenden Köpfen einer Bank"; sein eigener Ausdruck.

Es waren mehr als nur Köpfe, nämlich so weit ja wohl vollständige Menschen mit Händen und Füßen, „die Damen und Herren der ‚Europäischen Investitionsbank'". Vor ihnen mußte er seine eingeübte Hochstapelei mäßigen, und so benennt er seine Rede denn: „Zukunftsmusik oder Der Mehlwurm spricht".[114]

Dieser, falls überhaupt jemals in einem Exemplar auf der Chefetage zugegen, kann leider aber doch nicht sprechen. Das mußte ihm daher der Literaturnobelpreisträger abnehmen. Nun also nicht aus der Unken-, Krebs-, Schnecken-, Butt- oder Zwiebelperspektive, sondern aus der des Mehlwurms.

Aus dieser verkündete er dennoch, trotz Wurmkleinheit großmännisch auftrumpfend, einen ungeheuren Vorsatz: „Wir können den Mund aufmachen und ein deutliches Wort wagen." – Ja, obwohl man sich in der Höhle des Löwen befindet ...?

Und das deutliche Wort? – „Gegen den Strom zu schwimmen nenne ich eine demokratische Disziplin."

---

[114] FAZ, 20. Oktober 2000

Kaum aber, daß er das Bild eingeführt hat, läßt er es eilig wieder fallen, und es schlägt die Stunde des nüchternen Wortes, Tacheles ist angesagt. Wie folgt: „Dem sich selbst und das gesellschaftliche Solidarverhalten zerstörenden Kapitalismus gilt es in den Arm zu fallen, ihm Manieren beizubringen und – ja, doch! – soziales Verhalten. Wem nur Profit zählt, der kann nicht rechnen. Wem das Geld nur bloße Spekuliermasse ist, der bringt jede Währung in Mißkredit. Diese Einsicht scheint Konjunktur zu haben, denn mittlerweile gibt es Banken, die sich von ihr leiten lassen. Eine heißt ‚Europäische Investitionsbank'. Ihr danke ich das Vergnügen, mittels einer Rede auf meine Weise Bilanz ziehen zu dürfen."

In der Bank, ob auf ihrer Chefetage oder in ihrer Eingangshalle, erspähte er also die Gelegenheit, das zentrale Dogma seiner politischen Weisheit zu offerieren, vor den leitenden Köpfen einer Investitionsbank sah Grass die Stunde gekommen, den Kern seiner politischen Überzeugung offenzulegen: Nicht dem destruktiven Kapitalismus sei ein Ende zu machen, sondern – seiner Destruktivität. Dem destruktiven Kapitalismus gelte es „in den Arm zu fallen", es sei an der Zeit, „ihm Manieren beizubringen" – der Dichter und Denker als Freiherr Knigge, wiedergekehrter Verfasser des Handbuchs „Ueber den Umgang mit Menschen"? (Die hier als Kapitalisten vor ihm saßen.)

Im „Vorwort eines Revisionisten" zum Buch „Über das Selbstverständliche" resümiert Grass:

„In diesem Buch ist von demokratischem Kleinkram die Rede; nicht politisches Weltgeschehen wird von erhöhter Warte aus besichtigt, vielmehr war und ist es der politische Alltag bis in die Niederungen des Wahlkampfes hinein, der mir Gelegenheit bot, Anteil zu nehmen, Vorurteile abzubauen, kleine Siege zu registrieren, auch zu irren oder den eigenen Standpunkt zu revidieren.

Revision also. Das politische Schimpfwort unseres Jahrhunderts bis in unsere Tage hinein – Revisionist! – wird überall dort laut, wo dogmatische Verhärtungen in Frage gestellt, aufgeweicht werden." (P 7)

Nein, kein Revisionist. Denn eine Revision des eigenen Denkens in der Privatsphäre macht noch nicht gleich den „Revisionisten" – dies ist ein traditioneller Begriff aus der Diskussion innerhalb der Arbeiterbewegung seit etwa 1900, der meint: Aushöhlung oder Aufhebung von begründeten Positionen der Theorie der Arbeiterbewegung, Aushöhlung oder Aufhebung von Bestandteilen der marxistischen Philosophie.

Dem folgt alsbald die Erklärung des Günter Grass, seine Selbstidentifizierung: „Ich bin ein Revisionist, und eingedenk aller Revisionisten, von Eduard Bernstein und Rosa Luxemburg bis zu Leszek Kolakowski und Ota

Sik, bin ich bereit, den Titel Revisionist, besonders dort, wo er mich als Schimpfwort treffen soll, wie einen Ehrentitel zu tragen.

Die Revision lebt vom produktiven Zweifel. Da alles Bestehende der permanenten Revision bedarf, betreibt der Revisionist die permanente Reform.

...

Dieses Buch versucht, Auskunft zu geben über den politischen Alltag eines Revisionisten. Ich habe versucht, den oft deklarierten Anspruch des Engagements umzusetzen." (Ebd.)

Produktiver Zweifel, Engagement in allen Ehren, warum nicht; aber was Grass mit seiner Erklärung bietet, ist keine verantwortlich-gründliche Argumentation. Es ist eine oberflächliche Setzung, mit der er mir nichts dir nichts die politische Öffentlichkeit jener Jahre überfiel, eine pseudo-eichendorffische Taugenichts-Weise, bestehend aus einigen hingeworfenen Phrasen und Begriffen, die er nicht einmal adäquat rezipiert hatte. Wie sonst wäre er nämlich dazu gekommen, Rosa Luxemburg ohne Umschweife dem Revisionismus zuzuzählen, wohin sie keinen Tag lang ihres Lebens hingehört hat? Und über die Dialektik von Revolution und Reform nicht eine einzige Silbe.

Nein, kein Revisionismus. Überhaupt kein Ismus, sondern eine Improvisation, die man am besten mit Schweigen bedeckt.

Als strahlenden Heros behält der Autor nach seinem ‚revisionistischen' Selbstbekenntnis und der Offenbarung seiner gesammelten Ressentiments, Aversionen und Fehlinterpretationen einen einzigen übrig: die Sozialdemokratische Partei Deutschlands. Sie verklärt er über die Maßen als die große Erleuchtete, die Lichtbringerin, den Inbegriff aller Vorzüglichkeit.

Aber die Problematik ist: Wie wäre diese erweislich?

Am besten vielleicht – so denkt er sich aus der Klemme zu ziehen –: indem er ihre bekanntesten Politiker rühmt, weswegen? – Sie seien – vorzüglich.

Doch damit, begreift er, hat er das Problem bloß verschoben, es bleibt weiterhin ungelöst: Die Partei ist vorzüglich, weil sie vorzügliche Politiker hat.

Wie aber erweist man – *deren* Vorzüglichkeit?

Wer den belletristischen Autor Grass lesen konnte, ja, selbst wer nur einen flüchtigen Blick in sein erzählendes Schrifttum warf, wird kaum verkannt haben, was eine seiner auffälligsten Schwächen ist: sein Unvermögen, Charakteristiken zu entwerfen; oder: sein Unvermögen zu charakterisieren ist ein wesentliches Charakteristikum des Schriftstellers Grass. Im Falle der sozialdemokratischen politischen Größen stellt er das gar nicht einmal unter Beweis. Er vermeidet es sorgfältig, sie zu charakterisieren.

Wer auf ein Beweisverfahren zu verzichten entschlossen ist, auf was wird er sich verlegen? – Richtig, aufs Beteuern. Sich aufs Beteuern zu verlegen, kostet vergleichsweise die viel geringere Mühe. So wählt er schlicht sechs Namen aus, um an diese ein Lob zu kleben: „Willy Brandt und Professor Schiller, Fritz Erler und Gustav Heinemann, Professor Schellenberg und Helmut Schmidt sind Männer, die ihre Sache zu vertreten wissen." (P 19)

So im Sommer 1965. Kurze Zeit später müßte er selber diese Angabe für zu karg gehalten haben. Gelang ihm jedoch nun der Ansatz eines Beweises? Zu welcher Methodik griff er?

Er zählte dazu.

Im Ernst, er addierte. Er addierte die Namen noch zweier weiterer Sozialdemokraten zu den sechs. Also waren es jetzt ihrer acht. Nunmehr war er in der Lage, immerhin schon von ihrer acht zu versichern, es „sind Männer, die ihre Sache ...":

„Willy Brandt und Fritz Erler, Professor Schiller und Professor Schellenberg, Waldemar von Knoeringen und Gustav Heinemann, Helmut Schmidt und der zukünftige Verkehrsminister Herbert Wehner sind Männer, die ihre Sache zu vertreten wissen."(P 60)

Aber mußte sich ein kluger Kopf nicht alsbald fragen: welche Sache? Ja, welche? – Die blieb im Dunkeln. („Die im Dunkeln sieht man nicht.")

Kataloge von Persönlichkeiten legt er bis in seine späten Jahre immer wieder einmal gern vor. Man mußte nicht überrascht sein – und war es vielleicht doch, war es wider eigene Einsicht abermals –, als er 1999, mitten im Krieg der NATO gegen Jugoslawien, mit einer Liste rotgrüner Politiker hervortrat, von Männern, die ihre Sache ...

Nein, diesmal beschränkte er sich auf das Prädikat: „hervorragend". Gleichzeitig hielt er einen Tadel für die Presse bereit, die womöglich zögerte, dem Lob beizustimmen. Er sagte: „Ich finde es jämmerlich, wie die Presse insgesamt mit so einem hervorragenden Außenminister wie Fischer und so einem hervorragenden Verteidigungsminister wie Scharping umgeht". Und betonte noch einmal: „Ich ziehe da meinen Hut ... ich habe jeden Respekt vor Fischer, Scharping und Schröder in dieser Sache."[115] „In dieser Sache": Das war die Sache mit dem Krieg. Und des Autors „Respekt" galt jenen Ge-

---

[115] Zit. im „Hamburger Abendblatt, 7. 6. 1999

stalten, die hauptsächlich bewirkt hatten, daß „von deutschem Boden" doch wieder Krieg ausgehen durfte.[116]

Sehr neugierig durfte die Leserschaft sein, was des Günter Grass Porträtkunst leisten würde, sollte er gelegentlich einmal auf Karl Marx zu sprechen kommen.

Er kam!

„In New York, um den 8. Mai herum" (man schrieb das Jahr 1965) „habe ich im amerikanischen Fernsehen Ausschnitte aus der Ostberliner Siegesparade gesehen. ... Furchterregend, auch komisch, wie jede aufgeblähte Macht, zog es vorbei."

Und in diesem Zusammenhang erwähnt er anschließend den Theoretiker der Arbeiterbewegung, ruft ihn an wie folgt:

„O bärtiger großer Marx!" (P 36)

Da liegt ein Verdacht nahe. Um einen Lakonismus von Karl Kraus auszuleihen, den dieser vor langer Zeit – im Winter 1912 – in der „Fackel" auf den Literaturhistoriker Albert Soergel gemünzt hatte: „Mehr wußte er nicht."

So und nicht anders ergeht es einem, der einmal die Wörter „Kapital" und „schmökern" zusammenstellte in einem Nebensatz: „wenn man im ‚Kapital' geschmökert hat" (P 11). Damit wollte er wohl Nonchalance demonstrieren, verdolmetscht: eine Tugend wie Lässigkeit, Ungezwungenheit, Lockerheit. In seinem schülerhaften Leichtsinn bedachte er nur nicht, daß Tugend unschwer in Untugend umschlagen kann, Lockerheit leicht in Banausen-Pampigkeit.

So blieb er erst einmal mit seiner Behauptung der Vorzüglichkeit der SPD auf der Strecke. Deren vollkommene Güte in theoretischer Reflexion zu belegen, hätte ihn bei weitem überfordert. Deren vollkommene Güte durch Hinweis auf die verläßliche Bonität ihrer führenden Repräsentanten einprägsam zu vermitteln, erwies sich ebenfalls als Überforderung.

Zuletzt ersann er noch einen – meinte er – doch gangbaren Weg. Er stützte sich auf die Geschichte. In ihr auf ein punktuelles Ereignis sowie auf die historische Spanne der Jahre von 1919-1933.

Das Ereignis ist der 17. Juni 1953. Dem eignete Grass zufolge ein besonderes Merkmal: „der im spontanen und erfolgreichen Beginn wie in der Niederlage deutliche sozialdemokratische Züge trug" (P 30; wiederholt S.

---

[116] Wie knapp anderthalb Jahrzehnte früher (1985) vorhergesagt von Lorenz Knorr. Vgl. dessen Buch: Wieder Krieg von deutschem Boden? Voraussetzungen, Funktionen und Wirkungen der Stationierung neuartiger Atomwaffen: Die Bonner Interessen, Frankfurt / M. 1985

38). Zwar läßt die Forschung keinen Zweifel daran: Es handelte sich um einen Arbeiteraufstand.[117] Doch die „deutlichen sozialdemokratischen Züge" bilden eine sonst von anderen nicht festgestellte, von niemandem außer Grass wahrgenommene Qualität.

Die Jahre 1919-1933 waren in Deutschland die Ära der Weimarer Republik. Grass schreibt: „... mit ihrer Verfassungstreue haben die Sozialdemokraten mehrmals die Weimarer Republik gerettet. Sie stimmten am Ende als einzige Partei gegen Hitlers Ermächtigungsgesetz." (P 47)

Richtig? – Um diese Frage zu beantworten, bedarf es eines kursorischen Rückblicks, des Blicks auf historische Beispiele – denn Grass läßt seine Leserschaft bodenlos im Stich, nicht durch ein einziges Beispiel belegt er jene „Rettungen –.

1. Friedrich Ebert und Gustav Noske, hätten sie solche Rettung praktizieren können? – Sie wirkten an höchsten Stellen für die Niederwerfung des Arbeiteraufstands, erste Hälfte Januar 1919 in Berlin. Aber: Rettung der Weimarer Republik? – Diese existierte noch gar nicht, und es kann nicht gerettet werden, was nicht existiert ... abgesehen davon, mit welchen Mitteln, Kanonen und Soldaten, der Arbeiteraufstand niedergeworfen wurde, dessen Protagonisten damals über dieselbe Legitimation verfügten wie Ebert und Noske: die revolutionäre. Retter waren jene Edlen beiden also mitnichten.

2. Dieselben ließen 1919 die Bremer Räterepublik niederkartätschen (4. Februar). Rettung der Weimarer Republik? – Diese existierte noch gar nicht, und es kann nicht gerettet werden, was nicht existiert ... abgesehen davon, mit welchen Mitteln, Kanonen und Soldaten, die Räterepublik Bremen niedergeworfen wurde, deren Protagonisten damals über dieselbe Legitimation verfügten wie Ebert und Noske: die revolutionäre. Retter auch hier mitnichten.

3. War die Niederwerfung des Kapp-Putschs (13. März 1920 und Folgetage) eine erwiesene Rettung durch die Sozialdemokratie? Nein. Bei Wahrnehmung der Gefahr stahl sich das sozialdemokratisch geleitete Kabinett davon. Wer allein Widerstand leistete, waren die Arbeiter, darunter gewiß viele Sozialdemokraten. Bloß

---

[117] Wie etwa Peter Borowsky, wie Anm. 5, S. 223

ihr Generalstreik machte dem Putsch den Garaus. Von ihnen also kam die „Rettung", mitnichten von „der" Sozialdemokratie.

4. Was geschah 1923? – Der Reichspräsident Friedrich Ebert setzte Truppen in Marsch, um staatsstreichartig die sozialdemokratisch-kommunistischen Koalitionsregierungen in Sachsen und Thüringen aufzuheben. Ein Beobachter der Geschehnisse, der ‚Weltbühnen'-Autor Kurt Hiller, urteilte über Ebert, der den Befehl gab: „Despotisch-infam setzte er mittels seiner Soldateska diese Männer ab, ohne Schatten der Spur einer Berechtigung dazu. Seine Verteidiger sagen, er habe es nicht aus eigenem Antrieb getan, sondern schweren Herzens unter dem Druck der Industrie, der Banken und der Reichswehrgenerale; diese Entschuldigungen gelten nicht. Ebert war kein Esel und wußte nur zu gut, daß er die Verfassung brach. Das Gerede von der Gefährdung, gar Vernichtung der öffentlichen Sicherheit und Ordnung war Flunkerei, und den Vorwurf, daß die beiden Landesregierungen die ihnen obliegenden Verpflichtungen gegen das Reich nicht erfüllt hätten, las man nirgends …" Vielmehr habe es sich um den „Verrat einer jungen republikanischen Verfassung durch das Oberhaupt der Republik" gehandelt.[118]

5. Wen oder was retteten die Sozialdemokraten am 20. Juli 1932, als der Reichskanzler Papen vermittels Staatsstreichs die sozialdemokratische Regierung des Landes Preußen beseitigte? Deren führende Politiker, die Sozialdemokraten Braun und Severing, retteten allein sich, sich und ihre Haut. Die Weimarer Republik? – Nein, 1932 mitnichten und weder vor noch nachher, kein einziges Mal.

6. Ein Autor, der verzeichnet, die SPD hätte 1933 als einzige Partei „gegen Hitlers Ermächtigungsgesetz" gestimmt, was tut der? – Er *verzeichnet* … die historischen Vorgänge, inwiefern? Die Kommunisten konnten sich an der Abstimmung nicht mehr beteiligen, ihre Partei war bereits verboten, ihre führenden Politiker und Abgeordneten hatte die faschistische Exekutive in Haft genommen, falls sie nicht die Flucht ergreifen konnten. Fairneß gebietet, dies zu notieren, wenn von der Abstimmung über das ‚Ermächtigungsgesetz' die Rede ist. An der Fairneß ließ Grass es mangeln.

---

[118] Kurt Hiller, Leben gegen die Zeit (Logos), Reinbek 1969, S. 180 f.

Ein völlig ‚ideologiefreier' Autor, ein mit allen Wassern des Anti-Utopismus gewaschener, vorzugsweise mit dem „demokratischen Kleinkram" befaßter (vorgeblicher) Revisionist, muß dieser denn bei Erwähnung der Weimarer Republik die Revision der geschichtlichen Faktizität so weit treiben, daß er sie völlig auf den Kopf stellt? Wo blieb die Instanz, auf die er sich fortwährend beruft, „das Feuer der Aufklärung" (P 46)? (Vermutlich niedergebrannt.)

Mit alledem vollzog der ‚ideologiefreie' Autor Grass nur nach, was vor ihm – in der historischen Periode seit etwa 1960 – die Sozialdemokratische Partei Deutschlands vollzogen hatte. Theo Pirker schreibt hierüber:

„Das Godesberger Programm der SPD kann geradezu als ein krampfhafter Versuch des Parteivorstandes aufgefaßt werden, nicht nur die Vergangenheit der Partei, ihre Geschichte vergessen zu wollen, sondern auch die jüngste Vergangenheit, die Politik der SPD nach Hitler, vergessen zu machen. ... Wie weit in der offiziellen Parteireklame (von Parteipropaganda kann nicht mehr gesprochen werden) die Methode der politischen Amnesie bereits zur Norm geworden ist, dafür geben die Publikationen der SPD zu ihrem hundertjährigen Bestehen Zeugnis. Gemessen an den historischen Dokumentationen sind diese Publikationen schlicht Geschichtsfälschungen. Sie sind es jedoch nicht, wenn man die Mechanik der Legendenbildung, der Vereinfachung und des Vergessens, der politischen und historischen Amnesie begreift."[119]

Anläßlich des hundertjährigen Bestehens (1963) unternahm die Sozialdemokratische Partei eine große Aktion in der Öffentlichkeit. Pirker schreibt:

„Bei dieser Aktion kam es ihr auch auf Geschichtsunterschlagungen, Umschreibungen der Geschichte und rüde Geschichtsfälschungen überhaupt nicht an – wichtig war für sie der ‚Werbe-Effekt'."[120]

Die Sozialdemokratie der sechziger Jahre verwarf nicht nur wesentliche Stücke ihrer Vergangenheit, modelte nicht nur ihre Geschichte der Opportunität entsprechend rigoros um, sondern entlieh sich zu alledem die nationale Demagogie der gegnerischen Parteien. Pirker schreibt:

„Den Führern der Sozialdemokratie gingen die Begriffe Volk, Nation, Gemeinschaft, Gemeinsamkeit, Vaterland, Sauberkeit so leicht über die Lippen, als wären sie nie von Konservativen, Reaktionären und Nationalsoziali-

---

[119] Theo Pirker, Die SPD nach Hitler. Die Geschichte der Sozialdemokratischen Partei Deutschlands 1945-1964, München 1965, S. 8 f.
[120] Ebd., S. 338

sten mißbraucht und gegen Demokraten und Sozialdemokraten geschleudert worden."[121]

An allen drei Vorgängen, die Pirker schildert, hatte Grass einen individuellen Anteil. Einen Anteil hat er auch noch in der Gegenwart: an der Ausbreitung der Amnesie in bezug auf die Geschichte der Sozialdemokratie, an der Ersetzung der realen, gut dokumentierten Geschichte durch Geschichtslegenden und -lügen sowie an der Übernahme der politischen Sprache und Gedankenwelt der Parteien, die ehemals von der Sozialdemokratie bekämpft worden waren und die sich ihrerseits seit Bismarcks Sozialistengesetz zu den Sozialdemokraten feindlich verhalten hatten.

Die hochaggregiert-ideologischen Fälschungen der deutschen Sozialdemokratie seit 1959 und die als ideologiefrei ausgegebenen, tatsächlich ebenfalls hochaggregiert-ideologischen Klitterungen, die Günter Grass seit jeher in seinen erörternden Schriften promulgiert, mehr und mehr auch in seinen belletristischen, sind wesensgleich, sind wesentlich identisch miteinander. Das mental Unerquickliche in den Bekundungen der Sozialdemokratie seit einem halben Jahrhundert entspricht dem Schielenden der literarischen Technik des Autors Grass, zunächst in seinem erörternden Schrifttum.

Dabei muß ihm nicht einmal aufgegangen sein, daß seinem Anspruch, total ideologiefreie Werke zu verfassen, sein Schaffen – wie dokumentiert in Romanen und Erzählungen, in Reden und Aufsätzen – diametral widerspricht.

Er ist von der Absenz einer jeglichen Ideologie in seinem Werk zutiefst überzeugt. Wie erklärt sich das?

Dadurch, daß die von ihm inständig propagierte Lehre, abgelesen bei der Sozialdemokratie seit Godesberg – und eigentümlich mag stimmen, daß die „Blechtrommel" und das „Godesberger Programm" ins selbe Jahr fielen, 1959 – ihm nicht als ideologisch kenntlich zu werden vermag, und dies, obwohl ihr Ideologie-Charakter doch keineswegs verborgen ist, sondern vor aller Augen, auch vor seinen, offen zutage liegt. Ihm erscheint sie als die einzig mögliche, unangezweifelte Weise zu denken, die sozusagen natürliche Wiedergabe der gesellschaftlichen und politischen Zustände, wozu noch das arg ressentimentale Bild der privaten kommt.

In diesen Zusammenhang gehört nicht zuletzt der von ihm eifrig gepflegte Opferkult.

Da wie der sozialdemokratischen Parteigeschichtsschreibung, so auch dem sozialdemokratischen Parteiliteraten die Geschichte – als Totalität wie

---

[121] Ebd., S. 303

als historische Periode – in Scherben zerfällt, so daß er ihr ein irgend inneres Band nicht mehr zugestehen kann, geschweige noch eine Entwicklung, behält er lediglich einige ihm nicht recht verständliche isolierte Faktoren und Fakten der Geschichte in der Hand. In erster Linie die Menschen, ihr Tun, ihre Taten, ihre Eigenschaften, besonders die ‚Vorzüglichkeit' einiger Politiker.

Erstens sind da die Lebenden. Treitschke rühmte im 19. Jahrhundert von ihnen: „Männer machen die Geschichte". Bei Grass heißen sie: Männer, „die ihre Sache zu vertreten wissen", und sie sind außerdem in der Regel Sozialdemokraten; was beides sie für ihn sehr empfehlenswert macht. Was ihm bis heute aber entgeht, ist, daß diese einzige Kategorie, über die er verfügt: (Männer, „die ihre Sache ...") auf allzu viele politische Gruppierungen paßt. Solche Männer gab es in beträchtlicher Zahl nicht zuletzt unter den Faschisten, gerade unter diesen. Um einen herauszugreifen: Hermann Göring. Er „vertrat seine Sache" bis zuletzt, noch nach der Niederlage von 1945 vor dem Nürnberger Tribunal. Macht ihn das ehrenwert? ... Selbst „die verinnerlichten Antifaschisten", wie Grass sie nennt, wahrscheinlich also die übertünchten Faschisten, die nach dem Ende des Faschismus in der Politik weiter agierten und sich das Air wackerer Antifaschisten gaben, wußten immerhin ihre Sache ja auch zu vertreten. Die Beispiele sind bekannt.

Zweitens gibt es da noch diejenigen Menschen, die daran gehindert sind, ihre Sache künftighin zu „vertreten", weil sie nicht mehr leben. Diejenigen, denen ihr Leben vorzeitig durch fremde Hand genommen worden ist. Ihnen gilt das Gedenken des Schriftstellers Grass, wie wir gesehen haben, ebenfalls in seinem Schrifttum. Bloß müssen es zumindest seit 2002 vorwiegend oder ausschließlich „deutsche Opfer" sein.

Sein Totenkult und Kult der „Männer, die ihre Sache zu vertreten wissen", verweisen imgrunde auf die Abwesenheit der Geschichte – in jedem verständig wissenschaftlichen Sinne – in der Gedankenwelt des Autors Grass, auf das Wegfallen eines jeden kohärenten Geschichtsbilds darin, Auflassung des Denkens in historischen Zusammenhängen, langfristigen Entwicklungen und umfassenden Konstellationen. Dieser Kult ist das Indiz eines Geschichtsnihilismus wie ebenso eines verwahrlosenden Voluntarismus in der Politik.

In der Kategorie „Opfer" fallen sämtliche Unterschiede weg, die Antithesen stimmen nicht mehr, Feinde und Freunde, Schurken und Anständige, Großkopfete und kleine Leute, Bedeutende und Unbedeutende, Tapfere und Feige, Namhafte und Namenlose, gleich welcher Klasse und Nationalität, Künstler und Laien, alle sind sie egalisiert, aller Profile unkenntlich gemacht.

Antiamerikanismus

Grass gehörte während der Zeit des Vietnamkriegs zu dessen Kritikern.

Die Tonart seiner Worte wählte er jedoch – bei Strafe, in Zukunft auf Einladungen in die Vereinigten Staaten verzichten zu müssen – eher moderat, wie es das bereits oben vorgetragene Zitat belegt: „Schon nimmt in Vietnam der um sich greifende Krieg immer erschreckendere Ausmaße an ..." (P 132) – Zu einer schärferen Tonart seiner Vorwürfe gegen die USA wollte er sich nicht verstehen, so wenig wie in derselben Zeit – im Gegensatz zu dem schwedischen Ministerpräsidenten Olof Palme – Willy Brandt, der es ebenfalls vermied, mit den Amerikanern sehr harsch ins Gericht zu gehen. Mäßigung war von Grass vielleicht auch in Rücksicht darauf erstrebt, daß er seine Kritik in Tel Aviv und Jerusalem äußerte, also in Israel.

Die feinfühligeren unter *seinen* Kritikern spürten aus seinem Eingeständnis 2006 sofort heraus: erst die Grass-Äußerung über seine Konfrontation mit dem „direkten Rassismus" ... „in den amerikanischen Kasernen" signalisierte den Durchbruch eines kruden, des zuvor gelinder ausgedrückten Antiamerikanismus im Schrifttum dieses Autors. Wiglaf Droste schrieb: „Den Antiamerikanismus des volksdeutschen Kerls hat Grass auch noch drauf – hier ist ein deutscher Denunziant bei sich und bei seinem Volk angekommen."[122]

Ulrike Ackermann schrieb: „Offensichtlich war bis dahin dem SS-Soldaten Grass der Rassenwahn der Nationalsozialisten völlig entgangen. Auch der als Maßnahme der amerikanischen Reeducation veranstaltete Besuch der Kriegsgefangenen im befreiten KZ Dachau öffnete ihm damals nicht die Augen. Erst die Nürnberger Prozesse machten ihn nachdenklich. Immerhin liefern Grass' Offenbarungen nun einen Schlüssel für seinen tiefsitzenden Antiamerikanismus und sein antiwestliches Ressentiment, das zu propagieren er nicht müde wird."[123]

Hätte dieser Autor es jemals ernstgemeint mit dem Engagement, auf das er sich so inständig beruft (P 7), so wäre er niemals verschlossen gewesen für das Engagement anderer Menschen gegen den Vietnamkrieg, nicht zuletzt gerade von Menschen in den USA. Er hätte die dortige effiziente Friedensbewegung wahrnehmen müssen und das Eingreifen von Künstlerinnen und Künstlern gegen den Krieg (u. a.: Jane Fonda). Er hätte begriffen, wie energisch US-amerikanische Wissenschaftler bemüht waren, die rassistische Vergangenheit Amerikas am Beispiel der Ausrottung der Indianer und der Ver-

---

[122] junge welt, 16. 8. 2006
[123] Berliner Morgenpost, 19. 8. 2006

sklavung der Afroamerikaner zu erforschen und welch Wandel in der Gestaltung des Bilds der Indianer in den Medien einsetzte (in Filmen wie „Soldier Blue"). Das Wirken von Marlon Brando und Harry Belafonte zugunsten der Indianer und gegen deren Unterdrückung wäre ihm nicht verborgen geblieben. Ebensowenig Harry Belafontes Auftritt im Bonner Hofgarten (10. 10. 1981), mit seinem Protest gegen die Raketenpläne des Präsidenten Ronald Reagan und des Bundeskanzlers von damals, Helmut Schmidt, eines jener „Vorzüglichen" des Günter Grass ... Belafonte war da, aber Grass ...?

Wahrzunehmen wäre doch das Engagement des früheren US-Justizministers Ramsey Clark gewesen, eines der Initiatoren der Protestbewegung gegen den NATO-Angriff auf die Bundesrepublik Jugoslawien, der an herausragender Stelle während der internationalen Tribunale in Berlin (1999, 2000) den Krieg und die Kriegsverbrechen der NATO verurteilte. Und aktuell: Bemerkte (bemerkt) Grass nicht das Engagement vieler US-Amerikaner in der Friedensbewegung gegen den Irak-Krieg? (Die Liste von Aktionen der US-Friedensbewegung ließe sich bedeutend verlängern.)

Man sieht daraus, das Engagement des einen ist nicht das Engagement der anderen, ein Engagement nicht dem anderen gleichzusetzen. Mit seiner Äußerung über den „direkten Rassismus" ... „in den amerikanischen Kasernen" hat Günter Grass der Öffentlichkeit nur verraten, auf wie wenig tragfähigem Boden sein Engagement aufruht: Ein Ressentiment, auch das antiamerikanische, ist niemals eine geeignete Basis für ein demokratisches Engagement, welches nirgends anders als im Humanismus verankert sein sollte. Ein solches Engagement läßt sich auch nicht durch das Versenktsein in „demokratischem Kleinkram" ersetzen.

Der „demokratische Kleinkram", so verkündete er, hätte ihm doch gerade Gelegenheit geboten, „Vorurteile abzubauen" (P 7).

Die Gelegenheit, die geboten wird, ist das eine. Ein anderes, ob einer sie wahrnimmt.

Die Zukunft wird zeigen, ob Grass sich der verbliebenen Vorurteile dennoch einmal entledigen kann.

Vom Moraltrompeter zum Kriegsposaunisten

> Ein Intellektueller, der sich an die Herrenkaste
> heranmacht, begeht Verrat am Geist.
> Heinrich Mann, Geist und Tat (1910)

Im März 1999 schlug in der Bundesrepublik für alle Deutschen die Stunde der Wahrheit.

Zu diesem Zeitpunkt endete der Karneval, Masken fielen ab, es erging an alle die – variierte – Gretchen-Frage: „Wie hast dus mit dem Frieden?" Ein Test nicht zuletzt für Deutschlands Intelligenz, insbesondere die ‚engagierte', mit ihrem genuinen oder vorgegaukelten ‚Engagement'!

Man kann nicht sagen, daß sie fein abschnitt und das Ergebnis glorios ausfiel. Wie sich die Bilder gleichen: 85 Jahre nach dem unheilvollen 1914 gab sich die Mehrzahl der Gelehrten und Künstler 1999 abermals dem Kriegsrausch hin, wiederum jubelte die Mehrzahl über die Bombardierung Belgrads, die schon die dritte in diesem 20. Jahrhundert war (1914, 1941, 1999). Sie ‚outete' sich zu großen Teilen *für* den Krieg, ihre Größtkopfeten an der Spitze; mit Jürgen Habermas auch Günter Grass.

Ein Jahr später erinnerte das „Hamburger Abendblatt", das 1999 noch rasant die Regierungslinie unterstützt hatte, an die Einsicht des CDU-Bundestagsabgeordneten Willy Wimmer. Er behielt als einer der wenigen damals seinen klaren Kopf, stand aber im Bundestag recht isoliert da mit seinem Einspruch: „Wir sind gnadenlos hinters Licht geführt worden. Noch nie haben so wenige so viele so gründlich belogen wie im Zusammenhang mit dem Kosovokrieg."[124] Wer waren jene Gnadenlosen, die ein ganzes Volk betrogen? – Ein weiteres Jahr danach, und jetzt durfte sich ein Beiträger derselben Zeitung erkühnen, die Namen der Schuldigen zu verraten: „Die offenkundigen Unwahrheiten, mit denen Scharping und Fischer aufwarteten und auf die das Hamburger Abendblatt bereits vor einem Jahr hingewiesen hatte, lassen sich nicht mehr halten." [125]

Dies waren dieselben Politiker, vor denen Günter Grass im entscheidenden Moment den Hut gezogen hatte – sowie zusätzlich vor dem damaligen Bundeskanzler, Schröder – und denen er seinen „Respekt" bekundete.

Seine Stellungnahme zu dem Krieg in Jugoslawien, wie sie in der Presse zu lesen war, lautete: Er habe sich „dazu durchgerungen, diesen militärischen

---

[124] Hamburger Abendblatt, 22. 3. 2000
[125] Ebd., 10./11. 2. 2001

Einsatz als letztes Mittel zu akzeptieren, obgleich mich daran natürlich gestört hat, daß es an der UN vorbei geschehen ist".[126]

Er betrachtete den Krieg als die Folge eines vorangegangenen Kriegs: „Hier liegt etwas vor, was schon als Krieg läuft – der Krieg Serbiens gegen die Albaner, seitdem gibt es diesen Terror."[127]

Um das Selbstbildnis des Befürworters des Krieges abzumildern, seien noch zwei weitere Grass-Äußerungen nachgetragen:

Zu der Bombardierung nichtmilitärischer Ziele und Tötung ziviler Personen: „Das ist etwas, was jeden, der sich wie ich für den Krieg ausgesprochen hat, mitschuldig macht."[128]

Zu seinem individuellen Motiv, dem Krieg zuzustimmen: „Für mich hat bis heute das Schicksal der Vertriebenen und Verfolgten und Geschändeten im Kosovo das Hauptgewicht".[129] – Das im Jahre 1999 zweiundsiebzigjährige „Flüchtlingskind" durchschaute damals nicht, wer in diesem Jahr und schon während des vorangegangenen Zeitabschnitts für die Vertreibung von Bewohnern des Balkans, für Verfolgung und Schändung verantwortlich war.

Er verzichtete darauf – und verkündete dem Publikum, darauf zu verzichten –, etliche Thesenfolgen an die Tür der berühmten Schloßkirche zu W. zu nageln. Alles in allem lieferte er jedoch die Konfession eines alten „Flüchtlingskinds", die gut mit den Worten hätte enden können: „Hier stehe ich." Oder mit der Hinzufügung: „Ich kann nicht anders." Oder mit diesem Zusatz, wenn er redlich gewesen wäre: „Ich kann *nichts anderes.*"

„Mitschuldig" gemacht hatte er sich ja gewiß, und in diesem Punkt wartete er erfreulicherweise nicht nochmals Jahrzehnte, es einzugestehen – wie oberflächlich auch immer sein Schuldeingeständnis formuliert war –. Ein jugoslawischer Schriftsteller-Freund von ihm, Berislav Kosier, Träger des Literaturpreises der Vereinten Nationen, sah die Mitschuld sicher genauso. Er zeigte sich von dem deutschen Autor sehr enttäuscht: „Ich habe mit bitterer Überraschung diese ‚kriegerische' Erklärung von Grass während der Leipziger Buchmesse vernommen, in der er sich mit der NATO-Invasion auf Jugoslawien solidarisiert."[130]

Einen geharnischten ‚Offenen Brief' an Günter Grass übergab Slobodan Rakitic, der Vorsitzende des Serbischen Schriftstellerverbands, der Presse. Darin heißt es u. a.:

---

[126] Ebd., 7. 6. 1999
[127] Zit. in: Neues Deutschland, 1. 4. 1999
[128] Hamburger Abendblatt, 7. 6. 1999
[129] Ebd.
[130] Zit. in der Zeitung Neues Deutschland, 1. 4. 1999

„Sehr geehrter Herr Grass,
mit Ihrem Auftritt in der Stadtbibliothek in Leipzig am 26. März im Rahmen der Buchmesse und Ihrer Erklärung, es sei höchste Zeit für einen NATO-Einsatz in Serbien, beeilten Sie sich, sich den Herrschaften Clinton, Chirac, Solana, Cook, Frau Albright und den NATO-Generälen anzuschließen, beziehungsweise dem politischen und militärischen Establishment der größten Länder des Westens. Sie haben alle Ihre Bevollmächtigungen überschritten, ebenso wie Sie nun Ihr Ansehen, die deutsche Sprache und Kultur mißbraucht haben. Ihre Werke und Ihre literarischen Helden haben sich weiser als Sie selbst gezeigt, und Ihre Schuld wegen Unterstützung der Bombardierung ist größer als die Schuld der Auftraggeber.

Adolf Hitler rechtfertigte seine Angriffe auf die Tschechoslowakei und Polen mit der Begründung, er wolle den Frieden und die deutschen Interessen bewahren, ebenso wie der USA-Präsident die NATO-Aggression auf Serbien und Montenegro heute erklärt. Sie sprechen über zehn Jahre blutiger Auseinandersetzungen auf dem Balkan, wozu – wie Sie selbst sagen – Ihr Land durch die vorzeitige Anerkennung von Slowenien, Kroatien und Bosnien-Herzegowina am meisten beigetragen hat, und gerade im Lauf dieser zehn Jahre hat das serbische Volk eine globale Tragödie erlebt, so wie sie anderen Völkern nicht einmal in tausend Jahren geschieht.

...

Die gedankliche Voraussetzung aller Ihrer vorgetragenen Standpunkte ist das angebliche Leiden einer großen Anzahl albanischer Zivilisten in Kosovo und Metohija. Ohne diese Voraussetzung wäre es Ihnen selbst klar, daß Sie einen Aufruf zum Völkermord machen. Jetzt ducken Sie sich hinter dem politischen Marketing einer ‚humanitären Katastrophe', welche es in Kosovo und Metahija vor der NATO-Bombardierung nicht gegeben hat, von welcher alle Bürger in Kosovo und Metahija heute betroffen werden, ungeachtet ihrer Nationalität.

...

Über eine halbe Million autochthoner Serben wurden in den Kriegsjahren 1991 bis 1995 planmäßig und organisiert aus den westlichen Teilen des ehemaligen Jugoslawien vertrieben – aus Dalmatien, Kordun, Lika, Banija, Slawonien, der Herzegowina und Westbosnien ... und zwar ausgehend von der Anklage, sie seien für die ‚ethnische Reinigung' verantwortlich, welche sie nicht durchgeführt haben. Vor den Augen der ganzen Welt wurden sie selbst Opfer einer solchen ethnischen Reinigung, und zwar als Folge der militärischen Operationen ‚Blitz' und ‚Sturm', welche seitens der kroatischen

Armee mit Luftwaffenbunterstützung der NATO und logistischer Hilfe der USA durchgeführt wurden.
...
Als Schriftsteller eines europäischen Volkes glauben wir, daß Sie sich selbst disqualifiziert haben, indem Sie behaupten, Europa sei unfähig, ohne Amerika auf diesem Kontinent etwas zu schaffen, was im Einklang mit der Demokratie und den Menschenrechten steht.
Belgrad, 28. März 1999."[131]

Auch in Deutschland gab es Gremien der Friedensbewegung, (linke) Parteien, Organisationen, Initiativen und einzelne Personen, die den wahren Charakter des Kriegs sofort erkannten, anders als zuvor gefeierte Intellektuelle wie Grass und Habermas. Die Direktorin des kleinen Amtsgerichts Oranienburg (Bundesland Brandenburg), Sabine Stachwitz, legte dar:

„Mit dem derzeitigen Krieg der NATO gegen Jugoslawien werden das Völkerrecht, das deutsche Verfassungsrecht, die UN-Charta und der NATO-Vertrag mißachtet und gebrochen. Mit der Entscheidung zur Teilnahme an diesem Krieg gibt die Bundesregierung ein hohes Rechtsgut preis; sie negiert einseitig gemeinsam geschaffene Übereinkünfte, die – gerade im Konfliktfall widerstreitender Interessen einzelner Nationen – Rechtssicherheit und Verbindlichkeit geben sollten.

Auch der 2+4-Vertrag, auf den sich die deutsche Wiedervereinigung gründet, wird durch die Beteiligung der Bundeswehr am NATO-Krieg gegen Jugoslawien gebrochen. Als zwingendes Recht bestimmt Art. 2 dieses Vertrages, ‚daß das vereinte Deutschland keine seiner Waffen jemals einsetzen wird, es sei denn in Übereinstimmung mit seiner Verfassung und der Charta der Vereinten Nationen.'"[132]

Der kanadische General Lewis McKenzie, ehemaliger UNPROFOR-Kommandeur in Bosnien, schrieb in einem Artikel in der Tageszeitung „National Post" am 6. April 2004: „Die NATO traf die Entscheidung zu der Aktion, obwohl sich kein Mitglied des Bündnisses in Gefahr befand. Es wurde entschieden, nicht nur Kosovo, sondern auch die Infrastruktur und die Zivilbevölkerung Serbiens zu bombardieren, und das ohne eine UN-Resolution. … Alle Informationen, die als Deckmantel dienten, um die Bombardierung Serbiens zu rechtfertigen, erwiesen sich als schwere Fälschungen."[133]

---

[131] Ebd.

[132] Ebd.

[133] Zit. von Slobodan Milošević, in: Eröffnungserklärung der Verteidigung, abgedruckt in: Die Zerstörung Jugoslawiens. Slobodan Milošević antwortet seinen Anklägern, Frankfurt / M. 2006, S. 69

Die damalige ‚rotgrüne' Regierung brach: Völkerrecht, Grundgesetz, UN-Charta, NATO-Vertrag, 2+4-Vertrag. – Was sagte der als ‚repräsentativer' deutscher Schriftsteller geltende Günter Grass dazu? – Er merkte dazu an: „Respekt".

Wie erklärt sich seine Bewertung des Angriffskriegs und derer, die ihn führten?

Ein anderer deutscher Schriftsteller versuchte zum gleichen Zeitpunkt, hierfür eine Erklärung zu finden. Er schrieb:

„Zwei Antworten sind möglich: Entweder man fördert die Kriegspolitik wissentlich, oder man fördert sie aus Nichtwissen, nämlich aus Mangel an juristischer, philosophischer und historischer Reflexion.

Den Mangel, falls man ihn denn unterstellen darf, kompensieren die Kriegsbefürworter gern mit Willkür in Auslegung der Ereignisse. Günter Grass rechtfertigt den NATO-Überfall hitzig als Antwortkrieg auf den ‚Krieg Serbiens gegen die Albaner'. Das ist die Interpretation eines Laien, aber nicht der Sachverhalt. Die jugoslawischen Maßnahmen im Kosovo, was immer sie waren, wird der Unterrichtete keineswegs als ‚Krieg' qualifizieren, die Vorkommnisse auf beiden Seiten insgesamt allenfalls nüchtern als ‚Bürgerkrieg'. Die NATO mischte sich sonach als Angreifer zugunsten einer Bürgerkriegspartei ein, derjenigen, die sie zuvor aufgerüstet hatte mit dem Dolus, auf diese Weise einen Krieg zu provozieren."[134]

Günter Grass, es ist nicht zu leugnen, schreibt und spricht viel und Vielfältiges über den 2. Weltkrieg. Louis Begley registrierte es. Er registrierte des Autors reichlich bekundetes „rührseliges Selbstmitleid": „Grass als Flüchtling! Der seine Schulzeugnisse verloren hat! Der mit den wenigen Fotos auskommen muß, die seine Mutter aufbewahren konnte!" – Diese Details wußte Grass noch 2006. Aber bereits 1999 wußte er schon nichts mehr vom deutschen Überfall, dem Terrorangriff auf Belgrad, den Tausenden Toten des Jahres 1941 in Jugoslawien, die aufs Konto der deutschen Luftwaffe und Wehrmacht gingen?

Drei deutsche Autoren versuchten, im April und Mai ihm und sämtlichen deutschen Kriegsbefürwortern Nachhilfeunterricht zu erteilen. Sie veröffentlichten ihre Erklärung: „Wir klagen an", die mit der Forderung an den deutschen Bundeskanzler schließt, sein Mandat in die Hände des Wahlvolks zurückzulegen. Zu den Begründungen, die sie hierin vortragen, gehörte auch die historische:

---

[134] Wolfgang Beutin, „Wir klagen an". Schriftsteller im Kriege, in: Hans-Rüdiger Minow / Stephan Eggerdinger, Der Terror des Krieges. Der Überfall auf Jugoslawien und die Eroberung Südosteuropas, München 2000, S. 107-117; hier: S. 109

"Herr Bundeskanzler! Sie mißachten und verwerfen die Lehren aus der deutschen Geschichte des ganzen zurückliegenden Jahrhunderts.

Fritz Fischers Forschungen ergaben: Vor dem ersten Weltkrieg erstrebte die Reichsleitung den engen politisch-geographischen Anschluß an die Türkei. Als *„Endpunkt der Linie Berlin-Bagdad"* sollte diese das *„Sprungbrett nach Indien und Afrika sein"*. Auf dem Wege nach Bagdad empfand man indes Serbien als störend. So versuchte Deutschland im Bündnis mit dem Kaiserreich Österreich 1914, Serbien zu zerschlagen. Wilhelm II. forderte: *„Mit den Serben muß aufgeräumt werden, und zwar bald. Jetzt oder nie!"* Ein Vierteljahrhundert später wiederholte das Reich im Zweiten Weltkrieg den Versuch, die *„serbische Verbrecherclique"* endgültig zu beseitigen (A. Hitler). Den Auftakt bildete der Luftangriff auf Belgrad am 6. April 1941 (fast 3000 Tote).[135] Die Gesamtzahl der Kriegsopfer auf jugoslawischer Seite betrug 1-2 Millionen Tote. Der jugoslawische Staat wurde aufgelöst. In Fortführung der Reichspolitik betrieb die Nachkriegs-Bundesrepublik jahrzehntelang die Destabilisierung des jugoslawischen Staats (nachgewiesen von E. Schmidt-Eenboom). Als seit 1991 die neuerliche Zerstückelung Jugoslawiens bevorstand, übernahm Deutschland den führenden Part durch vorschnelle Anerkennung Sloweniens und Kroatiens. Sie hatte auch *„einen nahezu entscheidenden Anteil am Ausbruch des Bürgerkrieges in Bosnien-Herzegowina"* (R. Hartmann). Am 24. Mai 1992 erklärte der damalige deutsche Außenminister Kinkel, es sei Aufgabe der deutschen Politik: ,*Wir müssen Serbien in die Knie zwingen.*' (DIE ZEIT, 2. 9. 1994)"[136]

Eine historische Argumentation bildete auch die Grundlage der Verteidigung des jugoslawischen Staatspräsidenten in Den Haag. Er führte aus: „Es wurde ein multiethnischer, multikultureller, multikonfessioneller Staat zerstört, ein Staat, der historische und völkerrechtliche Legitimität besaß." Die-

---

[135] Dazu vgl.: Edmond Paris, Genocide in Satellite Croatia 1941-1945, Chicago 1961: „Gemessen an der Zahl der Gesamtbevölkerung fand der größte Völkermord während des Zweiten Weltkrieges nicht in Nazi-Deutschland statt, sondern in dem von den Nazis geschaffenen kroatischen Marionettenstaat." – Die Opfer waren Serben, zwischen 500000 und einer Million. Zit. in: Milošević, wie Anm. 133, S. 33

[136] Diese Erklärung (von der oben nur ein kleiner Ausschnitt zitiert wird) stammt von Wolfgang Beutin, Karlheinz Deschner und Hans Wollschläger. Sie erschien zuerst in der April-Ausgabe 1999 der Zeitschrift der IG Medien: Kunst & Kultur, S. 2, als Leitartikel. Von dort gelangte sie in die internationale Presse; vgl. z. B. die Pfingstausgabe der österreichischen Zeitung „Der Standard", 22./23. 5. 1999, S. 38 (hier gedruckt unter dem Titel: „Für ein Ende des Angriffskriegs") und die serbische Übersetzung (im Internet, Stichwort „Gospodine"). Neuerlicher Abdruck auch in der in Anm. 134 verzeichneten Publikation; hier: S. 113-117.

se Zerstörung sei geplant gewesen. Nicht nur das. „Das System der Vereinten Nationen wurde zerstört. Und es wurden die Grundsätze zerstört, auf denen das weltweite Zusammenleben der Völker beruhte."[137] Als „Hauptmotor der Zerstörung Jugoslawiens" sei die ‚Internationale Gemeinschaft' in der Weltpolitik aufgetreten,[138] der Plan entstanden „unter den vereinigten Kräften der Separatisten, Deutschlands und des Vatikans und der übrigen Länder der Europäischen Gemeinschaft sowie der Vereinigten Staaten".[139] In der seinerzeitigen deutschen Politik habe die „historische Kontinuität" fortgewirkt, die in den Reden deutlich geworden sei, „die in beiden Weltkriegen und im dritten Krieg gegen Jugoslawien geführt wurden. In allen drei Kriegen gab es eine konstante antijugoslawische Stoßrichtung. ... Der rote Faden in der Rhetorik des deutschen Blocks, also Österreich-Ungarns und Deutschlands, in Bezug auf den Balkan war die vermeintliche Gefahr, daß eine Art Groß-Serbien gegründet werden könnte. Diese Gefahr, dieser Schlüsselbegriff nahm einen zentralen Platz in der falschen Anklage gegen mich ein: Groß-Serbien. Dieser Begriff, dieser Mythos wurde bereits in der zweiten Hälfte des 19. Jahrhunderts von der österreichisch-ungarischen Propaganda erfunden."[140]

Ralph Hartmann verwies auf die Kriegsverbrechen der NATO in Jugoslawien und schrieb: „Doch nicht die Täter, die Verantwortlichen für diese und zahllose andere Kriegsverbrechen wurden angeklagt, sondern das Opfer, der Präsident des angegriffenen Staates. Und damit nicht genug. Mit der Anklage Miloševićs wegen Kriegsverbrechen in Kosovo machte sich die NATO auch juristisch zum Verteidiger der UCK, einer Organisation, die selbst seitens der USA als ‚terroristische' gekennzeichnet worden war."[141]

In einer mündlichen Erklärung zum Prozeß sagte der Angeklagte selber: „Diese Anklage ist der zweite Akt des gegen mein Volk begangenen Verbrechens, weil sie das Opfer zum Schuldigen erklärt, um die wirklich Schuldigen an dem Verbrechen gegen Jugoslawien in Schutz zu nehmen."[142]

Die Äußerungen vieler deutschen Intellektuellen 1999 zugunsten des NATO-Einsatzes und gegen Jugoslawien und seinen Präsidenten waren Stellungnahmen zugunsten eines Angriffskriegs und gegen das Völkerrecht, die

---

[137] Wie Anm. 133, S. 1 f.
[138] Ebd., S. 9
[139] Ebd., S. 14
[140] Ebd., S. 23
[141] Der Fall Milošević. Ein Lesebuch, Berlin 2002, S.11
[142] Zit. ebd., S. 170

Verfassung und die Humanität. Das gilt auch für die Kriegsbefürwortung durch Günter Grass.

Sie kam weder „demokratischem Kleinkram" zugute noch der Demokratie überhaupt, und sie führte den Autor in die tiefsten „Niederungen", nicht zwar des Schriftsteller-Alltags oder des Wahlkampfs, wohl aber – der Barbarei.

Nicht „das Feuer der Aufklärung" (P 46) ließ er lodern, wohl aber – goß er Öl ins Feuer – des Kriegs. Für den Krieg wirkte er mit anfeuernden Worten, und wiederum am Tag der Verleihung des Nobelpreises.

Während ihres Angriffskriegs auf Jugoslawien im Frühjahr 1999 besaß die NATO genau die tausendfache militärische Überlegenheit über die Streitkräfte der Bundesrepublik Jugoslawien. Die Angreifer bombardierten nicht nur das Territorium des Balkanstaats, die Menschen – Landbewohner und Städter, Arbeiter und Bürger, Soldaten und Zivilisten, Gesunde und Kranke, Serben und Albaner, Türken und Roma, Alte und Kinder –, dazu Tiere, Pflanzen, Felder, Häuser, Fabriken, Silos, Brücken und Eisenbahnen, Raffinerien, Kirchen und Schulen ohne Zahl und (niemals versehentlich) Krankenhäuser mit dem roten Kreuz weithin leuchtend auf dem Dach, sondern auch – so der jugoslawische Journalist Milos Markovic, der zur Zeit der Bombardierung des Senders Belgrad die Sendeleitung hatte und sechzehn seiner Kolleginnen und Kollegen sterben sehen mußte – Recht, Moral, Religion, alle humanen Prinzipien, schlicht die gesamte Zivilisation, alle ihre Errungenschaften. Er sprach – ich selber hörte es, es prägte sich mir fürs Leben ein – von der Invalidität, in der das Kriegsgeschehen ihn zurückgelassen habe, und mit ihm so viele andere, das heißt: von der Versehrtheit auch solcher Menschen, die ohne körperliche Versehrung überlebten.

Er meinte: die seelische Zerstörung.

Im 1. Weltkrieg, im 2. Weltkrieg, da hätten die Menschen seines Landes noch hoffen dürfen. Sie wußten zivilisierte Länder an ihrer Seite, mit diesen die Prinzipien der amerikanischen Revolution von 1776, der französischen von 1789 und der russischen von 1917, die englische Magna Charta, die US-amerikanische Verfassung, die französische Erklärung der Menschenrechte und Wilsons 14 Punkte.

1999 aber? – Die Serben empfanden den gegen sie geführten Krieg als ihre eigene Erniedrigung und als Erniedrigung der gesamten menschlichen Natur, als die Niedermachung der Wahrheit durch die NATO und ihre Sprecher. Hat sich das furchtbare Bündnis die Beendigung der Zivilisation, der Menschlichkeit, des menschenwürdigen Lebens auf die Fahnen geschrieben, ist es die Partei des Todes?

Man mußte als Autor in Deutschland nicht, als wieder Krieg von deutschem Boden losgetreten wurde, sich der Partei des Todes anschließen. Man konnte der großen Tradition der Friedensliteratur aus aller Welt eingedenk sein. Eingedenk sein z. B. einiger der folgenden Worte:

Heinrich Mann: Das ist erste ist Friede. Wie kann irgend ein Mensch, der für sich und seine Kinder noch irgend etwas Gutes erhofft, Parteien zustimmen, die in der Frage des Friedens nicht zuverlässig sind?[143]
Thomas Mann: Ich glaube an den *Frieden* als oberstes Gebot und höchste Notwendigkeit, als Voraussetzung für jede wirkliche und redliche Pflichterfüllung der Völker, der Menschheit.[144]
Wolfgang Borchert: Dann gibt es nur eins: Sag NEIN![145]
Harry Belafonte, in seiner Rede bei der Schlußkundgebung der Veranstaltung „Künstler für den Frieden" in Bochum (1982): Wir müssen so stark sein, daß junge Männer und Frauen überall sich weigern, Waffen zu tragen: stark genug, um sagen zu können: Niemals, niemals wieder werden wir töten, niemals wieder werden wir das Blut anderer vergießen – wo und wann auch immer –…[146]

Voranstehende Worte zum „demokratischen Kleinkram" zu verweisen, würde ihnen nicht gerecht. Sie *erweisen* nämlich prinzipiell, daß ein Autor, von jenem aufblickend, sich auch einmal zu Größerem hinwenden darf, in gewissen Fällen wahrscheinlich hinwenden muß, wenn dies dem Nutzen der Demokratie und des Friedens dienlich ist.

Auf der anderen Seite konnte auch die Hinwendung zur deutschen Kriegspartei – und hiermit soll keine Partei im Sinne des Parteiengesetzes gemeint sein, sondern eine politische Strömung in Deutschland –, die der Autor Grass 1999 vollzog oder in diesem Jahre öffentlich bekanntgab, kaum zum „demokratischen Kleinkram" gezählt werden, sondern war eine Entscheidung größeren Maßstabs, oder?

---

[143] In seinem Essai: An die Wähler zum Reichstag (1924, in: Essays, 2. Bd., Berlin 1956 (Heinrich Mann, Ausgewählte Werke in Einzelausgaben, Bd. 12), S. 151 ff.; hier: S. 151

[144] Wie Anm. 96, S. 337

[145] In seinem Aufruf: DANN GIBT ES NUR EINS! In: Das Gesamtwerk, Hamburg 1949, S. 318

[146] Abdruck seiner Rede: in der Zeitung „die tat", 24. 9. 1982

Grass und die Psychologie

Antipsychologie?

Zu jeder Zeit verwendeten die Dichter und Dichterinnen in ihrem Schaffen eine Psychologie, die ‚Psychologie der Dichter'. Das ist eine nicht- oder außerwissenschaftliche Seelenkunde, wie sie sich z.b. in der Figurenzeichnung niederschlägt.

Daneben entstand die *wissenschaftliche* Psychologie, die sich aus antiken und mittelalterlichen Anfängen in der Neuzeit immer stärker entfaltete, wobei sie sich in verschiedene Richtungen aufspaltete. Sie blieb eine Fachdisziplin, und es fiel niemandem ein, den Dichtern vorzuschreiben, sie sich anzueignen, ehe sie ihr Werk begannen. Ein Balzac etwa entwarf in seiner Epik ungefähr zweitausend Personencharakteristiken, die seine tiefe Kenntnis menschlicher Seelen und Seelenzustände bezeugen, die er jedoch kaum dem Studium der akademischen Psychologie schuldete. Jedoch gab es in der Moderne einige belletristische Schriftsteller, die eine starke Affinität zu ihr bekundeten. Unter diesen waren in der ersten Hälfte des 20. Jahrhunderts z. B. Thomas Mann und Robert Musil. Andere distanzierten sich von ihr.

Jedoch hängt der künstlerische Wert eines dichterischen Werks niemals davon ab, ob der Dichter in seinen Text wissenschaftliche Erkenntnisse von überzeitlicher Geltung einträgt, in welchem Maße er es tut oder ob es vermeidet. So mindert es die Bedeutung von Hartmann von Aues Legendenroman „Gregorius" keinesfalls, daß es darin der Teufel ist, der einen jungen Adligen zur Aufnahme einer inzestuösen Beziehung zu seiner Schwester verleitet. Umgekehrt beruht die Bedeutung von Musils Roman „Der Mann ohne Eigenschaften" nicht darin, daß der Autor die inzestuöse Affäre Ulrichs mit seiner Schwester Agathe ohne Rückgriff auf die Einflüsterung des Teufels motiviert. Es mindert auch die Bedeutung von Ibsens Drama „Gespenster" auf der einen Seite keineswegs, daß der Autor in ihm eine aus Sicht der späteren Medizin unhaltbare Auffassung der Syphilis zugrundelegt, wie es auf der anderen Seite die Bedeutung eines Werks mit demselben Motiv vermehren würde, dessen Autor darin ein korrektes Bild derselben Krankheit zeichnet. Ein Dichter wird die von ihm vorgefundene reale Welt in ihrem gesamten Bestand nur als Material ansehen, mit dem er schalten und walten kann; das er nach eigenem Plan in seine Elemente zerlegt und neu zusammenfügt, wodurch er seine eigene, eine „zweite Welt" schafft (der Ausdruck Goethes), die den Gesetzmäßigkeiten gehorcht, die der Künstler ihr vorschreibt. Das so entstandene Produkt, mit Wilhelm Dilthey: ein „Phantasiekunstwerk", ruht regelmäßig auf einer Zentralphantasie auf, die in den meisten Fällen die Form einer „Privathandlung" aufweist oder – mit Balzac – einer Erzählung aus dem Privatleben („vie privée"). Sie ist geeignet, die disparaten Elemente der Wirklichkeit, darunter nicht selten auch Bestandteile wissenschaftlicher Theorien, zu integrieren. Der Verfasser kann aber niemals verpflichtet werden, solche Bestandteile in seine Dichtung einzubringen. Wenn er es dennoch unternimmt, so möchte man wissen, was er damit bezweckt und erreicht.

Was aber, wenn ein Dichter etwas Doppeltes zu vermeiden beabsichtigt? Wenn er nicht nur darauf verzichtet, die wissenschaftliche Psychologie seiner Zeit zu rezipieren, sondern darüber hinaus auch eine außerwissenschaftliche Psychologie verschmäht, sagen wir: die ‚Psychologie der Dichter'?

In der Grass-Literatur entstand eine Debatte darüber, ob und inwieweit den dichterischen Figuren des Autors ein „Innenleben" fehle, eine jeweils besondere Psyche, überhaupt das Seelische. Sich an einer Veröffentlichung von Fritz J. Raddatz orientierend, schrieb in einer Sammelrezension Wolfgang Schneider über die Figuren des Günter Grass: „Innenleben, also das, was an vielen Figuren des modernen Romans fesselt, haben sie kaum; es scheint Grass bis heute eine verdächtige Sache. Psychische Subtilitäten sucht man in seinem Werk vergebens." Und er setzte hinzu: „Raddatz bemängelt dergleichen nicht, sondern sieht es als Stärke, man wüßte nur gern warum. Zum Antipsychologischen gehört auch, daß Grass sich wenig für sich selbst interessiere: ‚Von seiner Seele erfahren wir nichts und Autobiographisches wenig.'"[147]

Diese Aussagen sind allesamt problematisch. Was das Ausbleiben des Autobiographischen betrifft, so liegt es inzwischen seit 2006 vor (und insoweit interessierte sich der Verfasser denn doch „für sich selbst").

Sehr berechtigt ist die Erkundigung, warum das Fehlen von Psychologie sich als Signum von „Stärke" erweisen sollte. (Dann hätten James Joyce, John Cowper Powys, John Galsworthy und Marcel Proust, Heinrich und Thomas Mann, Klaus Mann, Albert Vigoleis Thelen und Elias Canetti dieser Stärke entbehrt.)

Aber: Existiert denn „Antipsychologisches", „Antipsychologie"? Doch nur in der Form höchstens, daß ein Autor Stellung gegen die Psychologie überhaupt bezöge, „antipsychologisch" argumentiere. Ein Paradoxon: Auch

---

[147] Springen kann die Schnecke nun mal nicht, FAZ, 8. 7. 03

dann – nämlich angenommen, ein Dichter polemisiere „antipsychologisch" – „erfahren wir" von seiner Seele sehr viel mehr als „nichts"; wir erfahren von ihr durch seine Polemik, und wir erfahren auch von ihr durch seine Belletristik; eine jede Niederschrift ist ja – ob ein Schreibender es wünscht oder verweigert – Abdruck von Seelischem; ist ein Zeugnis seiner psychischen Konstitution. In aller Regel gilt ein Zwiefaches:

- Der Dichter, der bewußt darauf besteht, daß seine Figuren kein Innenleben haben sollen, wird diese ihm selber unbewußt – wie raffiniert oder primitiv auch immer – doch mit einem solchen ausstatten.
- Der Dichter, der es so anordnen möchte, daß wir von „seiner Seele" – der Seele des Figurenschöpfers, nicht derjenigen seiner Geschöpfe – keinerlei Kenntnis erwerben sollen, verrechnet sich allemal: jedes Werk eines Dichter ist von dessen eigenem Innenleben geprägt.

Oder doch eine Psychologie?

Ein Autor distanziert sich von jeglicher wissenschaftlichen Psychologie; verwirft zugleich eine – außerwissenschaftliche – individuelle Psychologie, – steht er in seiner Schreibwerkstatt dann ohne jede Psychologie da?

Nein, sondern es wird sich ihm seine seit Kinderzeiten eingeübte Seelenkunde oder *Alltags*psychologie unterschieben, welche er nur nicht als eine solche erkennt – sie und nichts anderes ist folglich die „keine Psychologie", die angeblich die „Stärke" seines Schreibens ausmacht.

Wie zu erwarten, beherrscht eine unerkannt-unreflektierte Alltagspsychologie auch das literarische Schaffen des Günter Grass. Ihr Vorhandensein läßt sich darin schlüssig aufzeigen. So durchzieht sie sein berühmtestes Werk: „Die Blechtrommel".

Hierin ist eine der wichtigeren Nebenfiguren der Gemüsehändler Greff. Der Autor führt ihn beschreibend ein:

„Obgleich Greff verheiratet war, war er mehr ein Pfadfinderführer denn ein Ehemann. Ein Foto zeigt ihn breit, trocken, gesund in kurzhosiger Uniform, mit Führerschnüren und dem Pfadfinderhut. Neben ihm steht in gleicher Montur ein blonder, etwas zu großäugiger, vielleicht dreizehnjähriger Junge, den Greff mit linker Hand an der Schulter hält und Zuneigung bezeugend an sich drückt. Den Jungen kannte ich nicht, aber Greff sollte ich durch seine Frau Lina später kennen und begreifen lernen." (B 45)

Weshalb ein Dreizehnjähriger „zu" großäugig sein könnte, bleibt des Verfassers Geheimnis. In die Beschreibung Greffs mischen sich allerdings schon an dieser Stelle Momente der Denunziation ein, erst einmal behutsam angedeutete („Zuneigung"). Mit ihnen hängt offensichtlich die Ankündigung zusammen, Oskar würde eines Tages Greff „begreifen lernen".

Denselben Stil der Beschreibung, der mit Andeutungen auskommt, verwendet Grass zunächst weiterhin. Er entwirft ein Szenario, worin einige Personen, Oskars fünften Geburtstag feiernd, zusammenhocken. Darin heißt es: „Nur Hedwig Bronski saß mit im Kerzenlicht frommen Kuhaugen, die Hände im Schoß haltend, nahe aber nicht zu nahe dem Gemüsehändler Greff, der nichts getrunken hatte und dennoch sang, süß sang, melancholisch, Wehmut mitschleppend sang, Hedwig Bronski zum Mitsingen auffordernd sang." (B 54) – Was soll die Mitteilung über den Mann, der „süß sang"?

Später besucht Oskar den Gemüsehändler in seinem „Kellerladen". Er findet darin viele Bücher vor, „auch Bildbände mit halbnackten Knaben, die aus unerfindlichen Gründen, zumeist zwischen Dünen am Strand, Bällen nachsprangen und geölt glänzende Muskeln dabei zeigten." Was unternimmt Oskar? In der Ichform: „... wählte mir einen Schmöker voller dem Greff ins Auge springender Nackedeis, tat auffallend mit dem Buch, hielt Fotos sich bückender oder dehnender Knaben, von denen ich annehmen konnte, daß sie dem Greff etwas bedeuteten, schräg und auch ihm zur Ansicht." (B 69; unglücklich ist die Vermengung des Phraseologismus ‚ins Auge springen' mit der Erwähnung „springender Nackedeis", weil sie die Assoziation hervorruft, sie sprängen „dem Greff" wirklich konkret ins Auge.)

Den Gemüsehändler Greff versucht der Autor zusätzlich in anderer Weise verdächtig zu machen, z. B. durch längere Spekulationen über dessen Vorliebe für Schürzen. Seine Spekulationen beginnen: „Mußte er unbedingt eine grüne Schürze im Laden tragen?" (240) – Umkehrung: Warum hätte Greff bei seiner Arbeit darauf verzichten sollen? Nur weil ein Autor fürchtet, Schürzentragen sei ein Indiz der Effemination?

Zwischendurch hört die Leserschaft dann eine Erklärung, wie unsympathisch Oskar den Nachbarn Greff findet – daß er nicht des Autors Sympathieträger sei, hat die Leserschaft bis dahin wohl begriffen –: „Ihn, Greff, mochte ich nicht. Er, Greff, mochte mich nicht. Ich habe auch später, als Greff mir die Trommelmaschine baute, Greff nicht gemocht. Selbst heute, da Oskar für solch anhaltende Antipathien kaum die Kraft aufbringt, mag ich Greff nicht besonders, auch wenn es ihn gar nicht mehr gibt." (239)

Eines Tages findet Oskar den Gemüsehändler erhängt vor: „… nicht nur Greffs Wanderschuhe, Wollstrümpfe, Knie und Kniehosen hingen; der ganze Greff hing am Hals und machte über dem Seil ein angestrengtes Gesicht, das nicht frei von theatralischer Pose war. … Greff hing in der Uniform eines Pfadfinderführers." (B 260 f.) – Was war das Motiv des Suicids? Greff hatte sich wohl kleine Unregelmäßigkeiten zuschulden kommen lassen (falsches Gewicht usw.). Interessanter ist aber die Frage nach der Erzählstrategie des Autors. Eine Figur, die dieser vorher verdächtig gemacht hat und auf die, wie er es fügt, sein literarischer Held mit Antipathie reagiert, wird förmlich hingerichtet, im *manifesten* Text durch sich selbst. Tatsächlich aber: durch den Verfasser, der über seine ihm unleidliche Figur die Todesstrafe ausspricht.

Das wahre Seelenleben Greffs hatte der Autor zwanzig Seiten zuvor geschildert, es sich (angeblich ohne Psychologie) laienhaft zurechtlegend, nun keineswegs mehr behutsam, sondern es unsanft dekuvrierend, und aus der Schilderung die Ursache von beider Antipathie, Oskars und seiner eigenen, abgeleitet: der Gemüsehändler war homosexuell. Grass schreibt: „Greff liebte die Jugend. Er liebte die Knaben mehr als die Mädchen. Eigentlich liebte er die Mädchen überhaupt nicht, liebte nur die Knaben. Oftmals liebte er die Knaben mehr, als es sich durch das Absingen von Liedern ausdrücken ließ." (B 240; daher der „süße" Gesang!) – Das sollte man wohl eine reelle Denunziation nennen. Und deshalb für den Denunzierten die Todesstrafe durch Erhängen von eigener Hand?

Der große Antipsychologe Grass versucht sich anschließend gar an der psychologischen Begründung der Homosexualität des Gemüsehändlers und Pfadfinderführers (einer Gestalt, worin zwar nicht die Pfadfinderbewegung als ganze konterfeit ist, womit der Autor diese aber, ob vorsätzlich oder nicht, ins Zwielicht taucht). Er hatte ja bereits anfangs avisiert: „… aber Greff sollte ich durch seine Frau Lina später kennen und begreifen lernen." Mit Oskars Augen, mag der Autor gedacht haben, lernen ebenfalls die Leserinnen und Leser ihn „kennen und begreifen". Inwiefern jedoch „durch seine Frau Lina"? Wird sie etwas über ihren Gatten plaudern? Nein. Sondern *der Autor* plaudert, erstens über Lina, zweitens über Greff. Wie erklärt der Dichter also die Entstehung der Neigung zur gleichgeschlechtlichen Liebe bei dem Mann? Er schreibt:

„Mag sein, daß ihn seine Frau, die Greffsche, eine Schlampe mit immer speckigem Büstenhalter und durchlöcherten Schlüpfern (hier fehlt im Text ein obligatorisches Komma – W.B.) zwang, zwischen drahtigen und blitzsauberen Buben der Liebe reineres Maß zu suchen." (B 240 f.)

Der Autor könnte sich einmal mehr darauf hinausreden, es sei der infantile Dreijährige, der so urteile ... Das Faktum bleibt: Verkündet wird eine bestimmte Theorie über die Entstehung einer männlichen Neigung zu Männern.

Nun existiert eine größere Anzahl wissenschaftlicher Theorien, die über die Eigenart und Entstehung der (männlichen wie weiblichen) Homosexualität Aufschluß geben. Diese aber, die Grass in seinem Hauptwerk aufstellt, ist nicht darunter: Ehemann wird schwul, um seiner Ehefrau, einer „Schlampe mit immer speckigem Büstenhalter und durchlöcherten Schlüpfern" zu entwischen.

Niemandem fiele es ein, den Dichtern vorzuschreiben, sich eine wissenschaftliche Psychologie anzueignen, ehe sie ihr Werk beginnen? – Hier dazu jetzt die ergänzende Aussage: Allerdings müßte ein Dichter des 20. Jahrhunderts in seinen Roman auch nicht unbedingt eine Annahme einbauen, die im Lichte wissenschaftlicher Theorien als ausgemachte Lächerlichkeit erscheint. Mußte er die Genese des Schwulseins des Gemüsehändlers überhaupt theoretisch darlegen? – Nein, er mußte es keineswegs. Wenn er sie aber darlegte, dann nicht so, daß er eine Ehefrauen-Belastungs-Story vortrug.[148]

Der Umgang des Günter Grass mit dem Motiv der Homosexualität ist mit alledem nichts anderes als – nachsichtig geurteilt, um einen Ausdruck wie etwa „Skandal" beiseite zu lassen – eine Probe des von ihm so favorisierten „Miefs".

Ob nobler, wenn das Motiv der lesbischen Liebe hereinspielt?

Seinen Stil der Denunziation benutzt Grass auch dann, wenn die Liebe von Frauen zu Frauen Erwähnung findet. Er schildert Oskars Besuch eines Künstlerfests, wo der Zwerg Folgendes erlebt: Dort „befreundete ich mich mit zwei Chinesinnen, die aber griechisches Blut in den Adern haben mußten, denn die praktizierten eine Liebe, die vor Jahrhunderten auf der Insel Lesbos besungen wurde. Wenn die beiden auch recht fix und vielfingerig einander zusetzten, ließen sich mich doch an den entscheidenden Stellen in Ruhe, boten mir eine teilweise recht amüsante Schau, tranken mit mir zu warmen Sekt ..." (B 389)

---

[148] Im 20. Jahrhundert war die Homosexualität so weit erforscht, daß – wie die Bevölkerung – ein Dichter über ihre Entstehung weitgehend aufgeklärt gewesen sein konnte, u. a. infolge Popularisierung wissenschaftlicher Erkenntnisse in Illustrierten, Magazinen, Aufklärungsbüchern und Lexikonwerken. Um zwei sehr empfehlenswerte aus der letztgenannten Gruppe zu benennen: Ernst Borneman, (Art.) *Homosexualität*, in: Lexikon der Liebe, 2 Bde., München 1968; hier: 1,454-465; Ludwig Knoll, (Art.) Homosexualität, in: Kulturgeschichte der Erotik, 10 Bde., Stuttgart o. J.; hier: 4,971-983

Bemerkenswert das formal Ungeschlachte mit den Anspielungen auf „griechisches Blut" und die „Insel Lesbos" ... sowie mit der indirekten auf Sappho (die sogar schon vor Jahrtausenden darauf lebte, nach Homer wohl und vor der klassischen Periode der altgriechischen Dichtung). – Zudem versteht es Autor nicht, seinen Satz wirklich so zu abzufassen, daß er das Gemeinte ausdrückt. Das Gemeinte war doch: *Weil* die beiden ..., *(deshalb!)* ließen sie mich auch „an den entscheidenden Stellen in Ruhe". – Bei Grass falsch: „Wenn die beiden auch ..., ließen sie mich doch ...") –

Und was ist mit dem Sekt, dem „zu warmen Sekt"? Das Publikum weiß nun schon, wovon die Rede ist, es konnte das unmöglich – nicht begreifen, und vollkommen überflüssig daher die philiströse Einflüsterung betreffend das zu *warme* Getränk.

Frauenhaß

Die Zeitung DIE WELT berichtete 1979 von einer China-Reise des Autors Grass, veranstaltet durch das Goethe-Institut. Keine Überraschung, denn wo hätte dies nicht seine Hände für Grass (geld-)segensreich im Spiele gehabt?

Es war gerade die Ära des zweiten Aufbruchs der Frauenbewegung in Deutschland nach dem ersten von 1865.

Grass wähnte vermutlich, auch ein Scherflein zum Neubeginn beitragen zu sollen, und so äußerte er in Peking: „In Deutschland werde stets gesagt, Geschichte sei Männersache. Frauen würden nur anerkannt, wenn sie männlich agierten wie Katharina II. (war sie nicht recht weiblich?). Er, Grass, lobe sich den fraulichen Frauentyp."[149] – Abgesehen davon, daß das „in Deutschland" keinesfalls „stets" gesagt wurde und wird – Grass hätte doch bloß einmal ins Bücherregal seiner eigenen Parteizentrale zu schauen brauchen, wo ihm gewiß August Bebels grandioses Werk „Die Frau und der Sozialismus" „ins Auge gesprungen" wäre –, abgesehen auch davon, daß hierzulande niemals nur die „männlich" agierenden Frauen „anerkannt" worden sind und werden (schlagt dazu bei Goethe nach, in seinem Beitrag „Die guten Weiber"!) – der „frauliche Frauentyp", welches wäre nun der? Und ob er, Grass, selber sich bei den frauenbewegten Frauen für diese Aussage Anerkennung erworben hätte? Die im letzten Unterabschnitt bereits erwähnte Figur der

---

[149] DIE WELT, (Artikel:) Der Kaschube im Reich der Mitte, 1. 10. 1979. – Mit der Frage in Klammern drückte auch der Journalist sein Unbehagen wegen der Behauptung des Autors aus.

Lina Greff, könnte etwa sie solch eine „frauliche" Frau sein, wie Grass sie sich lobt?

Zweifel kommen auf, erinnert man sich des Zitats im vorangehenden Abschnitt, worin Grass sie als „Schlampe" vorführt. Als Schlampe, die das Schwulsein ihres Ehemannes verursacht (des Autors Hypothese). Nun folgt sogleich die Inversion, die Verkehrung derselben Annahme in ihr Gegenteil: Lina Greff gerät zur „Schlampe", warum? Darum, weil Herr Greff ihre Liebe bestürzend mißachtet.

Der deutsche Botschafter in Peking, Schriftstellerkollege Wickert, stellte den Autor dort 1979 mit den Worten vor: „Grass beherrscht unter den deutschen Autoren die deutsche Sprache am besten – treffend, packend, federnd, reich."[150]

Möchten wir Wickerts Grass-Lob nicht ohne Überprüfung hinnehmen, bietet sich ein Beweisstück an. Das ist aus der „Blechtrommel" die Fortsetzung des Zitats, die arme Lina anlangend. Sprachlich, weil der Erzähler die deutsche Sprache am besten beherrscht, „treffend, packend, federnd, reich"?

„Es konnte aber auch eine andere Wurzel jenes Baumes gegraben werden, an dessen Zweigen zu jeder Jahreszeit Frau Greffs dreckige Wäsche blühte. Ich meine: die Greffsche verschlampte, weil der Gemüsehändler und Luftschutzwart nicht den rechten Blick für ihre unbekümmerte und etwas stupide Üppigkeit hatte." (B 241) – Hier wäre der Botschafter wirklich gefordert gewesen, Licht in die Finsternis der sprachmeisterlichen Sätze des Sprachgenies zu bringen; denn was wollen sie besagen?

Der „Baum" müßte so etwas sein wie der „Baum der Erkenntnis: etwa der Erkenntnis der Entstehung von Homosexualität? (Wo war deren „Wurzel"?) Oder der Erkenntnis der „Wurzel" der Verschlampung Lina Greffs? – Unanschaulich, unvorstellbar außerdem ist: „dreckige Wäsche blühte", – sie war also dreckig und doch gewaschen, wirkte zugleich schmutzig-dunkel und blinkte weiß? – Meist sind die Ausdrücke erneut beschimpfend, man könnte von einem *insultativen* Stil sprechen. Nur wenige Merkmale schreibt der Autor der Frau zu, ausnahmslos pejorative: „Schlampe", „speckiger Büstenhalter", „durchlöcherte Schlüpfer", „dreckige Wäsche", „verschlampte", „stupide Üppigkeit". – Die Bildlichkeit ist total verfratzt, da 1. ein „Baum" fingiert wird, der doch vermutlich als ein Abstraktum genommen, allegorisch interpretiert werden soll; woran dann 2. die Wäsche der Familie Greff aufgehängt wird, d. h. etwas Konkretes. Schmähstil ist übrigens auch die linguistische Bildung: „die Greffsche". Selbst die Zusammenstellung „eine Wurzel graben"

---

[150] Ebd.

ist noch wieder fragwürdig (sie ‚ausgraben', ‚durch Ausgraben ans Tageslicht bringen' o. ä.; korrekt steht das Simplex in Wendungen wie: eine Grube graben, ein Grab graben ...).

Stupend allerdings die Aussage. Zeugnis blanken Frauenhasses. Möchte ein Grass-Verehrer darin einen okkasionellen Ausrutscher sehen, keinen Beweis für Frauenhaß? – Dann muß er weiterlesen: Da heißt es von derselben Frau: „So sah auch Greff ruhig und nachsichtig zu, wie seine Lina von Jahr zu Jahr zu einer immer übler riechenden Schlampe wurde. Lächeln sah ich ihn, wenn Leute, die es gut mit ihm meinten, die Schlampe beim Namen nannten." (B 243).

Es ist überhaupt eine Ansammlung von viel Unschönem, womit Grass-Oskar die arme Lina Greff bewirft. So noch u. a.: „Frau Lina Greff lag zu dem Zeitpunkt schon wochenlang zu Bett, tat kränklich, roch nach faulendem Nachthemd ..." (B 70)

Eine deutsche Heeresgruppe bleibt im russischen Schlamm stecken? Oskar zieht unvermeidlich die Parallele – er selber, der Blechtrommler, steckte „im unwegsamen und gleichfalls recht schlammigen Gelände der Frau Lina Greff". Grass schreibt:

„Vjazma und Brjansk; dann setzte die Schlammperiode ein. Auch Oskar begann, Mitte Oktober einundvierzig kräftig im Schlamm zu wühlen. Man mag mir nachsehen, daß ich den Schlammerfolgen der Heeresgruppe Mitte meine Erfolge im unwegsamen und gleichfalls recht schlammigen Gelände der Frau Lina Greff gegenüber stelle. Ähnlich wie sich dort, kurz vor Moskau, Panzer und LKW's festfuhren, fuhr ich mich fest; zwar drehten sich dort noch die Räder, wühlten den Schlamm auf, zwar gab auch ich nicht nach – es gelang mir wortwörtlich im Greffschen Schlamm Schaum zu schlagen – aber von Geländegewinn konnte weder kurz vor Moskau noch im Schlafzimmer der Greffschen Wohnung gesprochen werden." (B 251)

Nach „Schlampe, verschlampte" nun der Schlamm. Es muß des Autors Geheimnis bleiben, wie im Schlamm „wortwörtlich Schaum" geschlagen werden kann. – Was vorliegt, ist zunächst der Vergleich von Hitlers Rußlandfeldzug des Jahres 1941 und Oskar Matzeraths Beischlaf mit Lina Greff zum selben Zeitpunkt. Beide Vorkommnisse läßt der Autor durch Oskar in Ausdrücken beschreiben, die etwas Abscheuliches signalisieren:

im Rußlandfeldzug buchstäblich im Schlamm versinken = im Genitalbereich einer Frau quasi im Schlamm versinken.

Zunächst sind das literarisch-linguistische Phänomene, daher die Linguisten kompetent, die Lexik des Passus zu analysieren. Danach aber haben der historische Forscher und der Psychologe das Recht, ihr Wort beizusteuern, und was sie ermitteln, läuft daraus hinaus: Die Passage bietet eine Amalgamation von ursprünglich sehr verschiedenen Materialien aus den Bereichen Geschichte und Sexualität.

Die psychische Basis müßte ein *zwiefacher* Haß sein: auf Rußland, weil die deutsche Armee dort im Schlamm versank, und auf Lina Greff, weil Oskar in ihrem Genitale unterging.

Es verbinden sich: Antirussismus und Frauenfeindschaft; der Haß auf Rußland ist Frauenhaß (aufs „Mütterchen Rußland"), und in der Frauenfeindschaft kehrt zugleich der Haß auf Rußland wieder: beide stimmen in ihrem Hauptmerkmal überein (so will es des Autors Oskar) – im Schlamm.

Psychologisch sind sie beide, Mütterchen Rußland und Frau Greff, Wiederkehr des Archetyps der ‚verschlingenden Mutter'.

Beweisend ist dafür auch ein früherer Satz, der sich auf zwei Personen bei der schon erwähnten Geburtstagsgesellschaft bezieht: „Unappetitlich war es, den kurzbeinigen Bäckermeister Alexander Scheffler fast in der Greffschen verschwinden zu sehen." (B 54)

Eine ergänzende Blütenlese zum Frauenbild des Günter Grass, der „Blechtrommel" entnommen:

> ... Hedwig, die den unfaßbaren Blick einer Kuh hatte, was ihre Umgebung veranlaßte, in ihr ständig eine Schwangere zu sehen (B 33)

Merkmal schwangerer Frauen: wie Kühe zu blicken??

Oskar hört eine Bemerkung seiner Mutter an und kommentiert:

> So machte ich verfrühte Bekanntschaft mit weiblicher Logik ... (B 36)

Pures Ressentiment!

> ... Frauen soll man keine Fotos schenken, sie treiben nur Mißbrauch damit. (B 40)

?? – Bodenlose Bezichtigung.

> Er kahlköpfig, sie mit einem zur guten Hälfte aus Goldzähnen bestehenden Pferdegebiß lachend. (B 44)

Der Verfasser sollte verraten, wo in der Realität ein Gaul zu besichtigen wäre mit einem zu 50 % oder mehr aus Goldzähnen bestehenden Gebiß! Außerdem: Mit dem Gebiß kann ein Mensch viel anfangen, aber lachen??
Natürlich sind Frauen unentwegte Ehebrecherinnen:

Wie zu erwarten war, hockte Mama mit verrutschter Bluse auf Jan Bronskis Schoß. (B 54)
Mama und Onkel Jan trafen sich fast jeden Donnerstag in einem auf Jans Kosten gemieteten Zimmer der Pension in der Tischlergasse, um es eine Dreiviertelstunde lang miteinander zu treiben. (B 80 f.)

Schon haben wir „die Greffsche" kennengelernt. Nun die Lehrerin, sie ist

die Spollenhauersche (B 65)

Was Wunder, wenn ich es heute noch nicht anhören kann, wenn Frauen auf Nachttöpfen urinieren. (B 78)

Urinieren auf Nachttöpfen ist demnach geschlechts(rollen)spezifisch? Von Männern hört es sich um so viel besser an?
An einer Frau namens Kater läßt sich beobachten:

In beiden Achselhöhlen flammten ihr blonde, vom Schweiß verknotete und versalzene Haare. (B 124)

Oskar schreibt von Marias Ohren,

deren Läppchen leider nicht frei hingen, sondern direkt, zwar kein unschönes Fältchen ziehend, aber doch degeneriert genug in das Fleisch überm Unterkiefer wuchsen, um Schlüsse über Marias Charakter zuzulassen. (B 214)

Mit diesen Grass-Zitaten läßt sich der verheerende Frauenhaß belegen, wie er sich in Teilen der deutschen erzählenden Dichtung des 20. Jahrhunderts immer wieder einmal zu Wort meldete.

Ein argloses Publikum möchte seinen Augen kaum trauen; die Frauen lesen vielleicht gnädig darüber hinweg, Männer erfreuen sich womöglich heimlich an ihm.

In diesem Zusammenhang analysierte Bernd Nitzschke „ein Stück literarischen Schunds aus der neueren Literaturproduktion der Bundesrepublik ... ein Stück Schund, wie üblich von der etablierten Großkritik als Meisterstück gefeiert". [151]

Zunächst geht er von einem älteren Werk aus, dem Werk eines faschistischen Autors, worin ein Stier – zu interpretieren als Symbol des Verfassers selber – eine Frau tötet: „Hoch wirft er sie in die Luft. Eine blutüberströmte Masse, silbern und blau, liegt im Sande."

Im Anschluß gelangt der Forscher zu seinem Hauptbelegstück.

Er zitiert daraus eine Passage, sie durch in den Text eingefügte Bemerkungen (in Klammern) kommentierend.

Ich löse diese – für die Leserschaft schwierige – Struktur des Texts auf, indem ich in einer Tabelle das von Nitzschke Zitierte in die linke Spalte eintrage, in die rechte des Zitators B. N. kommentierende Bemerkungen.

Zitierter Text:	*Kommentierung bzw. erklärende Einfügung durch B. N.*
In eine Schneise hinein lief Billy,	Name einer jungen Frau
kurvte um Baumstämme, brach prasselnd durch Knieholz, lief lief, bis sie fiel, weich auf Nadelboden und alle sieben	Männer
wieder um sich hatte. „Bitte, Jungs, bitte ..."	Der Stier erledigt die Sache schneller, sein Sadismus weidet sich nicht am hinausgezögerten Todeskampf des Opfers. Die feschen Jungs sind da erbarmungsloser:
Aber die sagten nur gar nichts oder nur „Sau!" zu ihr.	Womit sie ihre und des Dichters Sprachlosigkeit auf den für sie zutreffenden Begriff bringen.
„Na warte, du Sau!" – „Dich reißen wir auf, du Sau!" – und hatten schon ihre Lederhosen offen.	Sie packen die Hörner aus, deren sich der Stier ganz unmittelbar bedienen kann, weil er sie auf dem Kopfe trägt.
Und hatten einer nach dem anderen, wie auf *Befehl*	(Hervorhebung – B. N.)

[151] Bernd Nitzschke, Männerängste, Männerwünsche, 2. Aufl. München 1984 (Debatte, Nr. 4), S. 110-116 (Hinweis von Raimund Kemper)

einen Ständer. Und standen an zur Kommunion. Und fanden das ganz *normal*.	(Hervorhebung – B. N.)
Und rotzten einer nach dem anderen ihren Rotz in sie rein, daß Billy überlief.	Die Samenströme fließen, der Rotz, bevor das Blut fließt:
Traten sie auch, bevor sie, nachdem sie, mit ihren Extrastiefeln: „Drecksau, verdammte!" Und einer schob ihr, als alle fertig waren, einen knakkigen Tannenzapfen in die Wunde: „Na lauf, du Obersau, lauf schon!" Aber Billy wollte nicht, konnte nicht mehr. Nur noch Kullertränen. Und eine Leere, die sich als letzter Wunsch auftat: „Oh."	Sprachlicher Schrott das Ganze. Und die Leere, die der Schreiberling bei sich empfindet, möchte er so gerne bei seinem Opfer wiederfinden. Die Sau, die Obersau, die Drecksau soll ihm dafür büßen, daß er sich selbst als Schwein empfindet.
Mit ihren gedrosselten Motorrädern schoben sie Billy an, schubsten, pufften sie – „Nu mach schon!" – bis einer, dann der nächste kurz Gas gab und über Billys Beine, ihren Bauch rollte. Nun erst, weil alle sieben das Gleiche taten, die anderen auch: drüber und noch mal drüber. Ernsthaft und mit Gründlichkeit.	Der schreibende Zwerg, der irgendwann im Alter von drei Jahren sein psychisches Wachstum eingestellt hat, läßt seine sieben Zwerge eine Frau niederwalzen, die das Verbrechen begangen hat, im Unterschied zu ihm selbst erwachsen geworden zu sein. Wäre sie so infantil wie ihre Peiniger, die Ermordung wäre ihr erspart geblieben.
War das noch ein Mensch?	Wer? Das Opfer? Der Täter? Der Autor?
So fanden Fränki, Siggi und das Mäxchen abseits der Schneise ihre Billy: auf Nadelboden zum Klumpen gefahren ... Da konnte man nur noch ... „Scheiße!" sagen ... Danach ging das Leben weiter.	Was ist die von einem Faschisten geschilderte vergleichsweise archaisch anmutende Tötung durch den Stier gegen diese mit Sadismen angereicherte Szene? Stammt sie aus einem Landserroman, einer drittklassigen Illustrierten, einem Sadoporno? Günter Grass hat sie so meisterlich zu Papier gebracht („Der Butt", 1977, S. 624 f.).

Für Nitzschke ist der voranstehende Text ein Beweis, um Züge der Verrohung in Werken des 20. Jahrhunderts kenntlich zu machen. Hiergegen würden die Verteidiger des „Butts" und seines Urhebers anführen können, es müsse einem Gegenwartsautor ja doch erlaubt sein, die Roheiten, die sich in der Realität auffinden lassen – etwa bei den Überfällen neofaschistischer Gewalttäter auf Ausländer, Behinderte, Frauen, Linke usw. – im Roman zu schildern, und sei es nur zum Zwecke, um Gewalttaten dieser Art anzuprangern, zumindest auf sie aufmerksam zu machen. – Darauf wäre zu antworten, daß die Passage in der literarischen Welt des Günter Grass nicht isoliert stehe, sondern in einem Zusammenhang, in dem Zusammenhang nämlich mit den übrigen Frauenschilderungen darin.

Vielleicht ist über diese noch nicht das letzte Wort gesprochen, so daß es weiterer Untersuchungen bedürfte. Dem Literaturwissenschaftler seinerseits muß es aber erlaubt sein, hier mit Mißtrauen und Skepsis zu Werke zu gehen.

Mir erzeugte der Roman „Die Blechtrommel", als ich ihn in meiner Zeit als Assistent im Fach Germanistik an der Universität Hamburg zum erstenmal las, puren Ekel, was mehrere Ursachen hatte. Nicht die geringste davon war das Frauenbild des Autors, waren die Frauen-Bilder, die er in seiner Erzählung bot. Sie vermochte ich nicht als realistische Porträts zu erkennen. Sind sie nicht tatsächlich entstellende, verzerrende, bestenfalls karikierende Äußerungen der baren Misogynie?

Ob ich mich täusche, zu scharf zur Sache gehe? – Kolleginnen, die ich deshalb befragte, gingen mit einem Achselzucken über die Frauenporträts des Günter Grass hinweg, sei er doch sonst ein Hoch- und Deutschmeister der Prosa ..., und warum solle man zu großes Gewicht auf einen Einzelzug legen, welcher sich doch im Schrifttum so vieler männlichen Schreibenden ebenfalls finde?

Ein „schwieriger Spezialfall"

Während des Jahres 1967 kamen die Mitglieder der Gruppe 47 in Pulvermühle / Niederbayern zusammen. Hier besprachen sie ein aufgemöbeltes „Handlungskonzept", um „das Best- bzw. Schärfstmögliche zu erreichen". Sie wollten den starken Stürmen der Zeit, die sich ankündigten – die APO und Studenten-Bewegung standen vor der Tür – gewappnet begegnen, und erwarteten bei der Beschlußfassung nur von einem ihrer Kombattanten einige Schwierigkeiten: Grass.

Peter Rühmkorf, der die damalige komplizierte Situation der Gruppe in seinen Memoiren festhält, schreibt mit Bezug auf den schon seinerzeit berühmten Kollegen: „Obwohl nun Grass sich wiederum als schwieriger Spezialfall erwies, das heißt als Privatpatient, der eher an eine Resolution mit sich selbst im Mittelpunkt dachte ..."[152]

Vermöge der Wendung „mit sich selbst im Mittelpunkt" deutet Rühmkorf auf einen Egomanen, den seine seelische Verfassung nötigt, alle Dinge der Welt nur in ihrer Beziehung zu sich selber zu bewerten, während er mit der Bezeichnung „Privatpatient" wohl auf die Grass-Figur des Trommlers Matzerath verweist. Damit sind beide, Günter und Oskar, etwas fahrlässig miteinander gleichgesetzt, der Erfinder Oskars mit diesem Insassen einer „Heil- und Pflegeanstalt" – welches der Erfinder aber realiter weder in der Vergangenheit war noch in der Gegenwart ist ...

Also psychologisierende Anmerkungen zu einer Person *in* der Öffentlichkeit, die nicht verwerflich sind, falls es sich um eine Person *der* Öffentlichkeit handelt. Zweifellos ist Grass deren Prototyp.

Zugleich erscheint er in Rühmkorfs Sicht „als schwieriger Spezialfall".

Was übrigens zu der Frage führt, ob es einen einzigen Autor der Gegenwartsliteratur und Literaturgeschichte gebe, der dies nicht sei oder gewesen sei.

Doch darf man den Ausdruck immerhin als Fingerzeig gelten lassen, als unausgesprochene Aufforderung, eine Untersuchung anzustellen, um herauszufinden, was im Falle des Autors Grass in seinem Werk und Wirken wesentliche Auffälligkeiten sind, die es vom Werk und Wirken anderer Autoren unterscheiden. Man würde dann gewisse Züge im Schrifttum und in der politischen Tätigkeit des Günter Grass zu registrieren haben, wobei auch die psychologische Betrachtungsweise nicht ausscheidet. Sie ist vollkommen legitim, wenn man dadurch Ergebnisse erzielte, die es ermöglichen, bestimmte Motive im Werk oder politische Interventionen von dessen Schöpfer besser zu verstehen oder aufzuklären; z.B.: Weshalb warf sich ausgerechnet der keineswegs *Un*belastete Grass Jahrzehnte hindurch zum Ankläger der vielen Belasteten auf?

Hier nur Beispiele für einige evidente Züge.

---

[152] Wie Anm. 86, S. 221

Zerfahrenheit

In den voranstehenden Kapiteln war schon mehrfach auf Aussagen des Autors hingewiesen worden, die in einem seltsamen Widerspruch zueinander stehen, Aussagen z. B. zur Sozialpolitik, zur Utopie, zur Ideologie des Faschismus und Kommunismus u. a. m.

Auf der einen Seite schreibt Grass: „Wen wundert es, wenn sich mehr und mehr Bürger empört, angewidert, schließlich resigniert von solch offen zutage tretenden Machenschaften abwenden, den Wahlgang als bloße Farce werten und auf ihr Wahlrecht verzichten?"

Anderseits unterschreibt er den Satz: „Nur Demagogen, die ihre Zukunft hinter sich haben, reden dem Volk nach dem Maul. Ihre Rezepte sind so simpel wie ihre Motive durchsichtig."

Einerseits: „Da ist jeder in seine Zeit hineingeboren."

Anderseits: „Cortéz, Berija und Eichmann sind austauschbar, wie die Ideologien austauschbar sind, in deren Namen Verbrechen begangen wurden."

Einerseits contra Utopie: „unverdrossen, ohne Utopie im Gepäck".

Anderseits pro Utopie: „Fragen nach den Gründen für die wachsende Kluft zwischen Arm und Reich werden als ‚Neiddebatten' abgetan. Das Verlangen nach Gerechtigkeit wird als Utopie verlacht."

Einerseits: „Um dies vorweg zu sagen: Rechts- und Linksradikalismus unterscheiden sich ideologisch grundsätzlich …"

Anderseits: „austauschbar, wie die Ideologien austauschbar sind" …

Einerseits: „Seitdem hat sich in Sachen ‚Nationaldenkungsart' in unserem Land nicht viel getan … Wie anders ließe sich sonst die von Jahr zu Jahr tiefer begründete Teilung Deutschlands erklären?"

Anderseits: „Da wir, gemessen an unserer Veranlagung, keine Nation bilden können, da wir, belehrt durch geschichtliche Erkenntnis – und unserer kulturellen Vielgestalt bewußt – keine Nation bilden sollten …"

Einerseits: „… unser armes, reiches, liebliches und mürrisches, gemütliches und gehetztes, unser krumm und lahm geschlagenes und eigentlich noch so junges Vaterland …"

Anderseits: „Die Deutschen haben, indem sie es taten, indem sie es zuließen, sechs Millionen Menschen ermordet."

Diese Liste von ganz oder teilweise widersprüchlichen Äußerungen, anti- und heterothetischen Setzungen, Sentenzen, die abwechselnd einmal dies besagen, das andere Mal genau das Gegenteil (-a und +a so manches Mal im selben Zeitraum, manchmal in auseinanderliegenden Perioden), könnte leicht um ein Vielfaches vermehrt werden. Sie steht für eine bedenklich zerfahrene Gedankenwelt, für oftmalige auseinanderklaffende Argumentationen, für ein Denken, dessen disparate Bestandteile der Autor kaum je zu zusammenzuführen vermag, für eine vorgetäuschte Gedankenfülle, deren pompöser Ankündigung (z. B.: „einer Unzahl etablierter Antworten gegenüber, die nationale Frage zu stellen") nichts entspricht – man kann nicht anders, man wird alsbald jedes Mal schon darauf gefaßt sein, daß sie ausbleiben werde. Ein Berg gebiert, aber was herauskommt, ist nur eine kleine Maus. Oder, so häufig bei diesem Verfasser, was herauskommt, ist eine triviale Metapher, das Gegenteil einer kühnen, ist Fadaise, von der man nicht einmal weiß, ob sie uns empört oder ermüdet. Solche wie diese etwa: „Hindenburglichter werden uns aufgesteckt, die als Wiedervereinigungskerzen Argumente ersetzen und die Stimmung beleben sollen." (P 149)

Ganz recht, er redet in dem Satz vielleicht bereits wieder von sich, von dem Sucher, der ewig nach dem Ersatz für die Argumente forscht. Ganz recht, „vor dem Presseklub Bonn" mag so etwas ja als Beitrag zur Politik, zur politischen Kultur, als politische Rede durchgehen. Ganz recht, vor „den leitenden Köpfen einer Bank, zudem einer europäischen" mag so etwas wie das in der Folge Zitierte ja als Beitrag zur Redekunst durchgehen: „... die von Karl Schiller monierte Unterlassungssünde hängt dem vom Mehlwurm gerittenen Märchen vom Wirtschaftswunder dennoch an."[153]

Da sind unterschiedliche Phänomene und Vorgänge in dem Grass-Bild greulich kontaminiert. Wollen wir sie sortieren?

Die von Karl Schiller „monierte Unterlassungssünde" hängt an einem Märchen, notabene: eine Sünde ... hängt ... an einem Märchen. (Es soll das Anhängsel doch gefälligst abschütteln!).

Außer daß ihm die Sünde anhängt, wird dasselbe Märchen überdies geritten. (Gesattelt oder ungesattelt? Inwiefern vermag es überhaupt als Reittier zu dienen? Ob es auch zu Tode geritten werden kann?)

Von wem geritten? Vom Mehlwurm. In ihm hätten wir also den Reiter vor uns. Der Mehlwurm als Lützows wilde, verwegene Jagd?

So beschaffen kann die abenteuerliche Bilderwelt des Günter Grass sein. Nach ihrer Machart befragt, fürchte ich, wird er nicht Anstand nehmen, sie als *kühne Metaphorik* auszugeben.

---

[153] Zukunftsmusik oder Der Mehlwurm spricht, FAZ, 20. 10 2000

„Double-bind"

Eine der Eigentümlichkeiten seines Denkstils ist der *„double bind"*-Gestus.[154] Wo er begegnet, hatte die Kritik bis heute große Schwierigkeiten, ihn in seiner Bedeutung richtig zu erfassen.

Fast seit dem ersten Auftreten von Grass tadelten konservative Kritiker diesen Autor, weil seine vermeintlich ‚linken' Positionen und Akzente in seinen Veröffentlichungen sie – für ihren Geschmack – extrem dünkten, und sie verkannten getrost andere, offen ‚rechte' Aussagen und Statements, die ihnen eigentlich hätten zusagen müssen, wären sie ihnen nur klar zu Bewußtsein gekommen. Und bis heute ist es unter vielen sich als ‚fortschrittlich' einstufenden Kritikern gang und gäbe, denselben Autor stets pauschal für ‚linke' Bewegungen, Parteien und Gruppen zu vereinnahmen, dabei kurzerhand seine vielfachen Bekenntnisse zu anderweitigen Ideenwelten unterschlagend sowie die kaum verkennbar ‚rechten' Gehalte und Nuancierungen: „Vaterland", „nationale Frage", Äußerungen gegen die Alliierten, pro Krieg usw.

Das „Double-bind"-Phänomen[155] zeigt sich bei Grass keinesfalls nur in seinen politischen Stellungnahmen, die er bei ungezählten Gelegenheiten veröffentlichte und selbst heutzutage noch gern und geflissentlich veröffentlicht. Die belletristischen Werke enthalten ihn nicht minder häufig, so daß die Analyse ihn überall aufzuweisen vermag.

Oskar Matzerath macht die Deutschen glauben, der Pole Jan habe ihn, „ein unschuldiges Kind", in dem Postgebäude „auf polnisch unmenschliche Weise als Kugelfang zu benutzen" gedacht: „Kaum hatten Jan und ich die Briefkammer verlassen, weil uns die von der Heimwehr mit ihrem ‚Rauss!' und ihren Stabtaschenlampen und Karabinern dazu aufforderten, stellte sich Oskar schutzsuchend zwischen zwei onkelhaft gutmütig wirkende Heimwehrmänner, imitierte klägliches Weinen und wies auf Jan, seinen Vater, mit anklagenden Gesten, die den Armen zum bösen Mann machten, der ein unschuldiges Kind in die Polnische Post geschleppt hatte, um es auf polnisch unmenschliche Weise als Kugelfang zu benutzen." (B 200) ... „Oskar, den schlauen Unwissenden, brachte man, ein unschuldiges Opfer polnischer Bar-

---

[154] Vgl. dazu im vorliegenden Buch, im Kapitel über den politischen Grass, den Abschnitt über den Antifaschismus!
[155] Eugen Bleuler, Lehrbuch der Psychiatrie, 15. Aufl., bearbeitet von Manfred Bleuler, Berlin etc. 1983, S. 74. – Der Fachterminus ist zu übersetzen: ‚ambivalente' oder ‚widersprüchliche Gefühlsbindung'.

barei, mit Fieber und entzündeten Nerven in die Städtischen Krankenanstalten." (B 201). Oskars „Onkel und Vater", Jan Bronski, aber wird erschossen.

Grass legt es darauf an, daß seine ‚linke', mindestens indes polenfreundliche Leserschaft werte wie folgt: die „Barbarei" gab es gar nicht, die „polnisch unmenschliche Weise" ebensowenig, somit „ein unschuldiges Kind" auch keineswegs. All dies ist vom findigen Oskar lediglich fingiert worden.

Anderseits der borniert Leser, mit latentem oder manifestem Antipolonismus – müßte er sich nicht ebenfalls befriedigt fühlen, in seinem Vorurteil kräftig bestärkt?

Das Mitglied der Deutsch-polnischen Gesellschaft attestiert dem Autor nach alledem erfreut *political correctness* und ist es zufrieden.

Der Leser mit heftigem antipolnischen Vorurteil ist es ebenso, weil ihn das polenfeindliche Wortmaterial entzückt.

Andere Beispiele, der „Novelle" „Im Krebsgang" entnommen:

Hierin läßt Grass die makabre Welt des deutschen Faschismus wieder aufleben. Ein ermordeter NS-Politiker heißt dem vorgeschobenen Erzähler ganz naiv „der Blutzeuge der nationalsozialistischen Bewegung" (K 29). Ein Opfer auch er. Opfer eines jüdischen Einzelkämpfers.

Der Autor drückt nicht aus, daß er sich von dem Lexem „Blutzeuge" distanziere.

Er läßt mehrere dubiose Fragen aufklingen: „Wer weiß schon, wie dazumal der Leiter der Deutschen Arbeitsfront geheißen hat?" (K 37)

„Doch wer ... kennt heutzutage Robert Ley?" (K 38; welchen am besten kein Mensch mehr kennen sollte!)

Ein Schiff hat im Mai 1939 Freiwillige „der siegreichen Legion Condor" nach Hause gebracht. „Aber wen kümmert das heute noch?" (K 76)

Sehr richtig, kaum einen; und es sollte fortan keinen mehr kümmern.

Läse man all dies in einer alt- oder neufaschistischen Postille, in einem braunen Blatt, würde sich kaum jemand wundern. So aber, wenn es in einem der zuletzt publizierten Erzählwerke des Günter Grass steht?

Im Bericht „Beim Häuten der Zwiebel" findet sich folgender Passus: „Als mich der Feldgendarm in Marienbad abgeliefert hatte und ich fiebernd in ein frisch bezogenes Bett gelegt wurde, gab es den Führer nicht mehr. Es hieß, er sei im Kampf um die Reichshauptstadt gefallen. Wie etwas, das zu erwarten war, wurde sein Abgang hingenommen. Und auch mir schien er nicht zu fehlen, denn seine oft beschworene und nie bezweifelte Größe verflüchtigte sich unter den Händen immer eiliger Krankenschwestern, deren

Finger zwar nur meinen linken Arm in Besitz nahmen, mir aber in jedem Glied spürbar wurden."[156]

Etwa gedacht als humoristische Äußerung? Wie wäre das aber vorstellbar, daß die Finger jener Krankenschwestern „in jedem Glied spürbar wurden"? – Vielleicht: in einem *besonderen* Glied? Das wäre physiologisch noch am ehesten angängig. – Unerlaubt erscheint mir jedenfalls nicht der Umgang der Krankenschwestern mit dem Verwundeten, aber die enge Verbindung: „Führer", samt Redeweise von dessen „Größe" / Krankenschwestern / die Körperlichkeit des Bettlägerigen. Die Erwähnung Hitlers erhält dadurch einen Zug von Familiarität, fast von Intimität. Der Literaturnobelpreisträger hat keine Ader dafür.

An anderer Stelle seines autobiographischen Buchs deutet er an, daß er mit dem gleichfalls gefangenen Joseph Ratzinger im Lager bekannt geworden sein könnte. Also: Einmal läßt er den „Führer" sich in seinen Lebenslauf eindrängen. Das andere Mal zerrt er den späteren Papst in ihn herein. Die Schwester von Grass kommentierte ihres Bruders Behauptung über seine Begegnung mit dem jungen Ratzinger aber mit dem schlichten Wort: „Lüge".[157]

Des Autors Erzählhaltung haftet hier und an vielen anderen Stellen im epischen Werk so erhebliche Gefühlszweideutigkeit an, so daß man von einer *narrativen Variante des Double-bind* sprechen kann. Sie ist eine Art literarischer Parallele zu dem psychiatrischen Phänomen. Diesen erzählerischen Gestus, das *literarische* Double-bind-Syndrom, ermöglichte Grass sich schon früh mit Einführung des „permanent Dreijährigen", einer Figur, die eigens dazu geschaffen zu sein scheint, sich dauernd in dieser Weise zu artikulieren.

Infantilismus, Projektion

Vereinzelt findet sich in der Literaturkritik der Hinweis: Womit der Autor Grass bevorzugt operiere – so George Steiner –, sei ein „absichtsvoller Hang zum Infantilismus".[158] Der Ausdruck „absichtsvoll" (semantisch äquivalent oder verwandt: vorsätzlich, geplant, bewußt vorgenommen, intendiert) besagt dabei, daß hier über eine vom Autor gewollte Einbeziehung des Infantilismus als erzählerischen Mittels die Rede ist.

---

[156] Z, S. 4, Sp. 1
[157] FAZ, 29. 6. 2007
[158] Zit. und besprochen in: Klaus Briegleb, Mißachtung und Tabu. Eine Streitschrift zur Frage: „Wie antisemitisch war die Gruppe 47?" Berlin / Wien 2003, S. 291-294

Man kann wählen: Will man den psychiatrischen Terminus des Infantilismus zugrunde legen?[159] Oder sich in der Psychologie, in den Schriften Sigmund Freuds nach Information über den Begriff umsehen? (Ich gehe den zweiten Weg.)

Freud untersucht die „Abwehrmechanismen" und ihre Wirkungsweise; sie dienen dem Zweck, „Gefahren abzuhalten". Gelingt es ihnen, so bleibt doch mißlich, „daß sie selbst zu Gefahren werden können": Sie werden „nicht aufgelassen, nachdem sie dem Ich in den schweren Jahren seiner Entwicklung ausgeholfen haben. Jede Person verwendet natürlich nicht alle möglichen Abwehrmechanismen, sondern nur eine gewisse Auswahl von ihnen, aber diese fixieren sich im Ich, sie werden regelmäßige Reaktionsweisen des Charakters, die durchs ganze Leben wiederholt werden, so oft eine der ursprünglichen Situation ähnliche wiederkehrt. Damit werden sie zu Infantilismen, teilen das Schicksal so vieler Institutionen, die sich über die Zeit ihrer Brauchbarkeit zu erhalten streben."[160]

Anna Freud benennt besonders zwei „Reaktionsweisen", die von der aufwachsenden Person benötigt und entwickelt werden: eine in der Latenzperiode, eine frühere bereits in der frühen Kindheit, die beide dann im ganzen Leben wiederholt zu werden vermögen, indem sie über die Zeit ihrer Brauchbarkeit hinaus zur Anwendung kommen und damit endlich dem Seelenleben des Erwachsenen infantile Charaktere verleihen: die Gewissensangst und die Projektion. Während des Heranwachsens werde „die Angst vor der Außenwelt ... unwichtiger, sie ersetzt sich immer mehr durch die Angst vor dem neuen Repräsentanten der alten Macht: durch Angst vor dem Über-Ich, vor dem Gewissen, durch das Schuldgefühl. ... Die Gewissensangst wird zum Motor der Triebabwehr in der Latenzperiode, wie es die Realangst in der frühkindlichen Zeit gewesen ist."[161]

Anders in der frühen Kindheit. Hier dominieren als Abwehrmechanismen die Verdrängung und Projektion. „Andere Abwehrvorgänge wie Verschiebung, Verkehrung ins Gegenteil, Wendung gegen die eigene Person beeinflussen den Triebvorgang selbst; Verdrängung und Projektion verhindern nur seine Wahrnehmung. Bei der Verdrängung wird die beanstandete Vorstellung ins Es zurückgewiesen, die Projektion verlegt sie statt dessen in die

---

[159] In der Psychiatrie wird Infantilismus z. T. den „oligophrenen Störungen" beigezählt, mit Merkmalen wie: Gefühls- und Stimmungslabilität, Flüchtigkeit des Strebens, Unstetigkeit usw. (Bleuler, wie Anm. 155, S. 596)

[160] GW 16, 84 f.

[161] Das Ich und die Abwehrmechanismen, München 1964, S. 113

Außenwelt. Die Projektion gleicht auch darin der Verdrängung, daß sie nicht an eine spezielle Angstsituation gebunden ist, sondern durch Realangst, Über-Ich-Angst und Triebangst gleichmäßig ausgelöst werden kann."

Die Verfasserin konstatiert die enge Verbindung der frühen Kindheit und des Gebrauchs von Projektionen. Das ist einer der Gründe dafür, daß der übermäßige Gebrauch von Projektionen durch Erwachsene dem Beobachter als eine ‚kindische Unart' zu erscheinen vermag. Anna Freud schreibt weiter: „Dem Ich des kleinen Kindes ist in der ganzen ersten Infantilperiode ist der Gebrauch von Projektionen jedenfalls natürlich. Sie dienen ihm dazu, seine Handlungen und Wünsche, wenn sie gefährlich werden, von sich abzuweisen und in der Außenwelt einen neuen Urheber für sie zu suchen. Ein ‚fremdes Kind', ein Tier, selbst unbelebte Gegenstände sind ihm zur Unterbringung der eigenen Vergehen gleichmäßig recht. Das kindliche Ich entledigt sich auf diese Art normalerweise ständig verpönter Regungen und Wünsche und gibt sie freigebig an die Umgebung ab. Wo diese Wünsche von außen her mit Strafdrohungen belegt sind, schiebt es die Ersatzpersonen, auf die es projiziert hat, zur Bestrafung vor, *wo Schuldgefühle es zur Projektion veranlaßt haben, wendet es die Selbstkritik als Anklage nach außen. In beiden Fällen distanziert es sich vom neuen Täter und benimmt sich äußerst intolerant bei seiner Beurteilung.*"[162]

In der Debatte über das Eingeständnis des Autors Grass, SS-Mann gewesen zu sein, gaben einige zu Protokoll, sie könnten sich den Fall nicht erklären, nicht erklären, wie Grass dazu kam, jahrzehntelang den Moralisten zu geben, der unerbittlich anderen *ihr* mangelndes Eingeständnis vorwarf, ‚dabeigewesen' zu sein. So Joachim Fest: Es sei unerklärlich, „wie sich jemand 60 Jahre lang ständig zum schlechten Gewissen der Nation erheben kann, gerade in Nazi-Fragen – und dann erst bekennt, daß er selbst tief verstrickt war …"

Die kursiv gesetzten Bestandteile des letzten Zitats von Anna Freud (im Original gibt es die Kursivierung nicht; sie stammt also von mir, W.B.) liefern die exakte Erklärung für die über sechzigjährige Enthaltsamkeit des Günter Grass, der es nicht über sich brachte, seine eigene Vergangenheit offenzulegen. Sie liefern die Erklärung auch dafür, daß er die Rolle des Geständigen, womöglich Reumütigen, so lange von sich wies, um dafür die Rolle dessen einzutauschen, der andere zum Geständnis, zur Reue nötigen möchte, und dies mit der äußersten Intoleranz.

---

[162] Ebd., S. 29

Das – dem Autor vermutlich niemals bewußt gewordene – Schema seines Verhaltens während der Spanne seit 1945 müßte eine Anzahl seiner wichtigsten Äußerungen geprägt haben. Ja, man darf so weit gehen, in der von ihm favorisierten infantilen Abwehrtechnik der Projektion den mysteriösen, jedoch hochwirksamen Mechanismus zu erblicken, der seine Gedanken- und literarische Welt organisiert.

Wie ein Leser der „Blechtrommel" nicht verkennen kann, lädt Grass seiner Figur Oskar, dem Blechtrommler, beträchtliche Anteile seiner eigenen – des Autors – Lebensgeschichte auf. Es existiert daher unleugbar eine partielle Identität Matzeraths und seines Schöpfers. Die von diesem gelieferte Schöpfung ließe sich somit als dem Autor-Willen entsprungenes Bekenntnis interpretieren, es sei seine bekannteste Figur nichts anderes als der nach außen projizierte, in die Gestalt des Zwerges gebannte, in der Gestalt des Zwerges inkarnierte *Abwehrmechanismus*, der denn doch einen psychischen Infantilismus des Autors verriete. Daher der Eindruck des ‚Kindischen', den der ganze Roman vermittelt.

„Die Selbstkritik als Anklage"

In die Nähe der voranstehenden Hypothese führten bereits einige Argumentationen in der Presse, als des Autors Eingeständnis 2006 vorlag.

Die Beiträger des „Spiegel" schreiben: „Fürchtet Grass, der die SS-Runen am Kragenspiegel getragen hat, eine immer noch schwelende Verführbarkeit in sich selbst? Wohl eher nicht. Seine Strategie sieht womöglich so aus: Er verteilt die Last seiner Vergangenheit auf möglichst viele Schultern. Niemand kann ihm dabei entkommen, auch die Nachgeborenen nicht."[163] – (Doch. Er selber entkommt sich selbst ... oder entkam sich selbst, bis 2006.)

Sie skizzieren die – ihrer Meinung nach „triviale", doch keineswegs der Mehrzahl der Menschen bekannte – Abwehrmaschinerie der Projektion: „Der Mechanismus ist so häufig wie trivial: Was zum Ich gehört, wird nach außen projiziert. Wenn es das Selbstbewusstsein hergibt – und das ist bei Grass sicher der Fall –, kann das, was das Ich mit sich selbst abmachen müsste, ohne weiteres auf eine ganze Nation abgewälzt werden."[164] – Der Terminus „Selbstbewußtsein" an dieser Stelle führt in die Irre, da bedeutungsschwer darin das Wort „Bewußtsein" enthalten ist. Es erweckt die Vorstellung, als hätte der Gesamtvorgang, um den es geht, Verbindung mit den be-

---

[163] Der Spiegel 34/2006, S. 48
[164] Ebd.

wußten Strebungen des Ichs und als wäre er vom diesem besonnen gelenkt. Doch würde auch bei einem noch so erheblichen *Selbst*bewußtsein des versiertesten Schriftstellers die *unbewußte* Maschinerie das ihr zukommende Werk autonom verrichten; der Betroffene müßte gar nichts davon wissen und könnte glauben, schreibend eine perfekte Gedankenwelt vor den Leser hinzuzaubern, während diese in Wahrheit den Verzerrungen unterliegt, die der Wirkweise des Mechanismus zuzuschreiben sind.

Im „stern" kommentierte damals dessen Chefredakteur, Thomas Osterkorn, das Ereignis des Eingeständnisses: „Günter Grass hat den Nobelpreis für Literatur bekommen, weil er ‚in munterschwarzen Fabeln das vergessene Gesicht der Geschichte gezeichnet hat'. So lautete die Begründung des Komitees. Schreiben gegen das Vergessen – das war das erklärte Ziel seines gesamten Werkes. Dass ausgerechnet Grass 60 Jahre lang vergessen oder verdrängt, auf jeden Fall aber verschwiegen hat, daß er bei der Waffen-SS war, macht fassungslos. Was ist von diesem Bekenntnis zu halten?"[165] – Ihm wie allen Fassungslosen kann geholfen werden.

Wer den Abwehrmechanismus beim frühen Grass in voller Funktion sehen will, kann nach vier Jahrzehnten abermals zu der Rede greifen, die er 1967 in Israel hielt: „Von der Gewöhnung".

Dem Unbewußten in ihm mag es einen furiosen Triumph bereitet haben, wie vollendet die Technik ihre hohe Wirksamkeit gerade angesichts eines Publikums erwies, das den Autor bei ihrem eventuellen Versagen – im Falle, einem Weisen, einem alttestamentlichen Propheten ähnlich (Daniel!), wäre durch göttliche Eingebung die Wahrheit offenbart worden, um sie öffentlich zu verkünden – garantiert in die Wüste geschickt hätte, so daß ihm nur die schleunige Flucht blieb wie einstmals Kleists verruchtem Dorfrichter Adam (welcher seine eigene Schuld *bewußt* auf völlig Unschuldige zu projizieren sich bemüht, aber vergebens, und abgeschlagen das Weite zu suchen gezwungen ist). Der neue Adam, namens Günter Grass, war im Vergleich zum alten jedoch höchst erfolgreich.

Stellen wir die zwei Kernaussagen der Rede noch einmal einander gegenüber:

(Er selber:) Ohne Verdienst unbelastet usw.	So wie die Bauern im Herbst ihre Futterrüben einmieten, versuchten die redlichen Deutschen ihre Vergangenheit einzumieten. Aber Fut-

---

[165] stern 34/2006, S. 3

> terrübenmieten werden im Frühjahr angestochen, dann stinkt es landauf, landab, und keine Idylle ist vor dem vergorenen Anhauch sicher. Die Ungeheuerlichkeit ist nur einen Satz lang: Die Deutschen haben, indem sie es taten, indem sie es zuließen, sechs Millionen Menschen ermordet. (Ich bin gezwungen, dieses Verbrechen so zu nennen, wie es damals geheißen hat: die Endlösung.)

Man soll es ausdrücklich einräumen: Daß er den Projektionsmechanismus, der sich hier in seiner Wirkungsweise anschaulich präsentiert, zulassen mußte, belastet den Autor nicht mit einer zusätzlichen Schuld – er widerfährt ihm mehr, als daß er ihn vorsätzlich anwendet, und widerfährt ihm, wenn nicht alles trügt, ohne sein bewußtes Zutun. Widerfährt ihm einzig und allein als perennierende Maschinerie. Deshalb wäre es auch mißlich, von ‚moralischer Schuld' zu sprechen.

Es bleibt jedoch die juristische:

Er gehörte der Waffen-SS an; diese ist als „verbrecherische Organisation" verurteilt worden.

Hier liegt reale Schuld, so wie sich bis heute schuldig macht, wer einer ‚kriminellen Vereinigung' beitritt, aus welchem Motiv auch immer. War zu hören: „dass selbst seine Kritiker ihm die SS-Mitgliedschaft als solche ja nachgesehen haben und nur das lange Beschweigen bemängelten ..."[166], so wird umgekehrt ein Schuh daraus: das „Beschweigen" hat er mit aller Kraft kaum verhindern können, die Zugehörigkeit zur SS war das Delikt.

Aber freilich, die Entstellungen sind kenntlich, die der Mechanismus erzwang, sind ohne Umschweife erweislich:

1. Er nicht, er ist nicht schuldig, sondern „unbelastet". Objektiv eine Lüge, da er Angehöriger genau jener bewaffneten Formation war, die das Hauptinstrument des Genocids bildete.
2. Schuldig vielmehr seien „die Deutschen". Wie sehr er damit der historischen Faktizität widerspricht, wurde schon oben dargelegt. Aber so verlangt es der Mechanismus, Ausnahmen gestattet

---

[166] FAZ, 21. 3. 07

er keinesfalls, der Widerstand deutscher Antifaschisten, auch einfacher Menschen in Deutschland, die ihre Menschlichkeit bewahrten und ohne Lärm unter Beweis stellten, verschwindet völlig in dem Kollektiv „die Deutschen".

3. Was vollbringen „die Deutschen" nach der Niederlage? – Mieten „ihre Vergangenheit ein". Lassen wir dahingestellt, wie viele unter den Deutschen dies nötig hatten und es raffiniert zu tun verstanden. Wie viele leitete ihr Unbewußtes an, es zu vollbringen? Günter Grass selber war einer derjenigen, die es nötig hatten, war derjenige, der sich überdies im staunenden Israel den Erfolg sozusagen bescheinigen lassen konnte – denn es erhob sich, soviel bekannt wurde, seitens der betrogenen Israelis (die den Betrug nicht ahnten) keinerlei Protest gegen ihn –.

4. Wenn die „Futterrübenmieten" angestochen werden, „dann stinkt es landauf, landab". – War das eine Vorhersage dessen, was knappe vierzig Jahre hiernach geschehen würde? – Immerhin ließ der quälende Gestank sich doch umfunktionieren zu einer Handhabe, die dem Verursacher eine Menge Geld eintrug (welches bekanntlich *nicht* stinkt). „Denen, die Gott liebt, müssen alle Wege zum besten dienen." (Oder, mit Ersetzung eines Substantivs: Denen, die das Kapital, liebt ...?)

Aus allerlei Figuren, die Grass schuf, kichert immer wieder nur der eine hervor, der ewig eine, wie jeder Leser wissen kann: er selbst. So fingiert er einmal einen dreiundzwanzigjährigen NPD-Wähler:

„Warum also wählt ein Dreiundzwanzigjähriger die NPD? Ließe sich Abenteuerlust nicht besser durch einen Western befriedigen? Lohnt es sich für einen Dreiundzwanzigjährigen, NPD zu wählen?"

Noch wissen wir nicht, worauf das banale Fragespiel hinauslaufen will. Es scheint sich um einen Beitrag von Grass zur Bekämpfung des Neofaschismus zu handeln. Ist es einer? – Aber nein, es ist das gewohnte Versteckspiel, ein weiterer Beweis dafür, wie vorangeschritten die „Gewöhnung" (à la „Rede von der Gewöhnung") nun schon ist:

„Er wird noch als Siebzigjähriger einen blinden Fleck in seiner Biographie vertuschen und wegwünschen wollen."

Ach ja? Nein doch, es sollte länger dauern, bis zu einem Zeitpunkt kurz vor seinem neunundsiebzigsten Geburtstag.

Wer hätte darauf kommen können? Es scheint ein Beitrag zur Bekämpfung des Neofaschismus vorzuliegen, ist indessen in Wahrheit ein vom Autor benutztes Mittel: wieder einmal zur Kaschierung – eines blinden Flecks „in *seiner* Biographie".

Keiner kam darauf, und sorgfältig verschloß der Redner sofort die Luke wieder, durch die Licht auf etwas von ihm sehr Verborgenes hätte fallen können. Er fragt:

„Können wir uns die NPD leisten?" (P 94)

Das ist eine Frage, über die sich diskutieren ließe. – Aber können *wir* uns *ihn* leisten, den Frager? Das ist die Frage, über die im Schlußkapitel gehandelt werden wird.

„Ich klage an" – ehemals den Staatssekretär Globke; der wirklich hätte angeklagt werden müssen; vom Staatsanwalt. Welcher es unterließ. Für Grass bildete Globke die sozusagen ideale Projektionsfläche, worauf er sein Schuldgefühl mit aller Energie projizieren konnte. Hätte es Globke nicht gegeben, er hätte ihn erfinden müssen!

Andere geeignete Projektionsfläche: die Deutsche Bank. Deren Vorstand – so trug Grass aus der Mehlwurm-Perspektive vor –, Hermann Josef Abs, sei während des 2. Weltkriegs in den von der deutschen Wehrmacht besetzten Gebieten „tätig" geworden, ein Mann, der „in jüdischem Besitz befindliche Banken arisierte". Aber seinen Nachfolgern gelang es dann, „diesen Makel durch beharrliches Beschweigen zu verdecken".[167]

Immer ist es aber zugleich sein eigener „Makel", den Grass „durch beharrliches Beschweigen" verdeckte, so lange Zeit hindurch. Stetig war damit zu rechnen, daß er über sich selber sprach, wo er sich vorgeblich über andere und anderes äußerte. Ein weiteres Beispiel: Er schreibt seine „Rede über das Selbstverständliche" – als gäbe es bei ihm je „das Selbstverständliche"; überhaupt nicht verständlich blieb ihm doch allezeit gerade das eigene Selbst –. Darin fragt er – und es ist, als fragte er sich selber; man muß nur, wenn andere Namen darin stehen, den seinigen einsetzen –:

„Wo, Alfred Andersch, hat Ihre beredte Entrüstung die Milch der Reaktionäre gesäuert?

Wo, Heinrich Böll, hat Ihr hoher moralischer Anspruch die bigotten Christen erbleichen lassen?" (P 81)

Wenige Zeilen später, auf der nächsten Seite: Zuwendung zu seinem Thema Nr. 1, Schuld, nachdem er sich eben noch beim Moral-Thema aufgehalten hatte: „Wer an den Katastrophen der Wirklichkeit nicht teilhat – denn teilhaben heißt oft schuldig werden –..." (P 82)

---

[167] FAZ, 20. 10. 2000

Und nun von besonderer Wichtigkeit: Die nicht an der Wirklichkeit Teilhabenden sind bei Grass die zutiefst Verworfenen, denn nochmals einige Zeilen weiter sagt er: „Die Utopie machts möglich." (Ebd.)

Zu übersetzen: An „den Katastrophen der Wirklichkeit" teilhaben = oftmals schuldig werden;

nicht an ihnen teilhaben = auch nicht schuldig werden = der Utopie verfallen.

Daher erhebt sich der Verdacht: Ist „Utopie" (dazu Weltanschauung, Ideologie), so gesehen: ein Deckname für nicht schuldig geworden sein / nicht schuldig sein / nicht schuldig werden? Das wäre eine psychologische Erklärung für den Feldzug des Autors gegen Utopie, in dem Sinne: ‚Seid doch erst einmal so tief gefallen wie ich selber …'

Sein Anti-Utopismus dann also: Abwehrgeste denjenigen gegenüber, die an seiner Schuld nicht partizipieren.

Seine Abwehrgeste der Psychologie gegenüber, verdeutscht: ‚daß ihr mir ja nicht meine Manöver in Sachen Wahrheit durchschaut!'

Projektionenkette, oder: Grass projiziert auf Karl Schiller,
was Karl Schiller auf Kurt Georg Kiesinger

Einen phantastisch anmutenden Einblick in den Wirkungsmechanismus der Projektion verschafft auch ein Vorgang, der, wenn man von dieser noch nie gehört hat, Kopfschütteln hervorrufen muß. Hat man davon gehört, empfindet man ihn sicher als ‚klassischen' Beweis.

Die Beteiligten (1969/70) waren drei Personen: Grass / Karl Schiller / Kiesinger, Bundeskanzler der ‚großen Koalition' am Ende der sechziger Jahre in der Bundesrepublik. Ein junger Politikwissenschaftler, Torben Lütjen, fand bei Recherchen im Bundesarchiv in Koblenz zwei Dokumente, die das Geschehen belegen; die FAZ druckte sie.[168]

Es sind zwei Schriftstücke, private Briefe, die Grass an seinen Freund Karl Schiller adressierte. Schiller befand sich 1969 im Wahlkampf und spielte im August auf Kurt Georg Kiesingers NS-Vergangenheit an (stellvertretender Abteilungsleiter für Propaganda im Reichsaußenministerium, also ein Lakai Ribbentrops). Kommentierend heißt es in der FAZ: Er (Schiller) „schien dabei vergessen zu haben, daß seit einer ‚Spiegel'-Titelgeschichte vom April jenes Jahres auch seine eigene Vergangenheit allseits bekannt war" (22jährig 1933 in die SA eingetreten, später in den NS-Dozentenbund und in

---

[168] 29. 9. 2006

die NSDAP; während des Kriegs in Diensten des Oberkommandos der Wehrmacht in Kiel). Der Kommentator: „Mit dieser Vergangenheit war Schiller kein ungewöhnlicher Deutscher. Aber aus Sicht von Günter Grass beging er mit der Kiesinger-Kritik einen großen Fehler."

Und weiter im Text der FAZ: Der „politische Schriftsteller" Grass, „der so oft jene zu stellen versuchte, die ihre eigene NS-Vergangenheit verharmlosten, sah über seine eigene Verstrickung hinweg." Dies sei „ein ungewöhnlich intimes Beispiel für die Verdrängungskunst des Schriftstellers". – Aber: Verdrängungs*kunst* existiert nicht. Zu einer Kunst (als Vermögen der Kunstproduktion) würde jedenfalls ein unverächtliches Quantum Besonnenheit gehören, das im Verdrängungsvorgang jedoch keineswegs vorhanden ist, ebensowenig im Projektionsmechanismus.

Ich hebe aus den beiden Briefen den jeweiligen Kern heraus.

Grass schreibt am 15. Juli 1969 an Karl Schiller: Er bitte ihn, „bei nächster Gelegenheit – und zwar in aller Öffentlichkeit – über Ihre politische Vergangenheit während der Zeit des Nationalsozialismus offen zu sprechen. Die Nachkriegsgeneration kennt nur Beschwichtigungen, unzulässige Verharmlosungen des Bundeskanzlers, zum Beispiel, er sei weder aus Überzeugung noch als Opportunist Mitglied der NSDAP gewesen. Ich hielte es für gut, wenn Sie sich offen zu Ihrem Irrtum bekennen wollten. Es wäre für Sie eine Erleichterung und gleichfalls für die Öffentlichkeit so etwas wie die Wohltat eines reinigenden Gewitters." – Das Schlüsselwort hierin ist vierfach zugegen: Öffentlichkeit – offen – offen – Öffentlichkeit. Es bezeichnet genau, was Schiller scheute, und es bezeichnet genau das, was Grass scheute und scheut, und es stecken in dem kleinen Passus dazu die Bezeichnungen der Remedien, denen sich der letztgenannte auf keinen Fall damals schon überlassen mochte: Erleichterung, Wohltat, Reinigung.

Ausführlicher Grass an Schiller am 28. April 1970: Zunächst, „als Freund" möchte er dem Adressaten „raten, nicht zuallererst die Ungerechtigkeit der Welt anzuklagen". Sodann: „Ich bat Sie damals dringlich, Ihr eigenes erklärbares Verhältnis zu den Organisationen der NSDAP von sich aus freimütig und rechtzeitig der Öffentlichkeit zu erklären, ohne große Meaculpa-Geste ... Anstelle (fehlt etwas? – W. B.) starteten Sie, ohne auf die eigene Vergangenheit einzugehen, einen von der Sache her berechtigten Angriff gegen Kurt Georg Kiesinger, indem Sie auf seine Tätigkeit während der Zeit des Nationalsozialismus, insbesondere als Propagandist des Dritten Reiches, hinwiesen." ... Darüber habe er lange nachgedacht, „wie es möglich sein kann, daß ein Politiker mit soviel Weitblick und Erfahrung, begabt mit

Lässigkeit und getragen vom Verständnis breiter Wählerschichten, partiell ... so verengt reagieren kann.

Ich habe nur Teilantworten gefunden, die Hinweise geben könnten auf übliches intellektuelles Verhalten, also auf den berühmt berüchtigten Hochmut des Wissenden. (Mir ist diese Materie nicht unvertraut, da ich mich gute zwei Jahre lang bei den Vorarbeiten für mein ‚Plebejer'-Stück, mit Shakespeares ‚Coriolan' und den intellektuellen Attitüden des Bertolt Brecht auseinandersetzen mußte, kann ich dererlei[169] Verengungen gelegentlich auch an mir beobachten.)"

„Ich habe nur Teilantworten gefunden ...": klar; denn den Projektionsmechanismus, der ihm selber so hervorragend dienlich ist, durchschaut er nicht ...

Die letzte Grübelnuß von Satz in dem Zitat ist nur mühselig aufzuknacken: des Autors eigenes Stück / ein Shakespeare-Stück / Brechts Attitüden / Grass selber. Schon rückt die Versuchung nahe, anzunehmen, Grass sei dabei, nunmehr schleunigst auf Brecht zu projizieren. Hochmut à la Karl Schiller: bei einer Dramenfigur Shakespeares (Coriolan) / bei einer Dichterpersönlichkeit wie Brecht (jetzt nicht bei einer seiner Figuren) / beim Autor Grass. Das Substantiv „Verengungen" weist zurück auf das Partizip „verengt" (in adverbialer Funktion) am Ende des Absatzes davor. Die Wendung „verengt reagieren" ist bezogen auf die Verweigerung eines öffentlichen Eingeständnisses; derselbe Vorwurf vielleicht dem Substantiv inhärent – psychischer Automatismus, der in diesem Augenblick den Dichter Grass selber bis hin an die Grenze des Eingeständnisses schon während dieser frühen Spanne drängen will? ...

---

[169] Den Ausdruck „dererlei" kennt die deutsche Sprache nicht. Also liegt entweder eine inkorrekte Bildung vor oder ein Druckfehler; als Neologismus wäre er sinnlos, da lediglich ein aufgeblähtes „derlei".

Zur literarischen Technik

> Ich versuchte es, vermittelst einer kräftigen Dosis Langeweile Schlaf zu erzeugen und durch dessen Kräfte der elenden Menschennatur aufzuhelfen.
> *Wilhelm Raabe, Wunnigel, 4. Kap.*

> Wenn eines Verfassers Buch derart schlecht ist, daß es von fünfhunderttausend Personen gekauft wird – gibt das einen Grund ab, ihm fünfhundertmal mehr Geld zuzuwerfen als einem andern Verfasser, einem, dessen Buch so gut ist, daß sich knapp tausend Käufer dafür finden?
> *Kurt Hiller, Der Aufbruch zum Paradies, Aphorismus Nr. 400*

Weiteres zum „Double-bind"-Gestus

Nicht viele Leser wagen es, sich selber die Frage zu stellen, ob sie die Lektüre eines Romans oder anderen Erzählwerks von Grass genießen konnten, wagen es besonders dann nicht, falls ihnen die literarische Speise wenig mundete. Falls der eigene Eindruck eher oder ganz negativ war.

Ich selber begann die „Blechtrommel" 1964 eines Tages in der Hamburger U-Bahn zu lesen, legte nach S. 70 meine U-Bahnfahrkarte als Lesezeichen ein – und stellte, in meiner Wohnung angelangt, das Buch im Regal ab, um es nie wieder anzurühren. Tat dies aber dann doch, als ich die Aufforderung erhielt, mich bei einer Berliner Tagung in der Öffentlichkeit grasskritisch zu äußern (2003). Ich wollte ermitteln, ob ich meinen ersten Eindruck revidieren müßte. Die U-Bahnfahrkarte war es, die mich an meine anfängliche Lektüre erinnerte.

Sicher gibt es nicht wenige Leserinnen und Leser, die mit Grass unzufrieden sind. Sie stehen aber häufig unter dem stärkeren Eindruck ungezählter Jubel-Rezensionen, wie sie seit Jahrzehnten die Presse verbreitet, sowie unter dem Eindruck der Werbemaßnahmen in den elektronischen Medien, die sich für Günter Grass und seine Hervorbringungen verwenden.

Eher selten ist ein Resümee, wie es Wiglaf Droste vor vier Jahren in der „jungen welt" veröffentlichte: „Günter Grass, das ist Literatur als Strafe, als Rache an der Schönheit der Welt, an der er nicht teilhat – Altpapier schon vor dem Druck."[170]

Oder dies fünf Jahre alte Resümee von Hermann L. Gremliza: „Es geht hier nicht um Literatur. Ich jedenfalls kenne keinen Verehrer der Sprache, der einen Roman von Grass oder eine Rezension von Reich-Ranicki lesen kann."[171]

---

[170] 30./31. 8. 2003
[171] konkret 2/2002, S. 9

Wer es dennoch über sich bringt, lieber Droste, lieber Gremliza, wird vielleicht dem Schrifttum des Autors wenigstens eines dennoch zubilligen: daß es ein Studienobjekt sei, woran sich aufzeigen läßt, wie ein literarisches Werk
– nicht beschaffen sein sollte.
Daß es ein interessanter Gegenstand sei
– woran sich bestimmte literarische Mißbildungen demonstrieren lassen.
Das versuche ich in diesem und dem folgenden Kapitel („Sprache").

Am Anfang nochmals einiges zum literarischen „Double-bind" und verwandten Erscheinungen. Deren Analyse kann zur Erklärung des positiven Echos beitragen, was die Schriften von Grass hervorgerufen haben, darunter vor einem Jahrfünft (2002) ein Text, den er mit der Angabe „Novelle" veröffentlichte[172]: „Im Krebsgang". Darin macht er exzessiven Gebrauch vom „Double-bind".

Die öffentliche Diskussion in der Bundesrepublik Deutschland steht seit einigen Jahren bei der Frage, wie sehr Deutsche, *auch* Deutsche zu den beklagenswerten Opfern des 2. Weltkriegs zählen.

Also: neben dem jüdischen Anteil der Europäer oder der jüdischen Bevölkerung Europas, neben den Menschen anderer Nationen, zum Beispiel Jugoslawiens (des Landes mit der prozentual höchsten Quote an Toten unter allen Ländern im 2. Weltkrieg). Aus elektronischen und Print-Medien ist das sehr postume Lamento über das Flüchtlingselend anno 45 zu vernehmen sowie über die Toten des Bombenkriegs.

Zu den Fähigkeiten des Schriftstellers Grass gehört es, sich flink jedem neu aufgelegten Ressentiment anzupassen, er japst im *main stream* mit: Ich auch, ich auch. Als zentrales Thema, das „seiner Generation" zukäme, benennt er in seinem Buch von 2002 das „Elend der ostpreußischen Flüchtlinge". Das „Versäumnis" der deutschen Autoren, es nicht längst schon aufgegriffen zu haben, sei „bodenlos" (K 99).

So lediglich aus Sicht einer Figur formuliert oder aus der des Verfassers, Figurenrede oder Autorkommentar? Oder beides, aus Sicht einer Figur sowie des Verfassers?

Wahrscheinlich spricht hier der Verfasser selber. Spricht aus der Mitte der Ressentiments solcher Leser, die auf Frau Erika Steinbach hören. Sie lassen sich suggerieren (obwohl es ihnen nicht wörtlich vorgetragen wird): Was ist gegen „das Flüchtlingselend" schon der NS-Angriffskrieg gegen viele europäische Staaten, der von Deutschen in vielen Ländern begangene Genocid,

---

[172] Die Gattungsbezeichnung ist willkürlich, eine Novelle liegt keinesfalls vor.

der Holocaust oder die Shoah? Das eigentliche Verbrechen des 20. Jahrhunderts – ist das den deutschen Flüchtlingen nach 1945 angetane. Und daher: Niemals hätte man „über so viel Leid ... schweigen ... dürfen." Das Pathos verrät es: Der Schriftsteller Günter Grass spricht – abgesichert durch seine Erzählerfigur.

Nicht doch, beschwichtigen kluge Kritikerinnen und Kritiker, darunter akademische, Grass spreche an solchen Stellen nicht selber. Der da spreche, es sei – eine Erzählerfigur. Auf diesem Wege gelangte denn ein Rezensent dahin, schlechterdings zu rühmen: „Grass' Kunstgriff ist genial."[173]

Ja, so genial wie eine „double bind"-Manifestation nun einmal sein kann. Hätte der Autor das „double-bind"-Empfinden besonnen-bedächtig, mit Vorsatz in eine literarische Technik transformiert, so würde wohl gelten: Unter dem moralischen Aspekt sollte derlei nicht als genial, sondern als infam bezeichnet werden. – Wenn sich der Gestus allerdings so ‚ergab', ohne sein bewußtes Zutun, auch er unbewußt wie der Projektionsmechanismus – es spricht manches dafür –, hätte die moralische Wertung ihr Recht verloren. Man müßte dem Autor dann zugute halten, daß er diese Technik nicht überlegt entwickelte.

Jedenfalls ermöglicht sie ihm die Verstärkung des aktuellen Trends, historische Fakten zu relativieren: gegen den NS-Angriffskrieg das „Flüchtlingselend" auszuspielen; gegen den von Deutschen begangenen Genocid die Bombenkriegsopfer. Mit dem Akzent auf dem „Elend der ostpreußischen Flüchtlinge". Daher: „Niemals ... hätte man über so viel Leid ... schweigen ... dürfen."

Richtig? – Nein. In Wirklichkeit ist niemals nach 1945 darüber geschwiegen worden, weder in der westdeutschen noch in der DDR-Literatur, weder im Film – u. a. Frank Wisbars „Nacht fiel über Gotenhafen" – noch in sonstigen Medien. Ebenfalls nicht in der Geschichtswissenschaft. Von der Politik zu schweigen. Dokumentationen haben es aufgelistet. Daher tat Gremliza die Klage des Nobelpreisträgers zu Recht mit dem einfachen Verdikt ab: „gelogen".[174]

Noch ein Beispiel für die von Grass favorisierte literarische Technik.

In der „Novelle" gibt es folgendes Detail. Einstmals hatte ein Wissenschaftler jüdischer Herkunft, David Frankfurter, den NS-Politiker Wilhelm Gustloff niedergeschossen. Nun ermordet des Erzählers Sohn Konny einen jungen Mann, der sich wie ehemals der Täter David nennt (obwohl er anders heißt), in einer Art Rachehandlung. Dabei weiß der Mörder nicht, daß dieser

---

[173] Rüdiger Bernhardt, in: Marxistische Blätter, 3/2002, S. 101
[174] In konkret 3 / 2002

zweite David ein nichtjüdischer Deutscher ist mit Sympathien für das leidende Judentum. Des Täters Freundin aber gesteht dem Vater (= dem fiktiven Erzähler), sie werde „immer an das Gute in Konny glauben" (K 214).

Was wäre aber „das Gute" *in* einem Attentäter, der zum Mörder an einem Gleichaltrigen wird, weil er in diesem den Juden vermutet?

Und der Vater, im Text die Erzähler-Figur, antwortet: „das mit dem guten Kern stimme" (ebd.).

Dies Werturteil bleibt im Erzähltext unwiderlegt: der „mit dem guten Kern" – ist der Mörder!

Die Ausschnitte erhellen die mit der Erzählstrategie des Günter Grass verknüpfte Intention. Der mit ihm verbündete Leser soll erfassen: Des Autors Meinung spiegele sich in den zitierten Sätzen keineswegs, *nimm als Ansicht des Autors bitte das Gegenteil.*

Dem minder instruierten Leser aber, der die Sätze für bare Münze nimmt, dreht der Autor eine Nase: *Reingefallen! Du hast dich selber entlarvt.*

Dann urteilt man auf der ambitionierten Linken: „ein novellistisches Meisterstück".[175]

Und Rüdiger Bernhardt versichert, Belletristisches von Grass sei „immer Warnliteratur".[176]

Nur, wie wäre, wenn intendiert, die warnende Funktion eigentlich realisierbar?

Ein Autor komponiert ein Prosastück aus NS-Ideologemen mit Benutzung der Lexik des NS sowie aus den Vorurteilen wenig oder gar nicht instruierter Bundesbürger, deren Gedankenwelt dem NS benachbart ist. Welchen Sinn soll das haben? Die Repetition, Regeneration, Revivifikation der NS-Gedankenwelt mit Hilfe der NS-Sprache ist immer nur ihre Resurrektion, jedoch niemals die überzeugende Geste des Warnens vor ihr. Was sollte es nützen – und wem –, wenn sich der affirmativ gestimmte Kritiker mit Grass solidarisiert, seine Produktionen als „genial" verklärend, und der Leser mit einer „rechten", gar dem NS verpflichteten Einstellung sich von beiden, dem sich souverän dünkenden Autor und seinem dünkelhaften Fürsprech als subaltern hingestellt sieht, von beiden nach Strich und Faden veräppelt? Den Fürsprech und die Leser, die ihm seine Warnung abnehmen, *mußte* Grass nicht warnen, und diejenigen, die er als Banausen, in der Literatur nicht beschlagene, auf seinen Trick hereinfallende Leser verhöhnt, *kann* er so nicht warnen.

---

[175] In der Zeitschrift „Bücherschau" des Österreichischen Gewerkschaftsbundes, Heft 4 / 2002 (Okt.-Dez. 2002), S. 13. – Beide Bestandteile der Aussage sind falsch.
[176] Wie Anm. 171, S. 104

Für das sogenannte ‚Establishment' mögen die Kritiken als exemplarisch gelten, die im „Hamburger Abendblatt" erschienen. Dort wird die „Novelle" sehr simpel gerühmt – ihres Inhalts wegen.

Nämlich weil Grass das Publikum unterrichte, daß „wie für den Attentäter Frankfurter ... auch für Marinesko Reue ein Fremdwort" ist.[177]

Das heißt, aus der Perspektive eines deutschen Journalisten im 3. Jahrtausend hätte der jüdische Einzelkämpfer Frankfurter, der den Nazihäuptling Gustloff tötete, vor zwei Generationen seine Tat bedauern sollen, unmittelbar nach der Tat – unglücklicherweise erreicht ihn diese Mahnung nicht mehr oder allenfalls im Jenseits.

Bedauern sollen hätte ebenso, und am besten alsbald nach Kriegsende, der sowjetische U-Boot-Kommandant, daß er ein deutsches Schiff torpedierte ...

Tanja Dückers kritisierte dies Element der Grass-Erzählung mit vollem Recht: „Auch die Deutschen haben unendlich viele Russen ermordet. In Grass' Buch liegt ein gefährliches Moment. Es kann von Revanchisten benutzt werden, da er zu wenig herausgearbeitet hat, warum die Gustloff überhaupt gebombt wurde. Schließlich trug das Schiff Tarnanstrich, war also optisch als Kriegsschiff wahrnehmbar, und hatte neben Zivilisten auch über 1000 Marinesoldaten an Bord. Bei ihm liest sich das Ereignis wie die große deutsche Tragödie. Das finde ich historisch unwahr ... Grass' Buch wurde schließlich auch von den Vertriebenenverbänden gefeiert ... Grass ist parteiisch." [178]

Daher natürlich der auch von einigen Kritikern beobachtete Erfolg des Buchs „Im Krebsgang" bei den rechten und ultrarechten Lesern. Mißverstehen sie es? Nein, sie mißverstehen es nicht. Vielmehr sie verstehen es sehr gut. Und mißverstünden sie es denn, läge es an Grass, nicht an ihnen. Der Vorwurf fiele auf den Autor zurück.

Presse-Erzeugnisse wie der Abendblatt-Artikel sind die recht nachdenklich stimmende Illustration der aktuellen Lamento-Kampagne: Ein zeitgenössischer deutscher Rezensent fordert aus dem Abstand von sechzig Jahren von dem jungen jüdischen Attentäter, der den Nazirepräsentanten niederschoß, sowie von dem sowjetischen Marineoffizier, der im 2. Weltkrieg die deutschen Streitkräfte bekämpfte, gleichzeitige oder postume „Reue".

Anders aber als der Rezensent in den „Marxistischen Blättern" und der österreichische Gewerkschaftsjournalist zieht sich der Schreiber aus dem

---

[177] 5. Februar 2002
[178] Tanja Dückers, in einem Interview: Meine Version ist die richtige, in: Berliner Zeitung, 22. / 23. 3. 2003

Hause Springer nicht auf eine präsumtive Genialität des Günter Grass oder die wahrheitswidrige Klassifikation „Meisterstück" zurück, sondern räumt gern ein, man „sollte nun nicht den ‚Krebsgang' nach strengen ästhetischen Regeln beurteilen. Nein, es ist keine klassische Novelle ... und auch kein sprachliches Meisterwerk ..."[179]

Sehr offen dementiert er damit den ästhetischen Wert zugunsten des kruden ideologischen Gebrauchswerts, den er dem Werke anerkennend zuspricht:

Es stellt einen Faktor dar in der aktuellen Diskussion in Deutschland ... worin gewisse Vordenker, mediale Leithämmel, akademische Multiplikatoren, parteiische Tonangeber erzwingen möchten, daß die von ihnen angezettelte Trauerarie über die „deutschen Opfer" der Jahre 1933-1945 durch Bedauern seitens der damaligen Kriegsgegner und Widerstandskämpfer begleitet werde.

Figurenzeichnung

Grass verstärkt mit seiner ‚Novelle' nicht nur die nationale Lamento-Kampagne der Gegenwart in Deutschland, zum angesagten Opferkult als Kult der „deutschen Opfer" seinen Beitrag leistend, sondern fügt ebenfalls beflissen seinen Anteil zur Verunglimpfung der Gegenseite hinzu, der Kriegsgegner des Reichs im 2. Weltkrieg.

Das ließ sich am leichtesten mit einem technischen Mittel vollbringen: der Figurenzeichnung.

Im Gegensatz zu den hehren NS-Größen werden „die Russen" und ein russischer U-Boot-Kommandant vom Autor Grass nur unrühmlich erwähnt. So mokiert er sich über den Kommandanten:

... zu ahnen ist, daß er deshalb drei Tage lang sturzbetrunken gewesen sein wird (K 47)
... die letzte Sauftour und sein den Landurlaub überschreitendes Verweilen in finnischen Hurenhäusern (K 128).

Hier erreicht der Literaturnobelpreisträger beinahe schon das Maximum seiner Porträtierungskunst. Zu mehr langt es bei ihm nun einmal nicht.

---

[179] Hamburger Abendblatt, 5. 2. 2002

> (Der Sohn des Erzählers, ein Neonazi, klagt:) Das taten russische Untermenschen wehrlosen deutschen Frauen an ...
> So wütete die russische Soldateska ... (Von der deutschen spricht er nicht?)
> Dieser Terror droht immer noch ganz Europa, falls gegen die asiatische Flut kein Damm errichtet wird ... (alle Zitate: K101 f.)

Gewiß dürfte man solche Parolen in einen narrativen Text einbringen, aber nur dann, wenn der *Kon*text es ermöglicht, sie als erledigt anzusehen, und falls gesichert ist, daß der Autor sie aufspießt, um ihre Entsetzlichkeit darzutun. Genau daran fehlt es in der Erzählung „Im Krebsgang".

Auch sind alle von ihm geschaffenen Figuren, soweit sich dieses Autors Haß auf sie stürzt, in ein- und derselben primitiven Art gezeichnet. Hinzuweisen ist nochmals z. B. auf den homosexuellen Gemüsehändler Greff, dessen Frau (Grass: „Schlampe") Lina Greff und zwei chinesische Lesbierinnen in der „Blechtrommel".

Wie steht es mit der Ausgestaltung solcher Personen seiner Narrativik, denen er ohne grimmigen Haß gegenübersteht?

In der Gefangenschaft hat er einen „Kumpel", Philipp: „Ein hübscher Bengel mit Grübchen im engelhaften Gesicht, dessen Lachen ansteckend wirkte."[180] – Schenkt man ihm die Trivialität des „ansteckenden Lachens" (einmal einer, der nicht mit dem Gebiß lacht), verbleiben die Grübchen und „das engelhafte Gesicht" – worunter man sich alles und nichts vorstellen kann; es bleibt bei einer nichtssagenden Redensart.

Und Philipps Schwester? – „Zwischen dem alltäglichen Personenverkehr tänzelte Philipps Schwester püppchenhaft zierlich wie vor imaginiertem Publikum. Schaumgeboren war sie der Abglanz ihres Bruders. Sie trug Seidenstrümpfe zu wechselnden Hütchen, duftete maiengrün, war aber nur mit langfingrigen Wünschen zu ertasten. Kann es sein, daß sie mir engelhaft vorbeischwebend das Haar gestreichelt hat?"[181]

„Personenverkehr": der zeittypische Schwarzhandel. – „Schaumgeboren", ein Partizip, steht in dem Satz falsch, weil als adverbiale Ergänzung zu der Form „war" verwendet, zu welcher diese nicht gehören kann. Zudem legt der Ausdruck die Interpretation nahe: die Schwester ist Aphrodite. Dazu paßt wiederum „püppchenhaft zierlich" keinesfalls. – Dasselbe gilt für „engelhaft vorbeischwebend". Von keiner Aphrodite, keiner Venus, keiner anti-

---

[180] Z, S. 4, Sp. 6
[181] Z, S. 5, Sp. 1

ken Liebesgöttin könnte dies gesagt werden, „Engelhaftes" mangelt ihr – bei allen ihr nachgerühmten Vorzügen – immer ganz und gar.

Die Schneiderin Ulla, die aufgefordert wird, sich bei Künstlern als Modell zu verdingen, besucht einen Faschingsball: „Sie war als Engel gekommen, ... spiegelte trotz starker Trunkenheit, trotz traurig geknickter Flügel immer noch den leicht kunstgewerblichen Liebreiz einer Himmelsbewohnerin." (B 390) – Ein Maler ohrfeigt sie, und nun erklärt sich Ulla zum Modellstehen bereit, „genau wie ein Engel weinend ..." (ebd.; wüßte man bloß, wie ein Engel weint, und wie man „genau wie ein Engel" zu weinen hätte!). – Weiter: „Zwar reizte Ulla auch mich durch ihre weinerliche Zerbrechlichkeit, die im Grunde die Zähigkeit eines Engels war, zu Gewalttätigkeiten ..." (B 392; wie wohl „Zerbrechlichkeit" zugleich „die Zähigkeit eines Engels" sein könnte?? Notabene: Sadismus des Berichterstatters!)

Figuren, die Kunst der Figurenzeichnung gehören zu den wesentlichen Elementen der Epik aller Zeiten. In der erzählenden Prosa von Günter Grass fehlt nicht einzig das „Innenleben" der Figuren, es fehlt der überzeugende Figurenbestand überhaupt. Die Zeichnung des Personals ist von außerordentlicher Dürftigkeit.

Eigene Meinung, dargestellte Meinung anderer

Zu den Aufgaben der literaturwissenschaftlichen Forschung zählt es, zu beurteilen, was Grass in seinen Schriften *neben* den belletristischen als seine ‚eigene Meinung' propagiert, also in seinen Äußerungen in der Presse und in seinen politischen Reden.

Diese unterscheiden sich von der Figurenrede in der Erzählung obligatorisch insofern, als sich in ihnen das verantwortliche Subjekt zu erkennen gibt, ohne die Möglichkeit, daß dies sich hinter einem Protagonisten verberge, der infantil ist wie Oskar, oder hinter einem rechtsextremistischen Outsider, der als imbezill gelten kann wie im „Krebsgang". Was ergibt eine Kontroll-Lektüre der Äußerungen in der Presse und politischen Reden? Kann man mittels ihrer prüfen, ob beispielsweise die in der „Novelle" enthaltene Bezichtigung der deutschen Literatur wegen ihres (angeblichen) Schweigens über das Leid der deutschen Vertriebenen Figurenmeinung ist oder Autormeinung?

Das Ergebnis ist, daß Grass diese Bezichtigung und Selbstbezichtigung zur gleichen Zeit in Gesprächen und Interviews in ähnlicher oder in derselben Formulierung erhob wie in seiner Erzählung.

Das heißt: Mindestens in diesem Falle ist Figurenrede eben doch = Autormeinung.

Er beklagte die Vernachlässigung der Flüchtlingsproblematik im Einklang mit ähnlichen oder identischen Formulierungen in Zeitungen wie der „taz" und in anderen Medien sowie von rotgrünen Politikerinnen und Politikern von Antje Vollmer bis Otto Schily[182] und Kanzler Schröder.

Daher berichtete das „Hamburger Abendblatt" in einer weiteren Stellungnahme zu der „Novelle", zwei Tage nach der zuvor bereits zitierten Kritik, im Tone verständlicher Genugtuung: „Die Präsidentin des Bundes der Vertriebenen, Erika Steinbach, hat es deshalb gegenüber dem Abendblatt begrüßt, dass Grass jetzt zu dem findet, was ihn im Inneren schon lange bewegt habe. ‚Aber er ist auch durch eine Tür gegangen, die im politischen Bereich schon 1998 von Innenminister Otto Schily geöffnet worden ist', sagte Frau Steinbach."[183]

Also wieder einmal nicht einmal originell? Das schmerzt.

Außerdem: „... was ihn im Inneren schon lange bewegt habe": Hinterließ das nachweisliche Spuren im Werk des Autors *vor* der „Novelle"? Um der Fairneß willen sollte man des Autors rezente Kundgaben übergehen und statt ihrer eine Auswahl von frühen befragen: Was entspricht der Wahrheit, der aktuelle Gesinnungswandel des Günter Grass oder eine Entwicklung über längere Zeit?

Verläßliche Auskunft geben die *nicht*belletristischen Bekundungen des Autors aus dem ersten Jahrzehnt seiner Berühmtheit. Also seine Erörterungen, politischer Natur. Liest man sie aus dem Abstand eines Dritteljahrhunderts, ist das Resultat verblüffend.

Die Sache ist einfach, und sie liegt so: Er folgte vom ersten Tage seines Auftretens an und folgt bis heute unablässig den Winkelzügen der Politik der Bundesrepublik in ihren verschiedenen Phasen, sehr deutlich zuletzt den Vorgaben von Vollmer, Schily, Schröder bei Abfassung seiner Erzählung „Im Krebsgang".

Wo in seinem belletristischen Werk Erörterungen, allgemeine Aussagen und Theorie-Momente vorkommen, weist Grass sie zumeist als Figurenrede aus, ohne einen Autor-Kommentar mit eindeutiger Aussage hinzuzufügen.

Wie jedoch transportiert Figurenrede ideologische Aussagen, und was wäre der Effekt ideologischer Figurenrede? – Wiederum ein Beispiel.

---

[182] Vgl. dessen Rede: Europas geschichtliches Erbe. Die Erinnerung an die Vertreibungsverbrechen gehört dazu, in: MUT. Forum für Kultur, Politik und Geschichte, Nr. 430 / Juni 2003, S. 60-65
[183] 7. 2. 2002

Es ist eine geschichtsphilosophische Reflexion.

Denn es mag ihm plötzlich ins Gedächtnis gekommen sein, daß der Prosaerzählung in der Gegenwart eine Dosis Philosophie, Meditation, zuweilen gar Religion gut anstehe. So rafft sich in der „Novelle" der *vorgeschobene* Erzähler, d. h. nicht der Autor Grass selber, zu jener Reflexion auf, eine Kostbarkeit bietend, die der Leser sich auf der Zunge zergehen lassen sollte. (Oder doch lieber nicht.)

„Die Geschichte, genauer, die von uns angerührte Geschichte ist ein verstopftes Klo. Wir spülen und spülen, die Scheiße kommt dennoch hoch." (K 116)

In der Tat, eine historische Reflexion. Eine Reflexion zugleich über die Gegenwart. Und es ist außerdem eine Jeremiade. Nun sind gedankliche Einsprengsel in erzählenden Werken recht unterschiedlich zu beurteilen. Gedanke ist nicht gleich Gedanke. Es gibt Gedanken von höchstem Wert (Beispiele: In dem Drama „Die letzten Tage der Menschheit" von Karl Kraus; in dem Roman von Romain Rolland: „Die verzauberte Seele"). Es gibt Gedanken mittleren Niveaus, die sich passabel anhören. Und es gibt wertlose Gedanken, Gedanken, die mit dem Geist keine Berührung hatten und haben, ihm auch nicht entstammen.

In dem Passus von Grass wird ersichtlich nicht die gedankliche Höhe von Hegels Vorlesungen über die Philosophie der Geschichte erreicht. Aber vielleicht veranstalten deutsche „Mietgelehrte" (der Ausdruck gehört C. G. Jochmann, 1789-1830) an einer Hochschule des Landes demnächst einmal eine Ringvorlesung (Gastvorträge ließen sich wohl einwerben), um diesen Edelstein von Einsicht ausführlich öffentlich zu erörtern: „Die Geschichte ist ein verstopftes Klo"?

Und ersichtlich ist dem Autor in diesem Satz abermals ein Doppelsinn unterlaufen, wie bei ihm nicht selten, ohne daß er dies intendiert:

Eine Geschichte, die „wir" anrühren im Sinne des englischen Verbums ‚to touch'?

Oder eine, die „wir" anrühren gemäß dem englischen ‚to mix'? –

Der Unterschied ist nicht ganz gering, und daraus ergibt sich eine für den Autor gefahrenbringende Deutungsmöglichkeit; „die von uns angerührte Geschichte" könnte erstens meinen: diejenige, die „wir" ‚zusammengemixt' haben, ist „ein verstopftes Klo" bzw. ein Becken voller „Scheiße", die – weil ein unkritischer Verleger sich nicht hütete, sie zu verbreiten – „dennoch hochkommt" (*notabene*: in der Bestsellerliste). Insofern bliebe dem literarischen Publikum allenfalls eine probate Art der Abwehr: indem es eiligst über der vom Verfasser „angerührten Geschichte" – den Deckel zuklappt.

Die andere Deutungsmöglichkeit ist demgegenüber harmlos, aber, will Grass sie realisiert wissen, so trifft sein Lexem nicht das Richtige: Sein vorgeschobener Erzähler hat die Geschichte eben keineswegs bloß „angerührt", sondern erzählt, abgefaßt. Dessen Rede, als Figurenrede, bleibt doch neuerlich als Wiedergabe einer Autormeinung kenntlich. Es kann nicht anders sein, Grass macht sich ein weiteres Mal – zum wievielten Male inzwischen? – an seiner eigenen Vergangenheit zu schaffen. Ideologie oder keine? – Womöglich wirklich keine. Der Projektionsmechanismus am Werke.

Übrigens – um die Äußerung des Bonner Boschafters in Peking, 1979, in Erinnerung zu rufen –: „Grass beherrscht unter den deutschen Autoren die deutsche Sprache am besten – treffend, packend, federnd, reich." – Treffende, packende, federnde, reiche Sprache?: „Die Geschichte ist ein verstopftes Klo"? Und die FAZ wollte ihre Leserschaft noch 2007, also fünf Jahre nach dem Erscheinen der Erzählung „Im Krebsgang", glauben machen, daß diese „ein Prosagedicht" sei. Sicher beabsichtigte sie damit auszudrücken, daß der Text von 2002 als dichterischer Höhenflug betrachtet werden solle. Auch enthalte er „eine herzzerreißende Passage".[184] Nun gut, nicht die zuletzt zitierte Reflexion wurde als solche angeführt.

Um es zu wiederholen: „Günter Grass, das ist Literatur als Strafe, als Rache an der Schönheit der Welt, an der er nicht teilhat – Altpapier schon vor dem Druck." (Wiglaf Droste)

Oder etwa eine andere, alltäglich gebrauchte Sorte Papier dort, wo die Geschichte „dennoch" hochkommt?

Spezifische technische Mittel

Der erfahrene Literaturenthusiast weiß, daß den Feststellungen der akademischen Lobredner des Günter Grass nicht häufig zu trauen, daß wenig Verlaß auf sie ist.

So behauptete Hans Mayer, daß Grass den Perspektivenwechsel zwar anderweitig handhabe, jedoch keineswegs in der „Blechtrommel", „wo wir ausschließlich mit Oskar zu tun hatten".[185] Schlägt man in dem Roman nach, stellt man 1. fest, daß der Perspektivenwechsel darin durchaus Anwendung findet, so daß gelegentlich Bruno Münsterberg, ein Beschäftigter der Heil- und Pflegeanstalt, sich der Berichterstattung annimmt (B 348-356). Darüber

---

[184] 4. 6. 2007
[185] Zur deutschen Literatur der Zeit, Zusammenhänge – Schriftsteller – Bücher, Reinbek 1967, S.334

hinaus wird 2. für eine Weile einmal das Erzählen zurückgestellt zugunsten einer eingelegten Szene mit verteilten Rollen (B 275-284; ein dramatisches Element, das James Joyce bravourös benutzte).

Zur literarischen Technik des Autors Grass gehören ferner zwei Griffe, die vermutlich das besondere Wohlgefallen der Kritiker von Anfang an erregten:

Das Einstreuen obszöner Bilder und Anmerkungen. Beispiel: Ein Bäcker hat gute Chancen bei einem Mädchen: „Das Gretchen hätte sich gerne von ihm kneten, walken, einpinseln und backen lassen." (B 75)

Die Einfügung von Blasphemien. So in den Worten des Erzählers, der Jesus anredet: „Mein süßer Vorturner, nannte ich ihn, Sportler aller Sportler, Sieger im Hängen am Kreuz unter Zuhilfenahme zölliger Nägel." (B 112) Oder, mit Hervorhebung des Genitales: „Der hatte meine Statur, mein damals noch nur als Gießkännchen benutztes Gießkännchen." (B 114)

Blasphemien sind literarische Mittel, die in der Literatur der Moderne nicht selten sind (hervorragende Beispiele: John Cowper Powys, James Joyce, Henry Miller, Albert Vigoleis Thelen), im Roman von Grass allerdings aufgesetzt wirken, weil erdacht aus Kalkül, dabei auf hausbackene Weise einfältig.

Sprache

> Ich liebe diese Sprache.
> *Günter Grass, Rede von der Gewöhnung*

Wozu Sprachkritik?

„... die hohe ästhetische Qualität des Textes..."
(Gemeint: das Buch „Im Krebsgang" von Günter Grass.) So lobte Rüdiger Bernhardt in einer Besprechung 2002.[186]

Grass habe einen Text verfaßt, so hieß es 1961 in einer Ankündigung, der ihm die Möglichkeit geboten habe, „alle Mittel seiner feinstrukturierten Sprachtechnik zu entfalten".[187]

Dies sind nur beliebige Beispiele aus einer unübersehbaren Menge ähnlicher, die spätestens seit der „Blechtrommel", also jetzt nahezu fünfzig Jahre lang, zirkulieren.

Die schlichte Wahrheit dagegen ist: Die Lobredner sind vollkommen im Irrtum, ihre Behauptungen falsch.

Wie beweise ich meine Aussage?

Die Lobredner ihrerseits beweisen ihre Aussagen nicht. Die wenigen Ausnahmen unberücksichtigt – immer dasselbe: Sie behaupten bloß, prüfen aber nie (entgegen der Vorschrift des Neuen Testaments, 1. Thess. 5,21).

Ich bin gefordert, ich muß den Beweis antreten, die Prüfung ist nachzuholen. Wissend: Stets ist *die Sprache* eines Texts ein verläßlicher Indikator. Ihre Analyse und Bewertung sind Sache der Sprachkritik (als Stilkritik).

Vor ein paar Monaten verriet ich im Gespräch einigen akademischen Freunden mein Vorhaben, dem „Fall Grass" nachzuspüren. Sie fragten nach der Methodik, die ich anwenden würde. Ich erwähnte brauchbare Verfahrensweisen, darunter die Ideologiekritik, die Psychologie, die Literatur-, die Sprachkritik. Ein skeptischer Kollege – seines Zeichens Philologe – entgegnete, er als Philologe sei doch auch Sprachkritiker, als Philologe dasselbe wie ... Indes reiche es, sich den Duden auf den Tisch zu packen und daran den Gegenwartsschriftsteller und sein Schaffen zu messen? Den Oberlehrer spielen?

Er täuschte sich. Ihm kam nicht in den Sinn, daß die Sprachkritik – wie sie einstmals bereits Karl Kraus und Bertolt Brecht entwickelten – mit der

---

[186] Marxistische Blätter 3/2002, S. 99
[187] Luchterhand Verlag, Prospekt zu „Katz und Maus", 1961 (Umfang 4 S.)

Philologie durchaus nicht in eins fällt.[188] Richtig zwar, daß sie philologische Kategorien nicht vernachlässigt, indessen ohne daß der Sprachkritiker sich den Duden auf den Schreibtisch legt. Ohne Duden daneben also. Und philologische Argumente bilden nur einen von mehreren Bestandteilen der Sprachkritik. – Und wozu diese? – Sie gibt die Mittel an die Hand, um der Behauptung nachzuspüren, der betreffende Dichter sei ein Meister der Sprache, keiner beherrsche diese in dem Maße wie er, die „ästhetische Qualität" seines Werks sei Spitzenklasse usw.

Freilich wird der Kritiker in jedem Augenblick seiner eigenen unsicheren Situation eingedenk bleiben müssen, wie sie einmal Friedrich Schiller ausmalte: „Bei der Anarchie, welche noch immer in der poetischen Kritik herrscht und bei dem gänzlichen Mangel objektiver Geschmacksgesetze befindet sich der Kunstrichter immer in großer Verlegenheit, wenn er seine Behauptung durch Gründe stützen will; denn kein Gesetzbuch ist da, worauf er sich berufen könnte. Will er ehrlich sein, so muß er entweder gar schweigen, oder er muß (was man auch nicht immer gern hat) zugleich der Gesetzgeber und der Richter sein."[189]

„Einer Feldhaubitze ungeschminkte Mündung" küssen

Mit dem Unheil fing es schon gleich nach Erscheinen der „Blechtrommel" an.

So beteuerten wirkliche oder vermeintliche Experten, es wären gerade die Tode, die Grass in Verbindung mit den Ereignissen in Danzig (1939) schildert, die selbst nach länger zurückliegender Lektüre in ihrer Erinnerung hafteten. In diesem famosen erzählerischen Element müsse man, stärker noch als in sonstigen Eigenschaften, den künstlerischen Wert des Werks erblicken. Gemeint sind die Szenen, in denen die angreifenden deutschen Truppen die polnischen Verteidiger niedermachen.

Grass schreibt: „Was war das, Polen? Die hatten doch ihre Kavallerie! Sollten sie reiten! Die küßten den Damen die Hände und merkten immer zu spät, daß sie nicht einer Dame die müden Finger, sondern einer Feldhaubitze ungeschminkte Mündung geküßt hatten. Und da entlud sie sich schon, die Jungfrau aus dem Geschlecht der Krupp. Da schnalzte sie mit den Lippen, imitierte schlecht und doch echt Schlachtgeräusche, wie sie in Wochenschau-

---

[188] Dazu vgl.: Wolfgang Beutin, Sprachkritik – Stilkritik. Eine Einführung, Stuttgart 1976, passim!
[189] An Goethe, 7. 9. 1794

en zu hören sind, pfefferte ungenießbare Knallbonbons gegen das Hauptportal der Post, wollte die Bresche schlagen und schlug die Bresche und wollte durch die aufgerissene Schalterhalle hindurch das Treppenhaus anknabbern ... Und ihr Gefolge hinter den Maschinengewehren, auch die in den eleganten Panzerspähwagen ... fuhren ratternd, gepanzert und spähend vor der Post auf und ab: zwei junge bildungsbeflissene Damen, die ein Schloß besichtigen wollten, aber das Schloß hatte noch geschlossen. Das steigerte die Ungeduld der verwöhnten, immer Einlaß begehrenden Schönen ..." (B 188 f.)

Dieser Passus ermöglicht es vorzüglich, die literarisch-sprachliche Methodik des Verfassers zu studieren. Er stellt die Kriegshandlung *allegorisch* dar, wobei der *bildspendende* Wirklichkeitsbereich der sexuelle ist, der *empfangende* der militärische. Daraus resultiert, daß der mörderische Kampf als Liebesgetändel erscheint, das zum Töten benutzte Kriegsgerät als „Jungfrau" oder Korona schöner Damen, der Tötungsakt als leichtsinniges Geturtel. Zudem mixt Grass verniedlichende Lexik hinein: „pfefferte ... Knallbonbons", „anknabbern" sowie die deplaciert wirkende, weil outrierte rhetorische Figur vom *geschlossenen Schloß*.

Nach demselben literarischen Rezept ist ein etwas späteres Szenario zubereitet: „Ulanen, es juckt sie schon wieder, sie wenden, wo Strohmieten stehen ... ihre Pferde und sammeln sich hinter einem, in Spanien er Don Quijote heißt, doch der, Pan Kiehot ist sein Name, ein reingebürtiger Pole von traurig edler Gestalt, der allen seinen Ulanen den Handkuß beibrachte zu Pferde, so daß sie nun immer wieder dem Tod – als wär' der 'ne Dame – die Hände anständig küssen, doch vorher sammeln sie sich, die Abendröte im Rücken ... die deutschen Panzer von vorne, die Hengste aus den Gestüten der Krupp von Bohlen und Halbach, was Edleres ward nie geritten. Doch jener ... der senkt die Lanze bewimpelt, weißrot lädt zum Handkuß Euch ein, und ruft ... ruft er der Kavallerie zu: ‚Ihr edlen Polen zu Pferde, das sind keine stählernen Panzer, sind Windmühlen nur oder Schafe, ich lade zum Handkuß Euch ein!'" (B 204 f.)

Der „Handkuß" findet also neuerliche Verwendung, geküßt werden „die Hände" des Todes. So sehr ist der Verfasser in seine Handkuß-Allegorie verliebt, daß er sie in dem kurzen (zweiten) Passus zum zweiten-, dritten- und viertenmal oktroyiert, als sei das Lesepublikum nicht bereits seit dem ersten Vorkommen im Bilde. Panzer und Kanonen identifiziert er an dieser Stelle zwar nicht wieder mit Frauen, jedoch jetzt vergleicht er den Tod aufs plumpste mit einer „Dame". Die Mordinstrumente, die ihm vorher weibliche Wesen waren, läßt er hier zur Abwechslung als Gäule erscheinen aus der

Produktion der Firma Krupp, als *figürlich* gemeinte Gäule bloß, auf welche die *unfigürlichen*, von ihm als real fingierten der polnischen Ulanen treffen.

Das Ganze ist außerdem aufdringlich mit weltliterarischem Bildungsgut unterfüttert, indem der polnische Befehlshaber „Pan Kiehot" als eine Variante des spanischen Don Quijote vorgeführt wird. Die Verniedlichungs-Lexik der früheren Passage fällt weg; dafür operiert der Autor mit forcierter, aus Sicht der deutschen Grammatik unerlaubter Wortstellung: „in Spanien er Don Quijote heißt".

Beide Szenarios, fürchte ich, gelten dem Rudel der Grass-Experten, darunter den Nobelpreis-Juroren in Skandinavien, als Glanzstücke des Romans, als exzellente Prosa überhaupt. Durch sein Sprachrohr Oskar, sein ‚episches Ich', verweist Grass selber auf „das Poemhafte dieser Feldschlachtbeschreibung" (B 205). Ob indes die Feldschlachtbeschreibung mit jenem Poemhaften – warum nicht einfach: ‚Poem' oder ‚dem Poetischen'? –, richtig qualifiziert wäre, ist die Frage.

Mögen die Grass-Freunde mit sich selber ausmachen, ob es ‚poemhafter' Plausibilität entspreche, daß die Texte die Wahrnehmung eines „permanent Dreijährigen" widerspiegeln. Oder könnten sie die Passagen mit dem Argument retten, es entspreche der Verfahrensweise des Autors, seiner Leserschaft ständig das am wenigsten Glaubwürdige zuzumuten?

Die Passagen sind in Wahrheit unrettbar. Sie erweisen sich als grundiert durch eine Verschmelzung von Lexemen des militärischen Vokabulars mit solchen aus dem Wortfeld der Erotik. Ihre Agglutination bewirkt zweierlei.

Unter dem *Aspekt des Inhalts*, der im Leser geweckten Vorstellungen, etwas, was nichts anderes ist als ‚die Mystik des Krieges'.

Funktionell gewertet: dessen allegorisierende Verklärung.

Angewandt wurde ein literarisches Verfahren, welches der Blechtrommler nicht als originale Schöpfung reklamieren dürfte, da ein altes Erbstück vorliegt. Angeeignet mutmaßlich aus älterer Literatur, wie sie im Schulbuch abgedruckt war. Es entstand ein Imitat, dem stilistische Frische kaum zugesprochen werden kann, im Gegenteil. Die Parallele ist unschwer beizubringen. In der Dichtungsgeschichte gibt es Reimereien gleich den folgenden:

Jemand redet sein „gutes Schwert" an, er liebe es,

> Als wärst du mir getraut
> Als meine liebe Braut.

Zwei Strophen weiter heißt es:

> Zur Brautnachts=Morgenröte
> Ruft festlich die Trompete ...

Das Bräutchen mahnt:

> Laß mich nicht lange warten!
> O schöner Liebesgarten,
> Voll Röslein blutigrot
> Und aufgeblühtem Tod!

Der Dichter (aus der Perspektive der Krieger):

> Drum drückt den liebeheißen,
> Bräutlichen Mund von Eisen
> An Eure Lippen fest!

... woraus bei Grass, in peinlicher Vergröberung, schon einmal werden konnte: „einer Feldhaubitze ungeschminkte Mündung" küssen.

Als Eigentümlichkeit der hier diskutierten Abschnitte der „Blechtrommel" stellt sich die *Herübernahme* veralteten Wortguts und verbrauchter rhetorischer Figuren des beginnenden neunzehnten Jahrhunderts heraus.

Der Effekt ist die *Funktionalisierung* erotischer Lexik als Medium der Ästhetisierung des Krieges.[190]

Nun zeigt aber vor allem die Kritik an der Sprachverwendung des Günter Grass (= die sprach- oder stilkritische Analyse) in aller Deutlichkeit, daß entgegen seiner mutmaßlichen Intention, das Andenken der *Opfer* zu ehren, dem Autor die Ehrung gründlich mißlang, so in der „Blechtrommel", so im „Krebsgang".

Zur Verwirklichung des Vorhabens bedürfte es mindestens einmal einer angemessenen Sprache.

Er hat sie nicht gefunden, weder hier noch dort, und auch „beim Häuten der Zwiebel" keinesfalls.

„Prüfet alles" ... Um dieser Aufforderung zu genügen, hier eine kleine Auswahl von Beispielen für des Autors Grass Grammatik und Stilistik – mit Hervorhebung der Metaphorik –.

---

[190] Zitierte Verse: aus dem „Schwertlied" von Theodor Körner, in: Th. K., Sämtliche Werke, hg. von Eugen Wildenow, Leipzig o. J., Bd. 1, 140 ff.

Grammatik

Unzulängliche Sprache, darunter verhunzte Grammatik ist das Korrelat eines unzulänglichen Denkens. In den Schriften des Günter Grass sind zu registrieren: unsichere Anordnung von Subjekt und Objekt im Satz; Auslassung notwendiger Satzbestandteile; Koppelung solcher Wörter, die nicht aufeinander bezogen werden sollen u. v. a. m.

Welche Arroganz wittert in jedem Wahlberechtigten das berühmte Lieschen Müller? (P 13)
Und was bebildert mein Innenleben? (Z, S. 4, Sp. 6)

Das Defizit besteht darin, daß keine eindeutige Formulierung gefunden wurde, so daß der Leser schwanken muß: Wittert die Arroganz oder umgekehrt Lieschen Müller ...; also: was ist Subjekt, was ist Objekt? Und: Mein Innenleben (Subjekt) bebildert wen oder was (Akkusativobjekt), oder: Subjekt („was") bebildert mein Innenleben (dann dies = Akkusativobjekt). – Wer schon einmal an einer Schreibwerkstatt teilgenommen hat, wird wissen: ein typischer Anfängerfehler, worauf die Leiterin oder der Leiter hinzuweisen pflegt. – Ob dem Verfasser der obigen Sätze empfohlen werden müßte, auch einmal an einer Schreibwerkstatt teilzunehmen?

Verfehlter Bezug (in Handbüchern für richtiges Schreiben als Muster dafür angeführt: die ‚reitende Artilleriekaserne'):

Innerhalb kurzer Zeit gelang es Mama, die sich im Kellerladen auf dem Troyl geschickte Umgangsformen mit jeder Art Pumpkundschaft erworben hatte ... (B 34)

... geschickte Formen des Umgangs mit jeder Art ...kundschaft ... (Sonst hätte sie sich mit den Umgangsformen zugleich jede Art ...kundschaft erworben.)

Der Bezug bleibt unklar:

Ich erblickte das Licht dieser Welt in Gestalt zweier Sechzig-Watt-Glühbirnen. (B 35)

Leserin und Leser geraten in Versuchung, zu identifizieren: Ich ... in Gestalt zweier Sechzig-Watt-Glühbirnen. – Deshalb: .... dieser Welt, das sich mir zuerst in Gestalt zweier Sechzig-Watt-(Glüh)birnen zeigte.

> Obgleich ja beim Treffen der Überlebenden jemand dabei war, der am Vortag des Unterganges auf der *Gustloff* geboren wurde, und ihm wie mir vom Autor Schön persönlich ein Buch übergeben worden ist ... (K 95 f.)

Dem großen Sprachkünstler glückte es, hier gleich zwei Grammatikfehler in einen Satz unterzubringen. Preisaufgabe: welche?
Lösung:
Falsch ist die Folge der Tempusbezeichnungen: Imperfekt „war" – Imperfekt „geboren wurde" – Perfekt „übergeben worden ist".

Welche Tempora sollten korrekt stehen? Imperfekt wie vorhanden: „war" – Plusquamperfekt: geboren worden war – Imperfekt wie vorhanden: übergeben wurde.

Falsch ist zudem der Anschluß mit „und ihm"; richtig: (und) dem.
Derselbe Satz, von Grammatikfehlern befreit:

> Obgleich ja beim Treffen der Überlebenden jemand dabei war, der am Vortage des Unterganges auf der *Gustloff* geboren worden war, dem wie mir ... übergeben wurde ...

> ... einem Mann, der sich selbst vor dem Spiegel beim Rasieren mein Vater nannte ... (B 47)

Akkusativ obligatorisch: meinen Vater.
Mißverständliche, in der deutschen Sprache nicht zulässige Wortbildung:

> ... weil sich ständig Tauben aus Mauernischen und Turmfenstern abstießen, um gleich darauf auf Wasserspeiern und Erkern für kurze, taubenbemessene Zeit zu ruhen ... (B 82)

... für kurze Zeit zu ruhen, wie sie Tauben benötigen, um neue Kraft zu sammeln ö. ä.

Grass erzählt davon, daß ein Redner einen Vortrag hielt

> ... und im Verlauf der Rede deutlich wurde, wie oft er bei seinen Recherchen die Sowjetunion besucht hatte und dabei sogar einem Bootsmann des U-Bootes *S 13* begegnet war ... (K 97)

... wie oft er bei seinen Recherchen die Sowjetunion besucht hatte und *daß er dabei sogar* ...

> Woraufhin David ... bezeugte, wie unbewegt, ohne das Sehrohr auszufahren, das erfolgreiche sowjetische U-Boot sich verhalten und keinen einzigen Torpedo abgeschossen habe ... (K 148 f.)

... wie unbewegt ... das ... U-Boot sich verhalten und *daß es* keinen Torpedo abgeschossen habe ...

> ... angesichts des Schwimmbeckens, in dem sich ein fleischiger Schwarm Jungmädel vergnügte ... (K 60)

Das Epitheton steht fälschlich beim ersten Substantiv des Nebensatzes.
Allerdings die Verbindung „ein Schwarm fleischiger Jungmädel" wäre ebenso verheerend.
Diese Formulierung besagt, daß sämtliche jungen Frauen von „fleischigem" Körper gewesen seien. Doch sicher gab es in der Schar solche, auf die das nicht zutraf.
Das Adjektiv ist also inadäquat, weil nur die Betrachtung einer Einzelperson ergeben kann, sie habe einen fleischigen Körper.

> Seitdem wohnte sie westwärts der innerdeutschen Grenze in Lübeck. (K 170)

Siedler im Western können „westwärts" trecken.
Und die Frau in der Schilderung von Grass hätte zwar von der ‚innerdeutschen' Grenze westwärts nach Lübeck ziehen können.
Sie wohnte jedoch *westlich* der Grenze.
(In „-wärts" steckt immer der Hinweis auf die Bewegung; zu Lateinisch: verto = ‚sich wenden nach'.)

> In der Regel war ich zeitabwärts unterwegs ... (Z, S. 2, Sp. 2)

Translation: Oft befaßte ich mich mit meiner eigenen Vergangenheit. (Hoffentlich verfällt der Verfasser nicht eines Tages auf die Idee, wenn er von seiner eigenen Zukunft spricht, anzugeben: oft sei er zeit*aufwärts* unterwegs ...)

> Kein Wort über den Brotbelag der Marschverpflegung und keine vorauseilenden, keine rücklings anfallenden Gedanken, die zu entziffern wären. (Z, S. 3, Sp. 1)

Mit dem Entziffern wäre es in der Tat ja so einfach nicht. Wir können bloß rätseln: hinterhältige Gedanken? – Oder ganz anders: Gedanken an Zurückliegendes, an die Vergangenheit, die gerade hinter dem Erzähler lag? – (Vielleicht sollten wir das Entziffern aufgeben.)

Im folgenden Satz ist eine Aussage über die lauenburgische Stadt Mölln enthalten (südlich von Lübeck gelegen):

> ... erstaunt über die sich bescheiden gebende Schönheit dieses Städtchens, das sich, historisch zurückgezählt, auf Till Eulenspiegel beruft ... (K 213)

... dieses Städtchens, dessen Bewohner sich, in die Geschichte zurückblickend, auf Till Eulenspiegel berufen ...; oder: dieses Städtchens, in dessen Geschichte, wenn man 650 Jahre zurückgeht, man auf die Gestalt Till Eulenspiegels trifft ...

Der Erzähler in der Erzählung „Im Krebsgang" klagt seine Mutter an, ihn während der Schiffskatastrophe geboren zu haben, anstatt daß sie mit dem Schiff unterging:

> Auch daß ich überlebte, ist mir in Schüben hassenswert geblieben, denn wenn Du, Mutter, wie tausend andere, als es „Rette sich, wer kann" hieß, hochschwanger über Bord gegangen, trotz Rettungsgürtel überm Bauch im eisigen Wasser erstarrt wärest oder Dich der Sog des über den Bug sinkenden Schiffes samt meiner Ungeburt in die Tiefe gerissen hätte ... (K 70; der Dreipunkt im Original)

Was heißt „in Schüben hassenswert"? Wohl etwa: wenn ich von Zeit zu Zeit darüber nachdenke ... – Ein gravierender Denkfehler: „wenn Du ... wie tausend andere ... hochschwanger über Bord gegangen ... wärest ..." – Es war doch keineswegs ein Schiff, überladen mit lauter hochschwangeren Frauen, tausend an der Zahl? – Verkorkst: „samt meiner Ungeburt". Übersetzt: ... so daß du mich gar nicht erst zur Welt gebracht hättest ...

> ... ein hochgewachsener Mann, der angestrengt entschlossen guckte und dem Haarausfall zu einer hohen Stirn verhalf. (K 25)

Verhalf also der Hochgewachsene (Subjekt) *dem Haarausfall* (Dativobjekt!) zu einer hohen Stirn (präpositionales Objekt)? Hier hätte der Autor, bei Strafe, eine Stilblüte zu erzeugen, den Artikel „der" niemals einsparen dürfen. Der Gliedsatz würde vollständig lauten müssen: (... ein Hochgewachsener,) ... dem *der* Haarausfall zu einer hohen Stirn verhalf).

> Vom Sessel aus sah der Medizinstudent, der im Mantel mit dem Hut auf den Knien saß, den Schreibtisch ... (K 27)

Es wird die Vorstellung erzeugt: Mithin saß er auf den Knien, im Mantel, mit dem Hut? Also: Vom Sessel aus sah *der Medizinstudent, der im Mantel saß*, mit dem Hut auf den Knien ...

Die Mutter war Rentnerin, erfahren wir. Dennoch kann sie es sich erlauben, teure Geschenke zu machen.

> Und als sie meinem Sohn den Computer samt teurem Zubehör geschenkt hat, wird sie dieser Kauf nicht arm gemacht haben. (K 90)

Nicht empfehlenswert die Abfolge: Perf. + Fut. II. Welche grammatischen Formen wären statt ihrer zu wählen gewesen?

Entweder (was unschön klingt): ... geschenkt hat, hat sie sie dieser Kauf nicht arm gemacht. (Der Autor möchte ja auch *nuancieren*, die *Versicherung* mit in den Satz eintragend, daß das Schenken die Schenkerin nicht arm gemacht haben müsse.)

Oder Imperfekt + Fut. II.: Und als sie ... schenkte, wird sie dieser Kauf nicht arm gemacht haben.

(Zum Vergleich: In einem Bericht über einen Spaziergang eines anderen könnte einer die Vermutung äußern: Aber als es regnete, wird er sich doch untergestellt haben?)

Stilistik

> Der Zahlmeisterassistent auf der ‚Gustloff' zählte achtzehn, als das Schiff sank. (K 96)

Fällt es auf? Der Satz enthält eine sicher unbeabsichtigte Mehrdeutigkeit: Zum Beruf des jungen Mannes scheint das Zählen zu gehören. Aber doch nicht, daß er wie ein Trainer beim Sport die Geschwindigkeit mißt, wenn der Dampfer sinkt? Oder: Er selber ist 18. Was denn nun?

Das gepflegte Äußere der Opfer beschäftigt den Autor:

> Die sorgfältigen Frisuren der jungen Mädchen – viele werden mittels Dauer- oder Wasserwelle gefestigt worden sein – ringeln sich, fallen zeitgemäß onduliert. (K 126)

Die Dauer- oder Wasserwelle *ist* die sorgfältige Frisur. Diese wird aber nicht mit jener gefestigt. Die Frisur ist identisch mit der Ondulation (= das Haar wellig machen). Weder „sorgfältige" Frisuren noch unsorgfältige „ringeln sich". Es ringelt sich einzig das Haar (oder: die Haare ringeln sich).

Über die Passagiere, deren Schiff sinkt:

> Schon gingen die ersten, weil haltlos, über Bord. (K 135)

Das Adjektiv „haltlos" ist im heutigen Deutsch ausschließlich tadelnd, bezieht sich auf die mentale Konstitution. Grass möchte jedoch ausdrücken, die Reisenden hätten nichts gehabt, um daran Halt zu finden. Sie fielen über Bord, weil sie keinen Halt mehr fanden.

Eine Figur des Autors soll nach der Absicht einer zweiten Figur zum „Verkünder der Legende eines Schiffes" gemacht werden (K 95). Dies Schiff ist die gegen Kriegsende torpedierte „Gustloff". So gesehen, könnte man vom Versuch des Autors sprechen, diese Legende zu verfertigen. Das Buch soll diese Legende *sein*. Und es soll das Andenken der Opfer ehren.

Den Opfern indes hätte sicher eine feinere Würdigung widerfahren können als ausgerechnet von einem Verfasser, der seinen Ehrgeiz darein setzt, ihre Frisuren zu rekonstruieren, und längst dahingegangenen Personen anhängt, überraschend „haltlos" geworden zu sein.

> Die meisten Überlebenden wurden in Saßnitz auf Rügen, in Kolberg und Swinemünde ausgeschifft. Nicht wenige der Wenigen starben während der Fahrt. (K 153)

Mit den Wörtern „die meisten Überlebenden" im ersten Satz verbindet sich die Vorstellung einer Menge. Bei Formulierung des zweiten Satzes schwebte Grass vor, er müsse hier eingreifen und korrigieren, weil nur wenige gerettet worden waren. Ferner plante er, mitzuteilen: von diesen aber starb wiederum eine erkleckliche Anzahl. Da die Mitteilung unstatthaft erschien: „Viele der wenigen starben", ersetzte er „viele" durch „Nicht wenige". Also schrieb er hin: „Nicht wenige der Wenigen". Es war die mißlichste Formulierung, die er wählen konnte, weil der Eindruck einer trotz aller Anstrengung verunglückten Rhetorik entsteht, der dem traurigen Sachverhalt vollkommen unangemessen ist.

> ... in eisiger Kriegsnacht ..., als ... an die zehntausend Seelen ihr mögliches Ende ahnten und in nur zu schätzender Zahl erlebten ... (K 60)

Grass beim Wort genommen, so ahnten „an die zehntausend Seelen" ihr *mögliches* Ende. Von diesen zehntausend erlebte eine Anzahl, die man nicht genau beziffern kann, auch nur dies, ihr *mögliches* Ende. Das *wirkliche* erlebten sie hingegen nicht. Was der Autor zu sagen meinte, sagte er nicht: Alle Passagiere ahnten ihr Ende oder dachten an ihr *mögliches* Ende, und eine große Anzahl von ihnen mußte es erleben (nämlich das *tatsächliche* Ende).

Das Unheil richtete der Verfasser mit dem überflüssigen Adjektiv-Attribut „mögliches" an.

Eine bei ihm oft vorkommende stilistische Marotte: eine Mehrzahl von Gedanken in einem einzigen Satz zusammenzuschieben.

Hier: 1. Die Menschen an Bord witterten die Lebensgefahr.
2. Eine große Zahl von ihnen fiel ihr wirklich zum Opfer.
3. Diese Zahl ist nicht sicher zu bestimmen.
4. Wenige überlebten.

> David war beinahe alles über sein Zielobjekt bekannt. Er hatte sich <u>inhalierend vollgesogen</u> mit ihm. (25)

Der Fachterminus „Zielobjekt" aus der Militär- oder Polizeisprache in seiner Abstraktheit läßt es nicht zu, daß er mit den Verben „inhalieren" und „vollsaugen" kombiniert werde. Zudem differieren beider Bedeutungen, so daß nicht das Präsens-Partizip des einen sich zur Ergänzung des anderen eignet. Gegenstand eines Tuns, das „Saugen" heißt, sind Flüssigkeiten (man kann auch an den Fingern saugen oder an anderen Gegenständen), „inhalieren" bezieht sich auf Gase, Luft usw. (Lediglich die Präfixbildungen „ansaugen, absaugen" dürfen auf Gase und Luft bezogen werden.)

Das eine sind von Grass vorgenommene Kürzungen durch Weglassung unentbehrlicher Wörter oder Satzteile, das Umgekehrte fatale Aufschwemmungen:

> ... jene mir damals dringlich zur Verfügung stehende Kraft ... (B 108)

Die Wendung „dringlich zur Verfügung stehende" enthält neuerlich einen falschen Bezug; gemeint: in jedem Augenblick, auch in dringenden Fällen. Die ganze Wortgruppe übersetzt: ... meine damalige starke Kraft ... Im folgenden gebraucht Grass die Figur der Anthropomorphose, wenn er von eben jener Kraft aussagt, sie sei es gewesen, die „den Dieb bei der Hand nahm" (ebd.) – oder: Dieses Autors „kühne Metaphern" sind auch nicht nach jedermanns Geschmack.

> Also begann der grimassierende Junge oder mein behauptetes, doch immer wieder im fiktionalen Gestrüpp verschwindendes Ich, in ein bis dahin unbeflecktes Diarium nicht etwa eine knappe Geschichte, nein, auf Anhieb und ungehemmt flüssig einen Roman zu schreiben, der ... (Z, S. 2, Sp. 5)

Über die adverbiale Ergänzung: „ungehemmt flüssig" ließe sich streiten. (Gibt's einen so zu qualifizierenden Vorgang beim schreibenden Grass je?) – Doppeldeutig: „mein behauptetes ... Ich"; verteidigt oder fingiert? Wohl: mein fingiertes Ich, denn darauf läßt das Adjektiv „fiktional" schließen. – Im übrigen abermals: Verbindung von Abstrakta mit einem Konkretum; abstrakt: „Ich", zudem der Hinweis auf die Fiktionalität, „Gestrüpp" konkret. Übersetzung:

> Besinne ich mich auf mich auf den Jungen zurück, der ich einmal war, weiß ich nicht: Liefert mir meine Erinnerung ein verläßliches Bild, oder vermenge ich es mit allzu viel Phantastischem?

Grass entschied sich dafür, nicht einen lesbaren Satz abzufassen, sondern ein verbales Gebilde, welches keine Vorstellung davon vermittelt, was passiert sein mochte.

> Was roch vordringlich: der gestauchte Rauch der Dampflokomotiven unterm nur mäßig beschädigten Dach der Bahnhofshalle oder der Brandgeruch? (Z, S. 2, Sp. 6)

Übersetzt: Was roch stärker, oder: Welcher Geruch war stärker ... – Dazu: Von welch merkwürdigen Geschehnissen weiß Grass? Es „roch ... der gestauchte Rauch", „roch ... der Brandgeruch"?

Auf derartiges trifft man in der Prosa des Günter Grass auch sonst. Ich zitiere aus demselben Text „Beim Häuten der Zwiebel", woraus die kluge FAZ-Redaktion und der mit Dutzenden und Aberdutzenden von Preisen geehrte deutsche Meisterdichter in gemeinsamer mühevoller Arbeit 2006 einen Extrakt hergestellt hatten, um „einen ersten Eindruck vom erzählerischen Reichtum dieses Buchs" zu „vermitteln".

> Wieder brannten aus Fensterhöhlen hellauf in Flammen stehende Häuserblöcke. (Z, S. 3, Sp. 1)

Nein, ist es die Möglichkeit, daß in Flammen stehende „Häuserblöcke" obendrein „brannten"?

Nun ist die Frage nicht überflüssig: Wollten etwa Günter Grass und die ihm (damals) wohlwollende Redaktion ihre Lobeserhebung etwa so verstanden wissen: daß ein- und derselbe Sachverhalt in einer Aussage, doppelt erwähnt, jenen „Reichtum" darstelle? Wir sahen es: es roch „Rauch", roch „Brandgeruch"; es „brannten ... hellauf in Flammen stehende Häuserblöcke"? – Und keiner, keiner, der es merkte – der Lektor des Verlages so wenig wie die Zeitungsredaktion – : welch Geschreibsel der Schreiber schreibt?

> Sogleich befahl Kapitän Lübbe, der zu Beginn der nächsten KdF-Reise, die die Insel Madeira zum Ziel hatte, an Herzschlag starb, Kurs auf die Unglücksstelle zu nehmen. (K 61)

Es klingt, als würde ein bereits verstorbener Kapitän postum den Kurs anordnen.

Hier sind es nochmals vier Gedanken, die Grass in einen Satz pfercht: 1. Lübbe befahl ...

2. Zu diesem Zeitpunkt wußte er nicht, daß er zu Beginn der nächsten Reise sterben werde.

3. Diese sollte Madeira zum Ziel haben.

4. Die Todesursache des Kapitäns war Herzschlag.

Eine Eigenschaft des Stils von Günter Grass ist auch die auffällige Brutalität in der Wortwahl, mit Bevorzugung des Jargons. Abermals ist von der Schwangerschaft der Mutter die Rede:

> Weiß der Teufel, wer Mutter dickgemacht hat. ... Einerlei, wer sie gestoßen hat ... (K 151)

Wo gibt es das, daß ein Sohn in dieser Weise über die Mutter reflektiert? Äußert sich so des Erzählers spezifischer Mutterhaß, neben dem ubiquitären Frauenhaß? Allerdings wirken die Barbarismen, die Bestandteile des Jargons recht herbeigezwungen, wie eine versuchte Anbiederung des Autors an ein Milieu, wo man Wert darauf legt, sich möglichst *hooligan*haft darzustellen.

Das Gegenteil solcher Mütter, wo wäre es zu suchen? Grass spricht von

heiteren Witwen ... (126)

Sieh an, Witwen sind heiter? Wie bezeichnend! Indes ist das keine sonderlich individualisierende Charakterisierung. Es soll im Kriege sogar traurige Witwen geben ... Vielleicht ist dem Verfasser zuerst auch eingefallen, daß sie *lustig* seien. Aber dies Adjektiv kennt er vom Titel der bekannten Operette, und nun sieht man ihn förmlich nach dem Synonym wühlen. Da gibt es im Deutschen ja dies andere Adjektiv?

Und so schreibt er es hin.

Manieristisches Schreiben mag zu den Eigentümlichkeiten moderner Autoren gehören.

Es kann genau zu berechnende Wirkungen erzeugen, es hat sie z. B. im expressionistischen Gedicht erzeugt.

Manieristisches Schreiben vermag aber auch Überdruß zu bewirken, etwa wenn bestimmte Formen des Verbums beharrlich wiederholt auftreten:

Mama am Klavier aus dem Zigeunerbaron intonierend, Jan hinter ihr und dem Schemelchen stehend, ihre Schulter berührend, die Noten studieren wollend. Matzerath schon das Abendbrot vorbereitend in der Küche. Großmutter Anna mit Hedwig Bronski und Alexander Scheffler zum Gemüsehändler Greff hinüberrückend ... (B 48)

An anderen Stellen arbeitet der Autor mit Wörtern und Wortverbindungen von pompöser Steifheit:

Als ich an ihrer Hand eintrat, lachten das Volk und gleichfalls des Volkes Mütter. (B 61)

Wenn er versucht, ein Wortspiel zu lancieren, geschieht in der Regel ein Unfall. Grass überschätzt seine Fähigkeit, mit diesem Mittel zu arbeiten, und versucht es dennoch stets von neuem.

> Schon beim zweiten Besuch öffnete Gretchen ihr Herz, das heißt, sie ribbelte es auf wie man Strümpfe aufribbelt, zeigte mir den ganzen langen, an einigen Stellen schon Knötchen zeigenden fadenscheinigen Faden ... (B 71)

Fadenscheinig kann allerlei sein, z. B. ein Stück Stoff.

Öfter wird das Lexem im übertragenen Sinne gebraucht (fadenscheinige Ausrede). Doch was nicht gut fadenscheinig sein kann, ist – ein Faden. Das Publikum merkt wiederum des Autors Kalkül, mit der Wortkombination vom „fadenscheinigen Faden" stilistischen Effekt zu erzeugen – und: Sieht in dem Urheber immer noch das Sprachgenie?

Nach dem Tod der Mutter hält Oskar eine Art Leichenrede, bevor die Beisetzung erfolgt. Er blickt zurück:

> Mama schüttete mich aus und saß dennoch mit mir in einem Bade. ... Sie setzte sich manchmal ins Unrecht, obgleich es ringsherum Stühle genug gab. (B 132)

Das mit dem Ausschütten muß mysteriös bleiben, wenn man sich nicht der Redewendung vom Kind entsinnt, das mit dem Bade ausgeschüttet wird. (Ihr Sinn ist: ‚etwas zu pauschalierend behaupten'.)

Grass baute ein Fragment dieses Phraseologismus in den Satz ein, ohne Sinn und Verstand künstelnd, und entsprechend im zweiten Satz.

Das folgende Wortspiel, wiederum kalt auf Wirkung berechnet, wird diese doch beim Lesepublikum wahrscheinlich verfehlen, ist jedenfalls kaum (um einen Genieblitz des Parade-Autors zu zitieren) „komischer als Puffreis".

Zugleich bildet es einen Höhepunkt von Komik, wie Grass sich Komik offensichtlich denkt:

> Napoleons General hieß Rapp, und an den mußten die Danziger nach einer elenden Belagerung zwanzig Millionen Franken berappen. (B 329)

Das (Wort-)spiel mit Eigennamen, gilt es nicht unter literarischen Fachleuten als eine längst abgegraste Weide?

Wenn es dennoch ein letztes Mal erlaubt wäre, möchte ich mich erkühnen, die vom „Blechtrommel"-Autor erdachte Komik wie folgt zu umschreiben:

165

Für Grass gibt es keine noch so abgegras(s)te Weide, die er nicht abgras(s)t.

Metaphorik und Vergleiche

> ... so sehr mich die leeren Bierbüchsen im
> Seesand zu kühnen Metaphern verführen wollten ...
> *Günter Grass, Es steht zur Wahl*

... es mißlang ihnen im wesentlichen aber.

Ob der Autor nun überhaupt im Leben verführbar war und ist oder nicht, zu „kühnen Metaphern" sichtlich am wenigsten.

Und kaum einmal zu gelungenen Metaphern überhaupt.

Seiner Intention entspricht es allerdings, mit einer Schwemme von Metaphern zu operieren. Gern verursacht er eine Metapherninflation. Er hat wohl irgendwann gehört, sie mache den Dichter.

Der Kritik beginnt es aufzufallen. Ijoma Mangold kritisierte an der autobiographischen Darstellung „Vom Häuten der Zwiebel": „Auf eine Einheit Denken kommen dreißig Einheiten Bilderwust. ... Sein Stil besteht fast ausschließlich aus Metaphern, kaum einmal ein normales Wort ist darunter gestreut."[191]

(Über den bohnengroßen Granatsplitter in seiner linken Schulter:) Bis auf den heutigen Tag sitzt er dort ein: mein Mitbringsel, vergleichbar dem Käfer, der im Bernstein gefangen die Zeit überdauert. (Z, S. 4, Sp. 6)

Der Vergleich ist nicht neu, ist konventionell; statt des Käfers spricht man aber usuell von der *Fliege* im Bernstein. Mit ihr meinte man die Wörter eines weniger bedeutenden Autors, die, wenn ein bedeutender Autor sie zitierte (in der Regel polemisch), in dessen künstlerischer Prosa überleben. Die Innovation ist also die Einführung des Käfers. – Weshalb ist der Vergleich, den Grass lieferte, nicht haltbar? – Weil der menschliche Körper, worin der Granatsplitter steckt, anders als der Bernstein keine Jahrmillionen überdauert.

Vergleichen ist eine Leidenschaft des Günter Grass; nur findet er sich nicht mit den Vergleichspartikeln zurecht.

---

[191] Süddeutsche Zeitung, 19./20. 8 2006

> Und da ich wenig wußte, aber viel Falsches gespeichert hatte und mir nun in Schüben das Ausmaß meiner Dummheit bewußt wurde, werde ich mich saugfähig als Schwamm erwiesen haben. (Z, S. 4, Sp. 5)

Hand aufs Herz: „als" oder „wie ein Schwamm"? – Grass, ein Schwamm.
In anderen Fällen zieht er einen Vergleich mit irritierender Vermischung. Er wirft durcheinander: die Bezeichnung eines Naturvorgangs, die Figur der Anthropomorphose sowie politische Kritik:

> Und nur die gleichmäßig gegen den Strand marschierende und stumpfsinnig sich selbst belegende Brandung persiflierte leichthin Ludwig Erhards überlebensgroßen Gedanken von der „Formierten Gesellschaft". (P 13)

Was wäre „die sich selbst belegende Brandung"? (Wasser, das sich selbst überrollt?) – Daß eine Brandung etwas „persiflieren" sollte, ist schon nicht mehr recht vorstellbar. – Daß das Persiflierte ein Gedanke wäre, schlicht unvorstellbar.
Manchmal zieht Grass Vergleiche, denen überhaupt nichts abzugewinnen ist:

> Denn unser Volkskanzler ist komischer als Puffreis ... (P 52)

Weshalb sollte Puffreis komisch sein, weshalb eine Persönlichkeit der Politik „komischer"? – Das bleibt wiederum ein Geheimnis des Autors.
Es gibt aber andere Geheimnisse, die Grass auflöst. Z. B. das Geheimnis, wie ein Huhn zum Eisschrank wird (Huhn > Eisschrank).
An anderer Stelle auch ein zweites, wie ein Mann zur Milchkuh wird (Mann > Milchkuh). – Glaubt es oder glaubt es nicht, hier seine Andeutung des Vorgangs:

> Also, gesucht wird ein Mann ... Jemand, der sich nicht der „volklichen Gemeinschaft" und ähnlich wolkigen Absurditäten verpflichtet fühlt; also jemand, der dem Bundestag Rede und Antwort steht, und nicht jemand, der verfassungswidrig das Parlament umgeht und zur Milchkuh außerparlamentarischer Interessengruppen wird. (P 23)

Mir fiel dazu nur Hauffs Märchen ein und die Formel, die, wenn ausgesprochen, die Verwandlung herbeiführt: „Mutabor" („Kalif Storch"!). Ob auch eine Rückverwandlung vom Tier zum Menschen im Bereich des Möglichen liege, verschweigt des Sängers Höflichkeit (Milchkuh > Mann?).

Willy Brandt ist zwar nicht selber zum Bildschnitzer verwandelt, doch konnte seine „Klugheit" sich zur Künstlerin wandeln und ihrerseits Schnitzkunst hervorbringen:

> ... die staatsmännische Klugheit Willy Brandts, die es verstanden hat, aus Ulbrichts dickem Knüppel einen Bumerang zu schnitzen, der den Weg zurück, zum Zentralkomitee gefunden hat ... (P 29)

Die Erkenntnis des Autors, die er tiefsinnig zu vermitteln sucht:
Brandts „staatsmännische Klugheit" war es, aus „dickem Knüppel einen Bumerang zu schnitzen" (der sich dann auf den Weg zum Zentralkomitee „zurück" machte). – Kostbare Definition!

> Zumeist sind es Gegenstände, an denen sich meine Erinnerung reibt, das Knie wundstößt oder die mich Ekel nachschmecken lassen ... (Z, S. 1, Sp. 6)

Kombination: Abstraktum „Erinnerung" / Konkretum „Knie", Versuch des Autors, mit diesem jene ausgestattet vorzustellen. – Welcher Leser fände das nicht abgeschmackt? – Es ist nicht auszudenken: Grass würde demnächst einen weiteren Band seiner Erinnerungen herausbringen: „Auf den Knien meiner Erinnerung".[192]

> Ich fütterte nicht mehr das Wunderschaf Dolly mit holzhaltigem Papier, trat anderen Sensationen auf die Hacken. (K 202)

Als Übersetzung käme in Betracht: ... brachte nichts mehr über Dolly *zu Papier* (womit hiernach der Leser, kaum das Schaf gefüttert wird), sondern beeilte mich, eiligst anderen Sensationen nachzujagen. An dieser Stelle können wir lernen, was Grass in erster Linie als „kühne Metapher" empfindet: Er kombiniert ein Abstraktum mit einem Konkretum. So im obigen Zitat, worin das Lexem „Hacken" etwas Konkretes bezeichnet, was sich an etwas Abstraktem, an den „Sensationen", befinden soll. Es ist diese Art von

---

[192] Ein vielversprechendes Klausurthema für Studierende: Nachweis, weshalb die dichterische Wendung (die aber auch von einem großen deutschen Dichter stammt): „auf den Knieen meines Herzens" Poesie *par excellence* ist. Aber Poesie und Grass-Erzeugnisse liegen niemals zusammen auf einem Brett.

Sprachbildern, womit er sein gesamtes Schriftwerk, das belletristische wie das erörternde, bis zum Überdruß würzt.

> Wörter und Bilder drängelten, traten einander auf die Hacken ... (Z, S. 6, Sp. 3)

Die Rede ist von der Metapherninflation, die er selber verursacht. ... Grass scheint es vor allem mit den „Hacken" zu haben.

> Geist und Macht wandeln Händchen in Händchen ... (P 87)

Damit hat er beinahe schon ein Schreckbild von Metapher geschaffen, eine anthropomorphosierende, deren Peinlichkeitsgrad noch durch die zwiefach verwendete Diminutivform „Händchen" eine Steigerung erfährt. Wir wollen nicht hoffen, daß unter der Chiffre „Geist" der Autor selber sich verbirgt? – (Vonwegen des Wandelns, „Händchen in Händchen", mit der Macht ...)

> Was richtest du aus gegen tausend im Gespräch liebenswürdige, gelegentlich von Skrupeln zerfressene, aber hoffnungslos eingekaufte Journalisten. Sie stülpen deinem Wort den Magen um. (P 75)

Eine Aussage kann ich belobigen, indem ich erkläre, sie habe ‚Hand und Fuß'. Aber von einem Wort (in der Bedeutung von ‚Aussage') behaupten, es besitze einen Magen, den Journalisten umzu„stülpen" vermöge, heißt denn doch eine Sprache verwenden, bei der sich den Lesern der Magen – umstülpt..

Der Erzähler zu Besuch bei einer alten Dame. Was geschieht?

> Nachdem ich das meiste von der Spule hatte, bot sie mir ihr vereistes Lächeln ... (K 211)

Übersetzung: Nachdem ich meine Rede beendet hatte ... Dafür salopp: ... meinen Text *abgespult* hatte ... Die Kombination: „ihr vereistes Lächeln" – abermals ein Beispiel für den Willen des Autors, eine ‚kühne Metapher' zu produzieren? Doch blieb es bei einer ganz unkühnen: Alte Damen müssen erstarrt wirken, weil achtzig oder mehr oder weniger Jahre „zählend"; daher ihr Lächeln „vereist". Es ist die variierende Wiederaufnahme des – außer

Kurs gekommen, höchstens noch in der Welt des Kitsches angezeigten – Bilds „mit eisigem Lächeln".

Es gehört zur Manier des Günter Grass, veraltete Metaphern oder Phraseologismen zu modifizieren mit der Absicht, sie zu erneuern (oder gar erneut mit ‚pep' zu versetzen):

> Schließlich sollen hier keine alten Schuhe und Ladenhüter verkauft werden. (P 10)

Wetten, hier hat er die redensartlichen „alten Hüte" (die einstmals Gellert erfunden hatte) mit den „alten Schuhen" verwechselt? Oder falls er die Änderung absichtlich vollbracht hat, – eine überzeugende Erneuerung ist nicht zustande gekommen. Er dachte sich wahrscheinlich, da er nun einmal auf die „Ladenhüter" nicht verzichten wollte, daß sie mit den „Hüten" übel zusammenklingen würden, und schrieb an ihrer Stelle: „Schuhe".

Metaphorisch über eine Eigentümlichkeit der Mutter:

> Ihre weißhaarigen Gedanken blieben kurzgeschoren. (212)

Übersetzt: …? – Die Mutter ist alt, ihrem Alter entspricht, daß sie weißhaarig ist; ihre Gedanken, so will Grass suggerieren, entsprächen ihrem Alter. Aber eine solche Entsprechung existiert nicht; alte Menschen können kluge Ideen haben, und viele; Jugendliche umgekehrt unkluge und spärliche. Das gedankliche Substrat des abstoßenden Bildes, das hier vorliegt: Alte Frauen sagen nichts von Belang. Mit dieser, wie mit der Metapher vom „vereisten Lächeln", schließt sich der Verfasser dem verbreiteten Vorurteil gegen alte Frauen an.

> … zermürbte ich … eine oder mehrere Glühbirnen unserer viermal sich Mühe gebenden Wohnzimmerhängelampe. (B 53)

Grass mag ein noch so viel sich Mühe gebender Autor sein; die Erzeugung einer guten Metapher liegt nun einmal nicht im Bereich seiner Möglichkeiten. Mit dem kraß anthropomorphosierenden, der Lampe zugeordneten Partizip entstand jedenfalls keine, und nur der Eindruck bleibt haften: Krampf.

Er liebt es, als *nomina agentis* Substantive einzusetzen, die bestimmte Erscheinungen bezeichnen, denen er ein Handeln nachsagt, was aber, richtig besehen, mit ihnen niemals in Verbindung gebracht werden kann:

> Die Träume übergaben einander die Tür, gingen, nachdem sie mir erzählt hatten, was Träume erzählenswert finden ... (B 338)

Übersetzt: Ich hatte verschiedene Träume nacheinander.

Sprachliche Mißbildungen vom Autor intendiert?

Nun existieren, wie gesagt, nachsichtige, vielleicht mitleidige Leserinnen und Leser, die dem Autor zugute halten möchten:

Die von ihm vorgelegte Kollektion sprachlicher Mißbildungen, von Grammatikfehlern, stilistischen Unsicherheiten und verunglückten Metaphern (*eo ipso*: sein Gesamtwerk) entspräche womöglich seiner Absicht – er habe damit das falsche Deutsch, die Verwahrlosung der Sprache seiner Figuren, dazu die Flachheit ihres Denkens, die Verlotterung ihrer Gedankenwelt widerspiegeln wollen.

Träfe dies zu, dann müßte die Autor-Sprache – an Stellen, wo gesichert ist, daß der Autor redet – sich von der Figuren-Sprache zumindest graduell abheben, müßte eine von der Gedankenwelt der Figuren abgehobene eigene Gedankenwelt des Autors sichtbar werden. Daran aber mangelt es gerade.

In der Erzählung „Im Krebsgang" ist die Sprache des von ihm *eingeschobenen* Erzählers nicht weniger korrupt als die seiner Figuren.

Die Gedankenwelt, von der man wissen kann, sie sei identisch mit der von Grass, nämlich in seinen erörternden Texten, zeugt von keinem geringeren Grad sprachlicher Korruption als die des immer wieder einmal verwendeten eingeschobenen Erzählers und der von diesem und Grass selber geschilderten Figuren.

Und welchen Sinn sollte es überhaupt haben, Bücher zu schreiben, geschweige zu veröffentlichen, die sprachlich und stilistisch wesentlich aus Sprachmängeln und Stilschlampereien bestehen und inhaltlich neben einem Sammelsurium von Trivialitäten politische Gedankengänge und Werturteile enthalten, die oftmals – milde charakterisiert, mit wiederum einer eigenwilligen Sprachschöpfung des Günter Grass – „Vergangenheitsduseleien" (K 92) sind, die auf die Gegenwart Deutschlands nur eine negative Wirkung ausüben können?

Es wäre vielleicht ein weiteres Argument denkbar, das jene Nachsichtigen anführen könnten (vielleicht hat es irgendwo schon einmal einer versucht?), um die Sprache des Autors zu retten: Er benutze sie, um humoristische Wirkung zu erzielen.

Es ist von den letzten Stunden Jan Bronskis die Rede, der dem Trick des Trommlers Oskar zum Opfer fällt und elend umkommt. Grass – bzw. sein vorgeschobener Erzähler, Oskar – schreibt:

> Wenn ich auch nicht zufrieden bin, sollte es um so mehr Oskars Feder sein, denn ihr ist es gelungen ... (B 200)
> Ich möchte jedoch bei der Wahrheit bleiben, Oskars Feder in den Rücken fallen und hier berichtigen ... (Ebd.)

Die Wahrheit ist aber: Die sich als „Ich" präsentierende Instanz, der Erzähler, ist Oskar selber, „ich" und Oskar sind eins, „ich" ist der Schreibende. Das sollen die Leser erst einmal entwirren. Wie aber könnte eine Feder „zufrieden" sein? (Sie müßte ein „Innenleben" haben.) Wie könnte jemand ihr „in den Rücken fallen"? (Den sie nicht hat.) – Mit der Feder wird Oskar, Lebewesen des 20. Jahrhunderts, auch nicht tatsächlich geschrieben haben. – In seinem Geschriebenen wird, wer humoristische Literatur an sich schätzt (z. B. die von Fritz Reuter verfaßte), nicht fündig werden, sondern verzerrte Sprache und Humorlosigkeit konstatieren.

In seinen letzten Augenblicken war Jan Bronski beim Kartenspiel:

> Während sich Jan schon im ewigen Reich der Kartenhäuser befand und glücklich solch ein dem Glück gläubiges Haus bewohnte, standen wir, die Heimwehrleute und ich – denn Oskar zählte sich zu den Heimwehrleuten – zwischen Ziegelmauern, auf gefliesten Korridorfußböden ... (B 201)

Es wird an dieser Stelle nicht tranparent: Spricht der Erzähler hier bereits vom Tode Bronskis („im ewigen Reich") oder doch bloß vom Glück des Kartenspielers? – Völlig mißratene Wendung: „solch ein dem Glück gläubiges Haus bewohnte". Der Bezug wird nicht klar. Ein Haus ist niemals „gläubig"; die Kombination „dem Glück gläubig" ist in der deutschen Sprache nicht möglich: Das Adjektiv kann keinesfalls mit dem Dativ konstruiert werden. An die Stelle der Frage: Glaubst du mir? – kann ich nicht diese setzen: Bist du mir gläubig? Nicht einmal der Papst dürfte die Gesamtheit seiner geistlichen Kinder fragen: Seid ihr dem Heiland gläubig? Wohl könnte er sie fragen: Glaubt ihr an den Heiland? Oder ein Prediger könnte sich insgeheim in Hinblick auf seine Gemeinde fragen: Glaubt sie mir? Nicht: Ist sie mir gläubig? – Hätte Grass hier indes eine sprachliche Neuerung einführen wollen, so widerspricht sie so sehr den Regeln der deutschen Syntax, daß beim Lesen nur eine einzige Reaktion entstehen kann: Sprachfehler. Abermals: Kein Verständiger wird den Passus als humoristisch auffassen, das Schrifttum von Grass und der Humor sind zwei ganz separate Phänomene.

Koljaiczek nimmt die Identität eines anderen an, der Wranka heißt, und Grass teilt mit, er „kroch ... zuerst in dessen Joppe, sodann in dessen amtlich papierene, nicht vorbestrafte Haut ..." (B 20) Wiederum die Frage: Humor? – Lassen wir unentschieden, ob man in eine Joppe „kriechen" kann. – Der Mann namens Wranka hat Papiere, die vom Amt ausgestellt sind; eine Eintragung betreffend Vorstrafen steht nicht darin. Über den Geschmack läßt sich bekanntlich streiten. Ich würde jedoch am Geschmack eines zweifeln, der mir einreden wollte, den Sachverhalt (Wrankas Papiere) hätte Grass kondensierend in eine Formel gepreßt, die ich genießen könnte. – Die gewohnten Beziehungen zwischen den Wörtern zerstören, ergibt noch längst keine Garantie für Humor. Ebensowenig ergibt es eine präzise Vorstellung dessen, was hier präsentiert werden sollte.

Launig soll nach der Intention des Autors wahrscheinlich die Parallele sein, die dieser in der „Blechtrommel" mehrmals seinem Zwerg Oskar in den Mund legt: Rasputin / Goethe.

Belege u. a.:

... denn allzubald wurde mir klar, daß auf dieser Welt jedem Rasputin ein Goethe gegenübersteht, daß Rasputin Goethe oder der Goethe einen Rasputin nach sich zieht, sogar erschafft, wenn es sein muß, um ihn hinterher verurteilen zu können. (B 74)
Das war Rasputin, der die Münze für die nächste Rundfahrt lachend mit seinen Gesundbeterzähnen biß; das war der Dichterfürst Goethe, der aus feinbesticktem Beutelchen Münzen lockte, die auf den Vorderseiten alle sein geprägtes Vaterunserprofil zeigten. (B 342)

Bei der ersten Aussage handelt es sich um eine völlig hohle Spekulation, nicht wert, sie in Betrachtung zu ziehen und zu diskutieren. – Um eine wertlose ebenfalls bei der zweiten, zumal niemand aufzuschlüsseln vermag, was in aller Welt der Autor sich bei einem „Vaterunserprofil" gedacht haben könnte – selbst „Vaterprofil" wäre eine nebulöse Benennung, da es „das" Vaterprofil nicht geben kann (wegen der Unterschiedlichkeit sämtlicher Väter). Was allenfalls einen Sinn ergäbe, wäre bei Münzen die Aufprägung des Profils eines ‚Landesvaters'.

Grass: seine Förderer, Claqueure und Kritiker

> ... so tief kann eine Literatur denn doch kaum sinken, daß Günter Grass darin der Gipfel wäre!
> Karlheinz Deschner, Talente Dichter Dilettanten

Institutionen

An erster Stelle ist hier die Gruppe 47 zu nennen.

Einstmals äußerte sich über sie einer der schärfsten Kritiker des Günter Grass: Peter Rühmkorf. Er schrieb: Es seien die Sprecher der Gruppe 47 gewesen, die „Grassens Schöneberger Lutschbonbons mit den schillerndsten Gütebanderolen versahen".[193] (Wer hätte jene wohl lutschen mögen?)

In demselben Zusammenhang versuchte der Kritiker, die Gruppe 47 zu definieren: „Rückblickend war die Gruppe eine Mischung aus Literatur-, richtiger: Literaturkritikertrust, Schutzgemeinschaft von rechtlosen Wanderarbeitern und – ein unnachahmlicher Alpdruck. Eine Wertpapierbörse, wo die Tageskurse gemacht wurden, die oft nur Schwindelkurse waren, obwohl sie über Jahre einen Rang stabilisieren konnten – unten oder oben."[194] Wie sehr ein Alpdruck, erweist auch die Untersuchung des Hamburger Literaturwissenschaftlers Klaus Briegleb. Bezeichnend ist, daß die Forschung nicht mehr bei der Frage steht: War die Gruppe 47 antisemitisch? – Sondern sie fragt: „Wie antisemitisch war die Gruppe 47?"[195]

Die Bildlichkeit (Börse, Kurse usw.), die Rühmkorf hier zur Charakterisierung der Gruppe 47 anwandte, hätte er in einer Besprechung von Hans Jürgen Usko aus dem Jahre 1962 finden können, hat sie vielleicht auch wirklich darin gefunden. Karlheinz Deschner zitierte sie 1964: „Ihre Tagung ist nichts weiter als eine Hauptversammlung (,HV' – wie es im Jargon heißt) einer Aktiengesellschaft der Literatur, auf der sozusagen die Dividende für das kommende Geschäftsjahr festgesetzt wird. Die Damen und Herren kommen zusammen, um ihren Kurs an der Börse zu bestimmen, und sie bestimmen ihn in Anwesenheit ihrer Geschäftspartner, der Aktionäre. Was sich da Jahr für Jahr bei diesen Tagungen abspielt, ist so phänomenal wie verlogen, so idealistisch kaschiert wie kommerziell durchschaubar. Dorten wird

---

[193] Wie Anm. 86, S. 135
[194] Ebd.
[195] Titel des in Anm. 158 verzeichneten Buchs.

die deutsche Gegenwartsliteratur manipuliert, gemanagt – es ist atemberaubend."[196]

An zweiter Stelle ist hier – und sicher sehr wenig rühmlich – das Goethe-Institut zu nennen. Es trägt bekanntlich die offizielle Bezeichnung: Goethe-Institut zur Pflege der deutschen Sprache im Ausland und zur Förderung der internationalen kulturellen Zusammenarbeit e. V. Seine Bestimmung ist es, als gemeinnützige Einrichtung im In- und Ausland Sprachunterricht zu vermitteln bzw. erteilen zu lassen und im Ausland Kulturveranstaltungen durchzuführen. Gründung: 1932; erneut 1951. Seit 1959 begann das Auswärtige Amt der Bundesrepublik Deutschland, ihm die bundeseigenen Kulturinstitute im Ausland zu übertragen. Mit alledem erweist es sich – falls nicht überhaupt als eine ‚offizielle' Einrichtung, so doch – als eine *offiziöse* mit enger Anlehnung die auswärtige Politik der Bundesrepublik.

Jahrzehnte hindurch veranstaltete das Institut Lesungen und Diskussionen mit dem Schriftsteller Grass in zahlreichen Ländern und auf allen Erdteilen (oder nahezu auf allen; nicht vielleicht in der Arktis, Antarktis …?). Aber ein Goethe-Institut, ob in Peking oder New York[197], veranstaltet derlei nicht zufällig. Allerdings macht es sich die Mühe doch nicht wegen einer präsumtiven Bedeutung des literarischen Werks des Autors, sodann schon gar nicht wegen der Schönheit seiner Sprache. Wo also liegt das Motiv, ein eingestandenes oder uneingestandenes, ihn mit seinen Erzeugnissen zu exhibieren? Was bewog das Goethe-Institut dazu?

Hier ist eine ernste Hypothese zu formulieren.

Zunächst ein Experiment.

Wenn nicht die Überlegung angestellt wurde:

Man muß den Mann ungezählte Male rund um die Erde schicken, weil seine Literatur so hohen Ranges ist und seine Sprache so schön,

könnte es womöglich die umgedrehte Überlegung gewesen sein?

Diese:

Seine Literatur muß (die Mär setzen wir in die Welt) so hohen Ranges sein, desgleichen seine Sprache so schön, *weil* es erforderlich ist, den Mann doch viele Male rund um die Erde zu schicken.

Damit wäre Grass das Opfer seiner Veranstalter geworden, ganz allgemein schließlich auch das seiner Förderer, seiner zahlreichen Lobhudler:

Man machte ihn zu dem, was man brauchte.

---

[196] In: Karlheinz Deschner, Talente Dichter Dilettanten. Überschätzte und unterschätzte Werke in der deutschen Literatur der Gegenwart, Weisbaden 1964, S. 337

[197] Wegen des letzten Grass-Auftritts – mit den Zarathustra-Fanfaren und den anderen Grotesk-Zutaten! – in New York, Mitte 2007, vgl.: FAZ, 29. 6. 2007!

Man verlieh ihm ein „image", verpaßte ihm einen Ruf, wie man ihn benötigte. Was benötigte man? – Wen benötigte man?
Den ‚demokratischen', den einer linken Strömung in der deutschen Politik angenäherten Autor, der dies tatsächlich war oder zu sein schien. (Der es dann aber auf Teufel komm raus vermeiden mußte, die Wahrheit über seine Waffen-SS-Zugehörigkeit auszukramen. Insofern konnte die offiziöse bundesrepublikanische Politik den Projektionsmechanismus *im* Ex-Waffen-SS-Mann und Schriftsteller jahraus jahrein ausbeuten.)
Und weshalb kam kein anderer der bundesrepublikanischen Politik im Ausland so gelegen? – Weil es kein anderer so wie er verstand, an eine in den Weltkriegen des 20. Jahrhunderts von Deutschland verspielte, endgültig im 2. Weltkrieg verlorene Stadt des Deutschen Reiches zu erinnern. An die Verluste überhaupt.
Der Schlüsselbegriff des Günter Grass in all seinem Schreiben lautet: Danzig.
Sie haben es ihm bestätigt, Förderer, Lobhudler. Man kann Berge von Besprechungen daraufhin durchsehen, sämtliche nach 1959 (Erstveröffentlichung der „Blechtrommel") erschienenen Literaturgeschichten durchforsten; der Befund wird jedesmal von neuem bestätigt. Er ist und bleibt konstant.
Als eine einzige Probe: Ein Blick in die Anthologie „Hauptwerke der deutschen Literatur". Zur „Blechtrommel" die Eintragung: Oskar, aufgewachsen im „Kleinbürgermief der Freien Stadt Danzig. – „Hundejahre" (1963): worin sich „Danziger, hitlerdeutsche und bundesrepublikanische Historie spiegelt". – „Katz und Maus" (1961): „zur Zeit des Zweiten Weltkriegs in Danzig".[198]
Günter Grass war also eine Schachfigur in dem, was Vaclav Belchradsky den ‚deutschen Archaismus' nennt, ein Läufer, Springer oder auch nur ein Bauer. Belchradsky schreibt:
„Die Außenpolitik des Berliner Deutschland weckt ... berechtigte Furcht. Erstes Ergebnis seines – auf Kosten Frankreichs und Englands – gewachsenen politischen Einflusses in Mitteleuropa ist, daß die Europäische Gemeinschaft nicht in der Lage war, sich der Aufteilung der nach dem Ersten Weltkrieg entstandenen staatlichen Einheiten gemäß der alten ethnischen Grenzen entgegenzustellen; Deutschland bestand auf schnellstmögliche Anerkennung der Nachfolgestaaten. Hier dringt in die Außenpolitik ein, was ich den ‚deutschen Archaismus' nennen möchte. Artikel 116 des Grund-

---

[198] Wie Anm. 89, die Zitate: S. 471, 472 u. 473

gesetzes definiert die Staatsangehörigkeit als Zugehörigkeit zum deutschen Volksstamm, Ethnos ..."[199]

„Nachtigall" Grass, oder: auch die Journalistik und Germanistik bauten ihn auf

Die große Menge der Zeitungen, Zeitschriften – oder zusammenfassend: die Journalistik –, späterhin, stetig sich verstärkend, auch das Fernsehen, dazu die wissenschaftliche Literaturbetrachtung bilden eine zweite Gruppe von tonangebenden Organen, die den Ruhm des Günter Grass anfänglich mitbewirkten und in den Jahrzehnten danach kontinuierlich steigerten.

Zu den Zeitungen, die an der Förderung der Literatur des Autors und seines Rufs teilnahmen, gehörten in früheren Jahren sogar die Blätter des Springer-Konzerns. (Jedoch distanzierten diese sich nach der Feinderklärung von 1967, die von der Gruppe 47 samt dem von ihr hochgehievten Kollegen Grass ausging, zunehmend von diesem.) Die Dokumente liegen vor.

So z. B. druckte „DIE WELT" am 26. September 1964 von Grass eine „Hymne", die nun wirklich einmal ein Beispiel des köstlichsten Humors bietet, denn Grass stellt darin den Vergleich an seiner selbst mit ausgerechnet – einer Nachtigall.

Der Text beginnt: „So kompliziert wie eine Nachtigall ..." –
Die letzten vier Verse lauten:

>...
>so mündig wie,
>so herzlos wie,
>so sterblich wie,
>so einfach wie meine Seele.

Wir verstehen schon – erste und letzte Zeile zusammengezählt –: Er möchte als extrem kompliziert verstanden werden. Das Prädikat „einfach" müßte also ironisch sein (man begreife doch: das Gegenteil davon gilt), und dann: weiterhin gelten soll das Gegenteil von „sterblich" (= unsterblicher Dichter?), das Gegenteil von „herzlos" (= König der Herzen?); nur wie dann „mündig" auszulegen wäre ...? Er begehrt, kompliziert zu sein; unsterblich; großherzig – und: *un*mündig? Oder was? Mir schwant etwas wie: *voll*mundig? Das Herz voll, ein Mund, der übergeht ... Wortschaum,

---

[199] Zit. in: Walter von Goldendach / Hans-Rüdiger Minow, Von Krieg zu Krieg. Die deutsche Außenpolitik und die ethnische Parzellierung Europas, Berlin 1997, S. 15

Schaum vorm Munde, Wortkaskaden ... Aber wir dürfen das auf sich beruhen lassen. Nur: erweislich falsch ist die Überschrift des Gedichts: „Hymne" (schlagt nach bei Hölderlin, wenn ihr erfahren möchtet, was eine Hymne sein kann). Richtige Überschrift vielleicht: „Anspruch"? „Ambition"?

Die beiden für die Karriere des Günter Grass in Deutschland hauptverantwortlichen Presseerzeugnisse dürften zwei sein: die „Frankfurter Allgemeine Zeitung" und „Der Spiegel".

In einer „Hausmitteilung" bekannten sich die Journalisten des „Spiegel" nach dem Grass-Geständnis vom August 2006 zu ihrer Verantwortung: „Mit Sympathie hatte SPIEGEL-Gründer Rudolf Augstein (1923 bis 2002) den Aufstieg des Schriftstellers zur Leitfigur der deutschsprachigen Literatur beobachtet, auch im SPIEGEL erhielt dessen Romandebüt ‚Die Blechtrommel' 1959 Bestnoten."[200] („Beobachtet" muß mächtiges *understatement* sein, der korrekte Ausdruck wäre „mit anderen zusammen gemacht".) Zur Bestärkung ihrer Aussage bildete die Redaktion abermals von nicht weniger als fünf Ausgaben, die in den Jahren 1963 – 1969 – 1979 – 1995 – 2002 erschienen waren, die Deckblätter ab (sechstens kommt das vom 21. 8. 2006 hinzu). Als Titelphoto prangt darauf entweder ein Grass-Porträt, ein Konterfei des „Blechtrommlers" (aus der Verfilmung) oder von des Autors Kritiker Reich-Ranicki (mit zerrissenem Grass-Buch in der Hand).

Nun war Augstein gewiß ein versierter Journalist, und wenn er auch sein Motiv, das ihn bewog, diese Leitfigur zu kreieren, für sich behielt, – wäre es allzu schwer zu erraten?

Wenn von ihm nicht die Überlegung angestellt wurde:

Man muß den Mann zur Leitfigur machen, weil seine Literatur so hohen Ranges ist und seine Sprache desgleichen,

könnte es womöglich die Inversion gewesen sein?

Diese:

Seine Literatur muß (diese Mär wird mein „Spiegel" verkünden:) so hohen Ranges sein, desgleichen seine Sprache, *weil* es erforderlich ist, den Mann zur Leitfigur zu machen.

Ihn zur Leitfigur hinaufzuwuchten, weshalb?

„So kompliziert wie eine Nachtigall" war des „Spiegel"-Herausgebers Augstein Motiv indessen nicht.

Ihm muß gar nicht einmal die SS-Mitgliedschaft von Grass bekannt gewesen sein. Die Mentalität des Autors könnte ihm Gewähr genug geboten haben. Wie man weiß, etablierte sich Augstein nach dem Kriege als Gönner

---

[200] Der Spiegel 34/2006, S. 5

hoher ehemaliger SS-Offiziere. Und nicht bloß das. In seinem Denken trat mit der Zeit immer mehr die nationalistische Komponente zutage.

Erfreute den nationalistischen Herausgeber des Autors Grass penetranter Nationalismus?

Nicht ganz so einfach zu verstehen war und ist die Haltung der „Frankfurter Allgemeinen Zeitung" zu Günter Grass.

Nicht ganz so einfach, auch immer einmal wechselnd war und ist die Haltung ihres Starkritikers Reich-Ranicki zu Grass. Die FAZ: Wegbegleiterin des Günter Grass von dessen Anfängen an. Reich-Ranicki: Wegbegleiter lange Zeit. Nicht zu zählende Besprechungen und Betrachtungen, Erwähnungen und Interviews, zuletzt noch im August 2006 das Interview mit dem Eingeständnis, zudem der Hochglanzpapier-Extrakt ... Hiernach: der Bruch.

Vor mir liegt eine Ausgabe der FAZ. Darin findet sich eine Anzeige der Deutschen Verlags-Anstalt, mit fett gedruckter Überschrift: „Der große Kritiker über den großen Dichter". Im Text wird versichert, Grass und sein Kritiker hätten sich bereits 1958 kennengelernt. Zitat als Beigabe: „Befragt nach dem größten lebenden Sprachkünstler in der deutschen Prosa, antworte ich ohne zu zögern: Günter Grass."[201]

Nicht stets ähnlich hoch die Anerkennung, die Grass dem ‚großen Kritiker' zollte. So schrieb er z. B.: „Er hat die Trivialisierung der Kritik herbeigeführt. Meine Vorwürfe haben nichts damit zu tun, daß er Jude ist. Er ist ein schwacher Literaturkritiker."[202]

Für diesmal traf er es damit. Sein Wort über Reich-Ranicki, es läßt sich ja mit dem hier oben zitierten Reich-Ranicki-Wort über ihn schlüssig belegen ...

Und noch mehr. In einem kleinen literarischen Porträt stellte Reich-Ranicki dem Publikum den Autor vor wie folgt:

„Ein Epiker und Lyriker, der in seinen Romanen und Gedichten vom Reiz des Prosaischen fasziniert ist und es zum Poetischen erhebt. Hier wie da macht er die Skurrilität des Alltäglichen sichtbar und das Absurde des Gewöhnlichen. Er ist ein grimmiger Idylliker, ein sarkastisch-aggressiver Heimatdichter, der die Welt (vorwiegend die kleinbürgerliche) mit einem ganz und gar unbelasteten und von Vorurteilen freien Blick betrachtet. Seine Romane sind satirische, zeitkritische Gemälde, in denen nicht Konflikte und Probleme dominieren, sondern Bilder und Visionen. Diese Epik zeugt von

---

[201] FAZ, 2. 10. 2003
[202] stern 34/2006, S. 43

ungewöhnlicher sprachlicher Kraft, von der Lust am Fabulieren und von einer erstaunlichen Phantasie."[203]

Ein trivialer, ein schwacher Kritiker? – Nein, vielmehr gar keiner, sondern ein „von der Lust am Fabulieren" zehrender Phantast. Denn z. B. seine Worte über Grass sind pure Phantastik. Sind ohne Verbindung mit der Realität. Mit der lebt er im Widerspruch. Um dies anzudeuten:

Nein, der „ganz und gar" unbelastete Blick fehlt dem Autor ganz und gar, fehlt ihm ganz und gar wie kaum einem anderen Gegenwartsautor.

Nein, der von Vorurteilen ganz und gar freie Blick fehlt dem Autor ganz und gar, fehlt ihm ganz und gar wie kaum einem anderen Gegenwartsautor.

Nein, seine Epik „zeugt" ganz und gar nicht, zeugt nirgends einmal „von ungewöhnlicher sprachlicher Kraft". Die fehlt dem Autor ganz und gar. *Der Rest folgt daraus.*

Wie sehr dieses Kritikers Kritiken unbeabsichtigte, vielfach unerkannte Grotesken sind, demonstriert nicht zuletzt seine Rezension des Gedichtsbands „Letzte Tänze" von Grass (2003).[204] – Hierin ergeht sich der Rezensent eingangs in einem aufbauschenden Lob, Grass sei von unvergleichlicher Größe, ein einzigartiger Dichter in unserer Zeit ...; und Reich-Ranicki erwähnt in der Nähe rasch Goethe und Hölderlin, um dann zur Begründung seiner Wertschätzung mit einer überraschenden Erkenntnis aufzuwarten:

„Grass ist wie Grass." – (Es sei ausdrücklich versichert, daß hier nicht ein Elaborat des Großkritikers karikiert wird, parodiert, sonstwie modifiziert, sondern daß aus ihm schlicht zitiert wird.)

Ob man einem solchen Kritiker (um mit Grass zu sprechen) „gläubig" sein darf?

Er wirft jedoch noch ein paar Anmerkungen hinterher, um den belobigten Grass um etliches höher zu heben und in fast nicht mehr wahrnehmbare Sphären zu katapultieren – ein Panegyriker, der nicht imstande ist zu spüren, daß seine Sprüche in Wahrheit ebenso viele Verrisse sind, bis hin zur Totalvernichtung –:

„Alles Gefällige ist ihm zuwider, das Melodiöse wohl verdächtig."

„Streng und spröde, herb und hart, karg und kahl ist diese Poesie und immer sachlich, sie ist trocken – und doch gefühlvoll."

„Sein vielzitiertes Wort ,Alles Schöne ist schief' ließe sich ergänzen: Alles Wohlklingende ist ihm bedenklich."

---

[203] FAZ, 18. 10. 2003
[204] FAZ, 30. 8. 2003. – Der Titel des Grass-Bands klingt an einen Titel von Stefan George an: „Traurige Tänze".

Wiederum umgekehrt richtig: Alles Bedenkliche von Grass, und bedenklich ist eigentlich alles von ihm Verfaßte, ist zugleich auch übelklingend.

„Ein Stiefel ist bei ihm ein Stiefel und eine Pfeife nichts anderes als eine Pfeife ..." – Der Kritiker sollte vielleicht besser, wenn er über einen Dichter spricht, die Wörter „Dichter" und „Pfeife" nicht zu nah aneinanderrücken? – Auf der anderen Seite: Ein Huhn ist bei Grass nicht immer ein Huhn, wir haben's gesehen, ein Mann nicht stets ein Mann! – Stimmte Reich-Ranickis Aussage, so müßte bei Grass auch Büchners Huhn ein Huhn bleiben, anstatt zum Eisschrank zu werden, und ein Mann ein Mann, ohne zur Milchkuh zu mutieren.

„Nichts gefällt dem Danziger Grass in Österreich." – Da hat der offensichtlich allerlei zu mäkeln, bloß ist die Frage: weshalb? Ob deshalb, weil dort sein scharfer Kritiker Handke wohnt?

Reich-Ranicki rühmt die Reimereien des Lyrikers Grass, z. B. die folgende:

> Von allen Freuden war mir eine ganz besonders lieb:
> den Stein zu wälzen streng nach Sisyphos-Prinzip.

Wer könnte mir erklären, wie der Verfasser, „der große Dichter", und sein Rezensent, „der große Kritiker", dies Reimpaar für Dichtung, Lyrik, Poesie halten können, darin eine druckreife und in aller Öffentlichkeit erwähnenswerte Schreiberei erkennend? – Nein, verkennend. Verkennend, daß Wortgruppen wie „ganz besonders lieb", „wälzen streng nach Sisyphos-Prinzip" Bezeichnungen wie „Lyrik" nicht nur nicht verdienen, sondern „streng" ausschließen. – Aber Reich-Ranicki erblickt in „dererlei" (Grass-Ausdruck) nun gerade eben Lyrik, Lyrik wie sie sein soll: „Es ist also wieder sinnliche und sinnenhafte Poesie, geschrieben von einem, der nicht auf den Gedanken kommt, er könnte sich bloßstellen." – Wozu hat der Dichter schließlich einen Rezensenten? Der besorgt ihm dann das Bloßstellen. Es ist ein Rezensent, „der nicht auf den Gedanken kommt, er könnte *sich* bloßstellen" und zugleich damit den Günter Grass, diesen und sich selber im selben Augenblick, zwei auf einen Streich.

Den Höhepunkt des Rühmens erklimmt besagter Rezensent endlich anläßlich der erotischen Lyrik des Poeten Grass. Er schreibt: „Doch nirgends kommt die lyrische Substanz, die poetische Kraft des Günter Grass so stark und ergreifend zum Vorschein wie in seinen erotischen Gedichten, jenen zumal, die vom Alltag der Liebe sprechen. ... Es sind sanfte und doch männliche Verse."

Die „junge welt", die hier schon wieder nicht so will wie die FAZ mit dem klugen Kopf dahinter, verhöhnt zunächst einmal das „Spiegel"-Treiben, weil das Magazin die Texte von Grass vorab gedruckt hatte, „die fälschlich als Gedichte ausgegeben werden, doppelt falsch sogar als erotische Gedichte".[205]

Wenige Tage später druckte dieselbe Zeitung eines der von Reich-Ranicki so sehr bejubelten (angeblich) ‚erotischen' (angeblichen) Gedichte ab, um ihrer Leserschaft ein eigenes Urteil zu ermöglichen.

Es hat den Titel „Ein Wunder" und ist eine ‚Hymne' aufs eigene Genitale des Autors (man erinnere sich: jenes „Gießkännchen"). Also „die lyrische Substanz, die poetische Kraft" am Werke:

> Soeben noch schlaff und abgenutzt
> Nach soviel Jahren Gebrauch
> steht er
> – was Wunder!
> Er steht –,
> will von dir, mir, und dir bestaunt sein.[206]

Die „lyrische Substanz", die „poetische Kraft" zeigen sich u. a. gewiß in der Variation: „Ein Wunder" im Titel sowie „was Wunder" im Text? – Nur stutzt man endlich noch, verdutzt, – der Ausruf „was Wunder" widerlegt den Titel nämlich doch: die Erektion ist, besagen die Wörter „was Wunder", eben gar keines, oder um Grass zu zitieren („Über das Selbstverständliche"), die Erektion ist dies Selbstverständliche, das jedenfalls zu erwartende Ereignis. Wäre es „ein Wunder", so wäre als Ausruf bloß passend: „o Wunder!"

Und das war also das, was der Rezensent pries, das ist dem Reich-Ranickitum „lyrische Substanz, poetische Kraft"? Ist ihm mit nichts vergleichbare Größe erotischer Lyrik?

Dürfte der Verfasser des vorliegenden Buchs auch einmal eine kühne Metapher riskieren, wäre es vielleicht diese: Reich-Ranickis Rezension ist ein Mount-Everest. Ein Mount-Everest an Schwindelei.

Jedoch dann ...

Dann, nach dem Grass-Interview mit dem Eingeständnis (August 2006) und dem Hochglanzpapier-Extrakt (auch im selben Monat) einerseits und dem ersten Vierteljahr 2007 auf der anderen, muß etwas zwischen FAZ und

---

[205] junge welt, 30./31. 8 2003
[206] Ebd., 2. 9. 2003

Grass vorgefallen sein, womit das Tischtuch zwischen FAZ und Grass plötzlich zerschnitten wurde. – Wir dürfen also raten, was geschah.

Wenige Tage nach dem Interview und dem Hochglanzpapierdruck: Veröffentlichung der vortrefflichen Betrachtung von Louis Begley, ebenfalls in der FAZ. Auch noch im August.

Im September: die Veröffentlichung der Briefe des Günter Grass an Karl Schiller. – War diese gleich doppelte Entlarvung des Schriftstellers die Ursache? Zumindest dann eine plausible Ursache.

Es ist, als wäre eingetroffen, was Wiglaf Droste schon vier Jahre zuvor geahnt hatte: „Und wenn ihm nicht restlos alle zu Füßen liegen, ist Grass beleidigt, schmollt und geriert sich als totgeschwiegener, verfolgter und verfemter Dichter, der in seiner Heimat nichts gilt."[207]

Auf die Auseinandersetzungen um sein Eingeständnis von 2006 reagierte er mit einem neuen Buch: „Dummer August" (2007). – Wiederum soll es sog. „Gedichte" enthalten. Was es im Kern enthält, sind aber die gröbsten Anwürfe, seinen Kritikern entgegengeschleudert.

Erster: „Schon komme ich mir komisch vor, gestellt vors Schnellgericht der Gerechten." – Woraufhin ein Rezensent (nicht R.-R.) in der FAZ nicht ohne Schärfe entgegnete: „Nur dem SS-Veteranen erschließt sich die Pointe: Schnellgerichte waren eine Spezialität der SS, insbesondere in jenen letzten Kriegsmonaten, in denen Grass ihr angehörte." – Also gerieten jetzt die Kritiker des Autors in die Rolle der SS (oder die „Gerechten", so die verhöhnende Bezeichnung bei Grass).

Opferkult: ... mit ihm selbst in der Opferrolle. Projektion: ... seine Kritiker = die SS-Schergen.

Zweitens: Er zieht die Karlsbader Beschlüsse (1819) als Parallele heran, als wäre er selber, vergleichbar berühmten Vormärz-Schriftstellern, zu allem noch das Opfer der Zensur. Grass will glauben machen – schreibt der Rezensent in der FAZ –, „Gesinnungsterror" mache ihn nieder. Worauf zu erwidern sei: „Zu medialen Standrads gehört es, daß man dem Interviewten das Interview zur Genehmigung vorlegt. Grass hatte seines genehmigt, er hatte das Recht auf Vor- und Nachzensur und wittert, populistisch den mundtot gemachten spielend, trotzdem hinter jeder Kritik die Demagogie ..." Und nun zitiert er den gekränkten Grass.

Dieser müht sich – drittens – ab, seine Gegner mit einem finalen (verbalen) Schuß zu Boden zu strecken; welche wohl? – Die vormaligen engsten

---
[207] junge welt, 2. 9. 2003

Verbündeten, die ihm das Interview und den Hochglanzpapier-Extrakt angedient hatten. Grass schreibt:

„Deshalb sage ich es jetzt schon, wo – in Frankfurt am Main – das Niederträchtige als das Mächtige Hochgewinn zieht und trocknen Kot wirbelt, verzichte sonst aber – bei aller Not – auf überlieferte Reime."[208]

Er zitiert hierin also aus einem bekannten Goethe-Gedicht (es steht im „West-östlichen Divan"):

> Übers Niederträchtige
> Niemand sich beklage;
> Denn es ist das Mächtige,
> Was man dir auch sage.
>
> ...
>
> Wandrer! – Gegen solche Not
> Wolltest du dich sträuben?
> Wirbelwind und trocknen Kot
> Laß sie drehn und stäuben.

Grass ist – wie anders sollte er es anstellen? – schon wieder bei der Beschäftigung, die ihn seit 1945 zum guten Teil ausgefüllt hat: beim Projizieren.

Das Kollegenteam von der FAZ sei „das Mächtige"? – Die Wahrheit lautet: Es hat bloß jahrzehntelang den Autor Grass über den grünen Klee gelobt, ihn und sein Schrifttum an den Himmel des Ruhms geschossen.

Und Grass? Projiziert, wie gesagt. Er klagt die FAZ an, aus ihren Ausgaben „Hochgewinn" zu ziehen. – Wohl möglich, aber die Wahrheit lautet zudem: „Hochgewinn" zog er selber aus seiner Autobiographie „Beim Häuten der Zwiebel".

Während er sie abfaßte, hätte ihm gut ein anderes Goethe-Wort zupaß kommen können (Faust, Verse 2392 f.):

> *Die Tiere*: Wir kochen breite Bettelsuppen.
> *Mephistopheles*: Da habt ihr ein groß Publikum.

---

[208] FAZ, 21. 3. 2007 (= alle Zitate aus der Rezension wie aus dem Grass-Text)

Im Lichte des Eingeständnisses von 2006, vor allem auch: bei erneuter Lektüre von Schriften des Günter Grass, speziell seiner erörternden Beiträge, der Reden usw., wird man in der Gegenwart genauer bemerken als zuvor, wie sehr führende Germanistik-Professoren auf dem Holzweg waren, als sie ihre hochtrabenden Elogen der bundesrepublikanischen Literatur, darunter an der Spitze der Bücher des Günter Grass, in die Welt setzten. Ich greife einen der Renommierten von ihnen heraus, der sich immer noch – wegen seiner oder trotz seiner Professur, die er ehemals in der DDR innehatte – eines guten Rufs erfreut, Hans Mayer. Er schrieb:

„Wenn Rühmkorf oder Martin Walser oder Enzensberger und Günter Grass all ihrem Schreiben die Aufgabe stellen, der westdeutschen Wirklichkeit in Ökonomie, Politik und Kulturbetrieb die eigene Melodie vorzuspielen, auch wenn und gerade weil sie nicht besonders schön klingt, so schaffen sie eine Literatur ohne falsches Bewußtsein." [209]

Mayer gehört offensichtlich zu den Autoren, die eine präpositional anzuschließende Ergänzung nicht so einzufügen wissen, daß der Leser wahrnimmt, wo der ihr zustehende Platz sei: Wäre die Literatur „ohne falsches Bewußtsein" (sie hat aber gar keines, weder ein richtiges noch ein falsches), oder schüfen die Autoren ohne dies? – Doch selbst wenn der Satz sprachlich sogar passieren dürfte, Grass betreffend ist alles beides – nicht der Fall; dessen Gesamtwerk ist geradezu das Muster einer Hervorbringung, die sonst nichts so sehr enthält als Zeugnisse falschen Bewußtseins; und sein Schaffen hat niemals ohne solches stattgefunden.

Zu den Autoren, die es verstehen, sich selber, von ihnen selbst unbemerkt, glorios in einer einzigen Argumentation zu widerlegen, gehört Mayer ebenfalls. Er beginnt: „Nun ist Grass zweifellos eine große literarische Begabung" – ich hoffe, *meine* Leserinnen und Leser bezweifeln nach fast 200 Seiten dies „zweifellos"! –; „allein er ist – jedenfalls in seinem erzählerischen Werk – ein durchaus traditions-, wenn nicht konventionsgebundener Schriftsteller." – Und sofort darauf, gleich im folgenden Absatz: „Allein die jüngeren Erzähler oder Stückeschreiber, die heute debütieren und etwa dem Jahrgang 1940 angehören, sind offenbar durchaus nicht bereit, im Gefolge des ‚Blechtrommlers' an einer Erneuerung dieser großen Roman- und Dramenform zu arbeiten." [210]

Wie Reich-Ranicki bringt auch Mayer es zustande, Lob (doch unabsichtlich) so auszusprechen, daß es, genauer betrachtet, unfreiwillig witzig zugleich als scharfer Tadel gelesen werden kann. So äußert er über den Oskar

---

[209] Wie Anm. 185, S. 381
[210] Ebd., S. 333 f.

des Autors Grass: „Seine Geschichte verläuft außerdem weitgehend in den Formen eines klassischen Bildungsromans, der hier vielleicht für einmal zum Mißbildungsroman abgewandelt wurde."[211] – Über Mayers Vorschlag, die „Blechtrommel" einen „Mißbildungsroman" zu nennen, hätte man sich mit ihm gern verständigen können, als er noch lebte. Oder, um seinen Begriff vermittels eines Adjektivattributs zu präzisieren: ein ‚klassischer Mißbildungsroman' oder eine klassische Romanmißbildung könnte die „Blechtrommel" heißen.

Damit wäre zugleich festgestellt, weshalb die Literaturnobelpreis-Juroren an ihr endlich nicht mehr vorbeigehen konnten und daß ihre Augen auf ihn fallen mußten, zumal der Autor sich im Jahr seiner Auszeichnung – rechtzeitig *vor dieser* – so vehement für den Angriffskrieg der NATO auf die Bundesrepublik Jugoslawien ausgesprochen hatte.

Kritiker

... gab es in all den Jahren und Jahrzehnten ebenfalls.
Zwei Beispiele.
Einem Journalisten namens Willi Winkler fiel es im Jahre 2002 auf:
In einem Fernsehstudio versammelten sich in der Jahresmitte einmal ihrer drei. „Dort ergab sich am Dienstag eine geradezu bilderbuchmäßige Konjunktion von Kumpelei und Peinlichkeit, als gleich zwei Musterexemplare dieser vordemokratischen Verehrungssucht zu besichtigen waren. Gerhard Schröder brachte in die Sendung des gefallsüchtigen Alfred Biolek den ruhmrednerisch nicht weniger begabten Günter Grass mit. Unser derzeit regierender Hofpoet, mit aller kritischen Distanz versteht sich, ist natürlich Günter Grass. Den Narr macht Alfred Biolek. Im Hauptberuf ist der eine Dichter und Bildhauer, doch zu seinen vielen Nebenberufen, so läßt Grass das lauschende Publikum wissen, ist neuerdings der eines ‚Beraters in Wiedervereinigungsfragen' gekommen. Und der Nobelpreisträger. Der Narr ist bloß Talkmaster, aber vor allem duldungsstarr vor so viel Würde. Schüchtern presst er die allerunterwürfigste Frage hervor: ‚Als Nobelpreisträger, schwebt man da über den Wolken?'"[212]

Das oben bereits erwähnte, 1964 erschienene Buch von Karlheinz Deschner enthält eine frühe Kritik, eine Betrachtung der zu diesem Zeit-

---

[211] Ebd., S. 333, - Mißtönend klingt mir in den Ohren: „*verläuft* außerdem *weitgehend*"!
[212] Süddeutsche Zeitung, 6. 6. 2002

punkt gedruckt vorliegenden Schriften von Grass, die Bestandteil einer größeren Untersuchung ist: einer gründlichen Auseinandersetzung mit dem Werk von Hans Magnus Enzensberger.[213] Darin enthüllt Deschner die monströsen Fehlleistungen des vielleicht einflußreichsten Herolds des Günter Grass.

Enzensberger, ein „Grass-Celebrator", habe eine „Hymne auf einen drittrangigen Autor" angestimmt. Grass, so hatte Enzensberger posaunt, dürfe beanspruchen, „als Prosaschriftsteller ersten Ranges gerühmt zu werden". – Deschner bestreitet es: Der Lobhudler sei „auf einen besseren Unterhaltungsroman hereingefallen", das Schrifttum von Grass keine Dichtung, und Unrecht allemal, ihm einen Erzählstil „ersten Ranges" nachzusagen, „wie ihn etwa die besten Werke Thomas Manns bekunden".

Enzensberger verglich Grass mit Henry Miller, zum Vorteil des Jüngeren. Er schrieb: „Grass jagt nicht, wie Henry Miller, hinter dem Tabu her: er bemerkt es einfach nicht." – Deschner weist diese Aussage zurück, da Grass in Wahrheit weit hinter Miller zurückstehe: „... während im Werk Millers der Sexus da ist wie die Natur und fast jenseits von Gut und Böse, schwängert Grass seine Seiten in abgemessenen Distanzen mit etwas *aura seminalis*, flicht er ein schnulzig-demigeiles Histörchen, ein billiges Klitorisgekitzel – brüske Eingriffe! – nach dem anderen ein, um seine Leser bei der Stange zu halten." (Als Belege zitiert er die Blasphemien über den „Vorturner" Jesus und „das Gießkännchen des Jesusknaben".)

Enzensberger schrieb über Grass: „Dieser Autor greift nichts an, beweist nichts, demonstriert nichts, er hat keine andere Absicht, als seine Geschichte mit der größten Genauigkeit zu erzählen." – Im Gegenteil, erwidert Deschner: „Vielmehr war es Grass' Intention – das enthüllt der Roman eindeutig – so anreizend und aufreizend, so effekthaschend und sensationell wie nur möglich zu schreiben. ... Nicht um Genauigkeit geht es, sondern darum, möglichst viele Tabus möglichst oft möglichst eklatant zu verletzen und vor allem den Leser immer wieder durch kleine Cochonnerien zu ködern."

---

[213] Wie Anm. 196, S. 357-368 (hier die folgenden Zitate; von mir nicht im einzelnen nachgewiesen). – Von Deschner erscheint gerade in diesen Wochen (im Herbst 2007) eine Sammlung seiner kritischen Abhandlungen und Beiträge unter dem Titel: Poeten und Schaumschläger. Von Jean Paul bis Enzensberger. 24 Aufsätze zur Literatur und Literaturkritik, Freiburg i. Br. etc. 2007. Im Nachwort zu dieser Veröffentlichung spricht Ludger Lütkehaus über die 2000 und mehr Vortragsveranstaltungen, womit Deschner „im Laufe der Jahre sein Publikum fasziniert und provoziert hat". – Von Deschners gedruckten Beiträgen dürfte das Lesepublikum sich nicht minder „fasziniert und provoziert" fühlen!

Enzensberger schrieb: „Grass ist kein Moralist. Fast unparteiisch schlitzt er die ‚welthistorischen' Jahre zwischen 1933 und 1945 auf und zeigt ihr Unterfutter in seiner ganzen Schäbigkeit." – Deschner pariert: „Wer schriebe von Musil oder Broch, sie ‚schlitzen' die ‚welthistorischen' Jahre auf? Das kann offenbar nur ein drittklassiger Publizist von einem drittklassigen Romancier."

Deschner weist weiter darauf hin, daß Enzensberger derjenige war, der in die Welt setzte, was das Schrifttum des Günter Grass am Grunde sollte und sei: „Die große Danzig-Saga".

Eine Umschreibung, worin der geographische Begriff seine Berechtigung hat.

Kein deutscher Zola, sondern ein deutsches Debakel

> Lessing gibt einmal eine Skala kritischer Verhaltensweisen. Sie beginnt: „Gelinde und schmeichelnd gegen den Anfänger; mit Bewunderung zweifelnd, mit Zweifel bewundernd gegen den Meister; abschreckend und positiv gegen den Stümper ..."
> Positiv bei ihm heißt: *entschieden*.
> Entschieden soll man dem Stümper entgegentreten, und abschreckend: indem man den Leuten Mut macht, seine Bücher – nicht zu lesen ...
> W. B.

Er wird achtzig, aber bis heute ging ihm kein Licht auf, zu welchen Zwecken er ausgenutzt wurde, zu welchen er sich hergegeben hat. Oder doch? – Stand nicht in den Zeitungen eine Pressemeldung, die für ihn hoffen läßt? Etwa dieses Inhalts: Für einen Monat, den Monat, in den sein 80. Geburtstag fällt, zieht Grass sich in ein Schweigekloster zurück, um in völliger Einsamkeit sein Leben und Streben zu überdenken und Schlüsse zu ziehen ... stille Tage (nicht in Clichy) zu verbringen und für eine Weile einmal nicht die Öffentlichkeit mit seinen „Wortkaskaden" (sein eigener Ausdruck) zu überschwemmen ...

Nein, meine Erinnerung hat mich getäuscht, es war nicht diese oder eine ähnliche Meldung in der Presse zu lesen. Sondern eine ganz andere:

„*Günter Grass feiert / Geburtstagsparty in Göttingen.*

Die Feierlichkeiten zum achtzigsten Geburtstag von Günter Grass werden sich nicht auf den Festakt mit Bundespräsident Köhler am 27. Oktober in Lübeck beschränken, sondern auf Göttingen ausgedehnt. Am 20. Oktober, vier Tage nach dem Geburtstag, will der Schriftsteller eine öffentliche Party mit 2500 Gästen in der Göttinger Lokhalle feiern. Die Veranstaltung wird von der Stadt, dem NDR und dem Steidl Verlag ausgerichtet. Die Moderation übernimmt die ARD-Tagesthemen-Moderatorin Caren Miosga. Der NDR-Hörfunk will die Feier direkt übertragen, das NDR-Fernsehen plant eine Aufzeichnung. Das Fest wird von zahlreichen Künstlern wie John Irving, Marius Müller-Westernhagen und David Bennent mitgestaltet. Der größte Teil der Eintrittskarten soll frei verkauft werden."[214]

Feier, Feierlichkeit, Festakt, die frei verkauften Eintrittskarten, die zahlreichen Künstler, jene 2500 Gäste ... Es wird ihm freilich auch nicht einleuchten, daß all dies nicht dazu beiträgt, einen falschen Lebensentwurf zu korrigieren. Und da liegt die wirkliche Tragik des Günter Grass.

---

[214] FAZ, 6. 9. 2007

Louis Begley nennt dessen langjähriges Schweigen ein „moralisches Debakel".

Grass, wie eingangs gezeigt, strebte (und strebt noch?) die Rolle eines deutschen Zola an.

Zola schuf einen Roman mit dem Titel „Das Debakel" (La Débâcle, 1892).

Günter Grass, was ist seine schriftstellerische Existenz? – Sie ist *ein deutsches Debakel*.

In seinen Aussagen über das „Elend" deutscher Flüchtlinge greift man das Elend der deutschen Literatur der Gegenwart.

In der Lamento-Kampagne, die von deutschen Autoren und Filmern, Kommentatoren und Politikern, bei alledem Grass stets vorneweg, befeuert wird, greift man das Elend der deutschen Ideologie der Epoche, das Fiasko der Gedankenwelt von jüngeren, älteren und alten Zeitgenossen (nicht zuletzt auch einem Martin Walser).

Im Schrifttum des Günter Grass greift man gleichzeitig das Elend der deutschen Sprache, die sich für die sinistren Zwecke eines Autors minderen Ranges gebrauchen lassen muß. Ein solcher Schriftsteller klopft sich dann selber gern auf die Schulter – oder läßt sich von andren auf die Schulter klopfen –, beanspruchend, die deutsche Sprache zu ‚beherrschen'. Dabei hätte er – und hätten sie – längst lernen können, was vor mehr als einem halben Jahrhundert Karl Kraus lehrte: Das einzige wünschenswerte Verhältnis eines Autors zur Sprache bestehe darin, sich von ihr *beherrschen zu lassen*.

Einstmals beabsichtigten deutsche Einpeitscher, die Bevölkerung ihres Landes zu nötigen, über fremde Länder herzufallen und Europa bis zum Ural zu erobern. Es ist ihnen mißlungen. Fürs erste jedenfalls (besiegelt 1945).

Als es damit nichts geworden war und die alliierten Streitkräfte die Absicht der deutschen Politik, sich Europa (und Regionen darüber hinaus) untertan zu machen, durchkreuzt hatten, konnten einige Deutsche ihren Vorwitz, herrschen zu wollen, immer noch nicht bezähmen. Ein Günter Grass verschob seinen Vorwitz auf die deutsche Sprache. Rasch bescheinigten willige Claqueure ihm, es sei ihm gelungen.

Wie aber alle, denen man ein Joch auferlegen möchte, regelmäßig erbitterten Widerstand leisten, so auch die Sprache. Grass zog aus, zog nach 1945 zum zweiten Mal aus, jetzt um seine individuelle Herrschaft zu gründen und zu befestigen, die über die deutsche Sprache? – Es ist ihm mißlungen.

Sie hat nicht mitgespielt. Sie hat sich widersetzt.

Ein Kritiker, der dem Anspruch dieses noblen Amtes gemäß schreibt und seine Aufgabe ernst nimmt: das Werk und das Wirken eines Vielgerühmten zu würdigen („Prüfet alles ..."), und zwar es unter allen brauchbaren Aspekten zu würdigen, wird die Zumutung abweisen, sich feiler Affirmation zu widmen.

Wie unter dem sprach-, so unter dem literaturkritischen Betracht wird er entdecken: Es ist nichts mit dem Künstler Grass. Dem Beobachter bietet sich die literarische Welt des Günter Grass dar als fatales Mixtum von Ideologemen und Illusionen, aus Geschichtslegenden und -lügen, aus Ressentiments und Ranküne. Deren Zusammenschau läßt eine suspekte Grundsuppe sichtbar werden, die auf alle belletristischen und erörternden Hervorbringungen des Günter Grass abgefärbt hat. Anders ausgedrückt: Die Gedankenwelt des Günter Grass in ihrer unglaublichen Ideologieversessenheit läßt sich auch als Projektionsfläche beschreiben, auf die der Autor die Vorkommnisse, um deren Schilderung er sich zur bemüht, projiziert.

Wir haben es gesehen. Vor allem projiziert er eines darauf: seine individuelle Problematik.

Hier liegt seine spezifische Tragik. Und die Medien, angefangen beim „Spiegel" und der FAZ, haben diese ausgenutzt, ‚umfunktioniert' zu Zwekken, die nicht mit denen des Autors Grass zusammenfallen mußten. In seiner außerordentlichen Eitelkeit hat er nichts davon wahrgenommen. *Sie* schossen ihn in höchste Höhen, *er* fühlte sich in den Himmel versetzt gleich seiner Figur, der Schneiderin Ulla. Es war aber nur der Medienhimmel, die billigere Ausgabe des christlichen Himmelreichs.

Grass-Enthusiasten, die sich immer noch nicht von ihrem Idol verabschieden wollen, könnten nun ihre Sorge äußern, ihren Protest: Gehe es denn an, mit sprach- und ideologiekritischer Methodik, mit Psychologie und politischer Argumentation ein deutsches Nationalheiligtum namens Günter Grass, es *ent*ehrend, niederzureißen, anstatt es andächtig *ver*ehrend anzubeten?

Seine allzu verstockten Bewunderer sehen ihn vielleicht nicht nur *als* Nationalheiligtum, sondern womöglich schon *darin* ...: seine Büste aufgestellt in der Regensburger Walhalla. Dem war vorzubeugen. (Unter anderem deshalb dies Buch.)

Und berufen sich die Scharen der Bewunderer nicht dabei auf die zahllosen positiven Stimmen, die Kohorten der Lobredner von (angeblich) links bis (neuerdings) ultrarechts ...?

Müßte nicht zudem, denken sie, der Nobelpreis des Umjubelten als Argument in die Waagschale fallen ...?

Denn die Schwedische Akademie der Künste werde sich doch kaum so mächtig vergriffen haben ...?

Wäre nicht schon *deshalb* auf einen langen Nachruhm ihres Kult-Autors zu hoffen ...?

Ich denke still bei mir: Die Schweden in allen Ehren; der Nachruhm sei aber nimmer *deshalb*, sondern höchstens *dennoch* zu erhoffen.

Und in Wahrheit: auch gar nicht zu erhoffen.

Keine tröstliche Aussicht für die Grass-Fans.

Denn ihr Autor wird endlich gewiß mit einem kurzen Satz recht behalten, schneller recht behalten, als er selber vielleicht in seinen Angstträumen befürchtet. Diesen Satz erschuf er 1965 – mit Einbau, versteht sich, eines der bei ihm gewöhnlichen Grammatikfehler wiederum[215] –:

„Schon lagert Staub auf uns ab." (P 56)

---

[215] Er mißbrauchte ein Verbum als Vorgangsverb, das genau dazu nicht taugt; es fungiert lediglich sowohl reflexiv wie transitiv.

www.ingramcontent.com/pod-product-compliance
Ingram Content Group UK Ltd.
Pitfield, Milton Keynes, MK11 3LW, UK
UKHW041914140426
5217IPUK00013B/149